문화신학

문화신학

2012년 5월 16일 초판 1쇄 발행

지은이 : 이정석
발행인 : 나　원
발행처 : 국제신학대학원대학교
등　록 : 1999년 10월 13일(제 15-430호)
주　소 : (151-869) 서울시 관악구 남부순환로 1548
　　　　　TEL. 02) 834-0388 / FAX. 02) 839-0385
　　　　　www.ktu.ac.kr

ISBN 978-89-951040-9-5 (93230)

문 화 의 • 본 질 에 • 대 한 • 신 학 적 • 정 의

| 현대문화의 이해 | 문화와 신학 |
| 문화사역론 | 종교문화의 변혁 |

문화신학

이정석 지음

THEOLOGY
OF CULTURE

국제신학대학원대학교

목차

추천사 _ 8

서문 _ 11

1장 현대 교회의 문화적 도전 ⋯ 19

1. 현대 교회가 직면하고 있는 문화적 도전들 _ 19
2. 현대문화에 대한 교회의 반응들 _ 23
3. 문화신학의 과제 _ 29

제1부 **현대문화의 이해**

2장 대중문화의 이해 ⋯ 33

1. 문화란 무엇인가 _ 33
2. 대중문화의 본질 _ 46

3장 정보사회의 이해 ⋯ 61

1. 정보사회의 출현 _ 61
2. 인터넷과 영성 _ 62
3. 인터넷과 하나님의 나라 _ 70

제2부 문화의 신학

4장   문화의 신학 … 75

1. 그리스도와 문화 : 리처드 니버 _ 75
2. 문화의 신학 : 폴 틸리히 _ 79
3. 한국의 문화신학 _ 82

5장   성경의 문화관 … 85

1. 구약 문화와 예루살렘 회의 _ 86
2. 정경적 기독교와 문화적 다양성 _ 88
3. 문화와 선교 _ 90

6장   문화의 신학적 원리 … 93

1. 일반은총과 문화공동체 _ 93
2. 문화의 타락과 구속 _ 95
3. 하나님의 나라 _ 113

제3부 문화사역론

7장 문화사역 ··· 127

1. 문화 명령과 문화적 사명 _ 127
2. 문화 창조와 문화 선교 _ 130

8장 설교와 문화 ··· 137

1. 텍스트와 컨텍스트: 말씀의 상황화 _ 137
2. 커뮤니케이션 이론과 설교 _ 147
3. 현대문화와 설교 _ 151

9장 문화와 예배 ··· 157

1. 예배란 무엇인가 _ 157
2. 예배의 역사 _ 167
3. 현대의 예배 갱신운동 _ 168

제4부 종교 문화의 변혁

10장 포스트모던 시대의 종교문화 ··· 179

1. 세속화란 무엇인가 _ 179
2. 세속화 극복방안 _ 200
3. 포스트모던 시대의 종교 현상 _ 217

11장 포스트모던 시대의 목회원리 ··· 231

1. 다양성의 수용과 아디아포라의 회복 _ 235
2. 평신도의 재발견 _ 240
3. 지성을 넘어서 _ 245
4. 가정의 재정립 _ 250
5. 영혼과 초월을 찾아서 _ 255
6. 진정한 문화적 자유의 실현 _ 260

12장 한민족의 종교문화 ⑴ ··· 267

1. 한민족의 종교적 형성 _ 267
2. 하느님 신앙 _ 270
3. 무속종교 _ 276

13장 한민족의 종교문화 ⑵ ··· 279

1. 도교 _ 279
2. 불교 _ 283
3. 유교 _ 289
4. 타종교의 이해 _ 295

참고문헌 _ 309
색인 _ 315

21세기 인류의 가장 중요한 관심사는 복지와 문화일 것이다. 그리고 그 둘이 중요해지는 것에는 동일한 원인이 작용한다.

상당히 긴 시간 인류는 주로 자연과 더불어 살았고, 사람의 생존, 행복, 불행은 자연에 의하여 주로 결정되었다. 자연에 순응하는 사회에는 빈·부의 격차가 심할 수가 없고, 불행과 고통에 대해서 자연에 항의하거나 불평할 수 없었다. 그러나 시간이 흐를수록 사람은 자연을 정복하고 문화적 환경을 만들었으며 스스로 만든 문화에 의하여 영향을 받고 결정되었다. 이제는 자연이 아니라 사람이 만든 제도, 법률, 사회, 즉 문화 환경이 사람의 삶, 행복, 불행을 결정하게 되었다. 옹달샘 물을 마실 때보다 수돗물을 마실 때 우리는 더 많은 사람, 더 인위적인 것에 의존한다. 역사가 발전한다는 것은 곧 자연을 떠나 문화로 이동하는 것이며, 자연의 혜택이나 변덕에서 벗어나 문화라는 제2의 자연을 만들어 그 안에서 사는 것을 뜻한다. 사회가 빈·부 격차를 늘였기 때문에 그것을 극복할 책임도 사회가 져야 하는 것이다.

그런 변화는 우리의 삶뿐 아니라 학문적 반성의 대상과 성격도 바꾸고 있다. 변하지 않는 자연이 중요한 시대에는 법칙, 본질, 실체, 본성 등이 연구의 대상이었고 그런 것을 알아볼 수 있는 능력으로서 이성이 중요했다. 그러나 이제는 그런 것들이 과연 실재하는지에 대해서도 의문이 생기고 그런 것들에 대한 관심 자체도 약해졌다. 본성이나 본질보다 사람이 만들어 놓은 문화가 우리의 삶을 더 크게 결정하기 때문이다.

이렇게 중요해진 문화의 문제를 고 이정석 교수의 유고집 『문화신학』이 다루고 있다. 문화에 대한 정의, 포스트모더니즘, 대중문화와 인터넷 문화, 창조와 문화의 관계, 문화신학, 역사신학, 한국 교회의 문화사역, 문화선교, 설교, 종교 다원주의, 한국의 종교 등 실로 다양한 문제를 매우 깊이 있게 다루고 있다. 우리의 삶 전체가 문화와 관계해서 이뤄지고 삶 그 자체가 대부분 문화 활동이니만큼 다양한 주제가 논의되는 것은 당연하다. 문화가 우리에게 의미하는 것이 무엇이며 문화신학의 문제가 무엇인가를 알아보려면 이 책만큼 좋은 길잡이가 많지 않을 것이다. 특히 한국 그리스도인이 한국 사회와 한국 교계에서 당면하는 문제들을 문화의 시각에서 논의하고 있어서 독자들에게 책임 있는 이해를 가능하게 하고 있다.

이 교수는 성경을 하나님의 말씀으로 수용하는 개혁주의 신학자인데도 대중문화, 다원주의, 타종교와의 관계 등의 어려운 문제를 열린 마음으로 다루고 있다. 물론 그가 수용하는 카이퍼 전통의 신칼빈주의 입장이 그렇게 할 수 있는 여유를 어느 정도 제공한 것은 사실이지만 결코 쉬운 과제가 아니다. 그런데 저자는 그의 개혁주의적 입장을 전혀 양보하지 않으면서도 그런 문화적 현상의 의미와 긍정적 요소를 발견하려고 많이 노력하고 있다. 물론 비성경적이고 반기독교적 요소를 놓치지 않고 지적함으로 우리가 경계해야 할 것이 무엇인지를 보여주고 있다. 보수적인 신학자가 현대 문화현상을 열린 마음으로 다룰 때 거칠 수밖에 없는 고뇌의 흔적을 여기저기서 볼 수 있으나 상당할 정도로 성공했다고 평가할 수 있다.

특히 저자가 4복음서와 바울의 선교전략을 문화 다양성이란 관점에서 설명하는 대목은 매우 창조적이고 문화신학 논의에서 심각하게 토론해 볼만한 가치가 있다고 생각한다. 그리고 다원주의와 다양성을 구별하는 것도 날카롭고 다원주의가 사실은 독단적이란 지적은 매우 설득력이 있다.

이 교수가 총신 학생이었을 때 나는 "먼 훗날 여러분이 내가 훌륭한 교수라고 느낀다면 여러분은 학문적으로 실패한 것이다. 강의를 들었을 때는 좋은 교수라고 생각했는데 지금 돌이켜 보니 별 수 없었네 하고 느낀다면 여러분은 성공한 것이다" 하고 말한 바 있다. 그의 이 유고집을 읽으면서 나는 그가 나를 충분히 뛰어넘었음을 발견했다. 한 편으로 감사하고 또 한 편으로는 부끄러웠다. 그러나 그보다도 그가 너무 일찍 우리를 떠난 것이 새삼스레 아쉬워진다.

그래도 그가 이 책을 남긴 것은 얼마나 감사한가! 앞으로 한국 신학계의 문화신학 논의와 젊은 그리스도인들의 문화에 대한 이해에 큰 도움과 많은 자극을 줄 것이라 믿고 적극적으로 추천한다.

손봉호

서문

할리우드 영화 〈라스트 사무라이〉는 간신들의 모함으로 파직을 당했으나 죽기까지 주군에게 충성한 무사의 이야기다. 소식을 들은 주군은 뒤늦게 후회하며 그가 어떻게 죽었는지 묻는다. 그러자 메신저는 이렇게 답한다. "그가 어떻게 죽었는지가 아니라 어떻게 살았는지를 말씀드리겠습니다." 이 말처럼 영화는 시간을 돌려 그 충신의 삶을 그려낸다. 나는 여기서 고(故) 이정석 교수님이 어떻게 끝까지 의연하고 용감하게 병마와 싸웠는지를 말하려 하지 않는다. 또 그가 어떻게 사셨는지도 말할 필요가 없다고 생각한다. 이 책에 실린 글들이 교수님이 어떻게 살았는지를 여실히 증언하기 때문이다. 그는 평생을 문화에 대한 깊은 관심 속에 신학을 연구하고 가르쳤다. 강단에선 세상 문화를 바로 알고 행하도록 설교했다. 그리고 교회 안팎에서 문화 변혁을 위해 애썼다. 그로 인해 적지 않은 고난도 받았고 마침내 이른 나이에 주님의 부르심을 받았다.

이 교수님이 문화에 그토록 관심을 기울였던 것은 오늘의 문화에 대해 큰 위기감을 가졌기 때문이다. 인간은 동물과 마찬가지로 환경과 본능의 지배를 받지만 거기에 매여 살지 않는다. 뿐만 아니라 자연을 바꾸는 능력을 발휘한다. 문화는 그런 인간의 의지와 활동의 결과이다. 따라서 문화는 인간의 책임하에 있다. 들꽃이 피고 지는 것은 자연환경에 좌우되지만 화분에 심겨진 난초는 사람의 돌봄에 사활이 달려 있다. 문화에 생사가 걸린 것은 인간도 마찬가지이다. 문제는 근자에 문화가 삶을 풍성케 하는 것이 아니라 파멸로 몰아

가지 않느냐는 불안감을 불러일으킨다는 데 있다. 과학 기술의 발달은 많은 혜택을 가져왔으나 인간성을 근본적으로 위협한다. 환경오염과 자원고갈도 잘못된 소비문화에서 그 뿌리를 찾을 수 있다. 세속화되고 퇴폐적인 대중문화 역시 삶을 감각적 오락으로 망가뜨릴 수 있다.

이 교수님은 교회가 이 문화적 위기에 치유해야 할 책임이 있다고 믿었다. 그러나 이를 제대로 행하지 못하고 있음에 안타까워했다. 특히 한국교회는 본격적으로 숫적 성장을 이루던 1970년대에 오히려 문화적 우위와 주도권를 상실하고 영향력이 위축되었음을 통탄했다. 그 결과 "문화의 시대"라고 부르는 오늘의 문화적 흐름이 기독교의 안녕을 크게 해치고 있음을 우려했다. 그래서 문화비판과 변혁을 위한 신학적 작업이 긴요하다는 강한 사명감을 가지게 되었다. 자연히 이 책의 논의는 오늘날 우리가 직면한 문화적 위기 상황에 초점이 맞춰져 있다.

이 책엔 문화신학이 다루어야 할 거의 모든 영역이 빠짐 없이 논의되어 있다. 문화론은 워낙 범위가 넓어서 여러 주제들을 다루다보면 산만하거나 피상적일 수 있으나 이 책은 넓이와 깊이를 함께 갖췄다. 특히 문화의 개념과 기독교 문화의 본질에 대한 신학적 설명은 논의의 수준을 잘 보여준다. 고전적 문화이론에서 포스트모더니즘, 그리고 한국 전통문화와 동양 종교에 이르기까지 특히 보수적인 신학자들은 거의 시도조차 한 적이 없었던 주제들을 다루었다. 또 일반문화이론과 문화신학은 물론이고 미디어 테크놀로지와 커뮤니케이션 이론과 대중문화론에 이르기까지 넓은 지형을 두루 답사하고 있다. 물론 이론적 논의에서 멈추지 않고 예배와 문화 사역에 대해서도 성경적 원리와 목회적 고려에 입각한 실제적 제안도 했다. 목회자들에게는 문화시대의 설교에 대한 조언이 있고 일반 성도를 향해서는 문화 생활에 있어서 어떤 분별력과 지혜를 가지고 절제의 삶을 살아야 할지에 대한 실천적인 교훈을 주고 있다.

　나는 이 교수님이 대학시절부터 문화와 사회에 대해 얼마나 깊은 열정을 가지고 공부해왔는지를 잘 알고 있다. 그것은 그가 문화에 대해 깊은 관심을 가진 개혁주의 전통을 그 본산인 미국 칼빈신학교를 거쳐 네덜란드 자유대학교에서 공부했기 때문만은 아니다. 이 교수님은 결코 자신이 배운 것을 되뇌는 것으로 만족하는 사람이 아니다. 그는 평생 개혁주의를 자신의 것으로 체화하는 수고를 마지않았다. 이 책 곳곳에서도 개혁주의 문화변혁 비전을 현실에 맞게 살려내려는 씨름을 볼 수 있다. 그는 언제나 현실을 무시하거나 피하지 않았다. 학생시절 독재정권에 대한 반대에 앞장섰고 평생 교회 안팎의 불의와 싸웠다. 기독교윤리실천운동에 초창기부터 참여하여 사회와 문화 변혁을 위해서 봉사했다. 신학교수와 목회자로서 교권주의자들에 맞서다 고초를 겪었다. 어려움 속에 미국 풀러신학교의 교수로 떠났으나 조국 교회와 사회를 위해 돌아오는 결단을 내렸다. 그런 용기와 헌신의 사람이기에 치명적인 암과의 고통스런 싸움 속에서도 부르심을 받기 한 주 전까지 교단에 설 수 있었던 것이다.

　이러한 이 교수님의 씨름에는 다른 무엇보다 교회가 복음을 바로 전하기 위해서는 반드시 공적(公的) 장으로 나아가야 한다는 신념이 깔려 있다. 그는 자신의 삶에 있어서나 학생들에게 교육함에 있어서 항상 문화적 관여를 강조했다. 단순한 참여가 아니라 적극적인 변혁의 의지와 노력이 필요함을 역설했다. 그렇지 못한 교회는 결국 문화적으로 고립되거나 연관성을 상실한 채 무시되고 말 것이라 믿었기 때문이다. 실제로 그가 우려하듯 오늘의 보수 교회는 그렇게 사회문화적으로 주류에서 밀려났다. 뿐만 아니라 문화적 분리주의는 사회 분열을 조장하고 화해를 방해할 것이라는 우려가 증폭되고 있다. 이러한 현실을 직시하는 가운데 교회는 오늘의 다원주의 사회 속에서 고집과 오만을 버리고 소통과 영향력을 유지하기 위해 지속적으로 문화에 관여를 해야 한다고 역설한 것이다.

　이 교수님은 문화적 획일주의가 얼마나 심각한 폭력일 수 있는지를 직시한 몇 안되는 신학자 중 한 명이다. 특히 근본주의적인 폐쇄성을 질타하며 초대교회로부터 다양성과 관용이 얼마나 중요한 기독교적 덕목이었는지를 강조했다. 세계화 시대의 문화 논의와 실천에 있어서 다양성에 대한 바른 인식이 필수적이라는 인식 때문이다. 물론 그는 정체성과 가치관의 혼란을 가져올 수 있는 문화상대주의와 이념화된 포스트모던적 다원주의나 세속화를 부추겨온 자유주의에 대해서도 강하게 비판한다. 이른바 진보적 교회는 기독교적 정체성을 잃어 복음의 영향력을 상실했다. 뿐만 아니라 스스로 폭이 넓다고 자처하는 자유주의 역시 또 다른 문화획일주의에 빠져 있다고 비판한다. 하지만 "근본주의적 획일성은 정통적이라 할 수 없다"라고 못박는다. 보수건 진보건 도그마에 빠질 때 독선적이 되고 만다는 것이다. 오늘의 교회는 문화들 상호간의 이해와 관용에 기초한 다문화주의와 문화다원주의를 성경적 진리에 입각하여 증진시켜야 할 사명이 있다고 역설했다.

　이처럼 이 교수님은 문화적 포괄성과 신학적 정체성의 균형을 유지하려는 노력을 그치지 않았다. 그는 자신이 개혁주의에 서있음을 밝히기 주저하지 않지만 동시에 문화적, 신학적 다양성이 창조주 하나님의 섭리의 일부임을 인정하는 자세를 견지한다. 나아가 개혁주의 안에서도 다양한 입장이 있음을 소개하고 성경적 성찰을 통해서 균형잡힌 견해를 제시한다. 또 다른 예로 세계화와 대중문화 시대에 대한 평가가 엇갈릴 수 있음을 알고 그에 대해서도 매우 균형잡힌 견해를 제시한다. 즉 대중문화의 문제점은 단지 흔히 지적하는 대로 선정성이나 폭력성만이 아니라 대중의 소외에 있음을 지적한다. 대중문화는 사실 대중이 소비자로 소외된 문화요 경제적 도구나 정치적 선전 수단이 되어버린 문화라고 비판한다. 사실 문화에 대해 이

정도의 포괄적인 자세로 전문성과 신학적 균형을 갖춘 글을 쓰는 것은 어지간한 능력으로 되지 않는다. 그러면서도 글이 어렵지 않다는 것도 큰 미덕이다. 이 교수님의 글은 명료하다. 쉽지 않은 내용이지만 현실적이며 실천적인 태도로 논의를 전개할 뿐 아니라 친절하게 글을 쓰기에 이해하기 어렵지 않다. 특히 논의 범위가 방대하지만 현학적으로 비치지 않는 것은 목회적인 섬김의 자세로 글을 쓰기 때문이다.

앞서도 지적했지만 이 교수님의 큰 강점은 문화를 대함에 있어 다양성을 용인하는 동시에 다원주의에 빠지지 않는 균형감각의 중요성을 강조한 것이다. 마찬가지로 이원론에 빠지지 않으면서도 거룩한 문화, 구별된 문화를 지향한다. 인간의 실제 문화는 어느 문화건 타문화보다 절대적으로 하나님 나라이거나 더 그리스도에게 가깝지 않다는 점을 역설한다. 반면에 잘못된 문화에 대하여는 강한 비판을 마다하지 않는다. 이 책에 나오는 대로 그는 오늘날 "문화라는 말이 너무 남용"되고 있어 반(反)문화까지도 문화라고 불리는 것에 대해 크게 분노했다. 예를 들어, 음란하고 폭력적인 영화가 기술적으로 뛰어나고 예술성이 높다 하더라도 결국은 문화가 아니라 반문화라고 단호히 선언한다. 또한 세속화된 문화에 대해서도 마찬가지로 우려했다. 문화의 세속화는 결국 기독교 신앙을 근본적으로 파괴하는 요인이 된다고 확신하기 때문이다.

이 교수님은 그래서 특히 이 시대의 성도들에게 문화에 대한 분별력과 비판적 태도가 필요하다고 역설한다. 분별력이란 문화 예술 그리고 기술에 대해서도 긍정과 비판적 자세를 동시에 견지하는 기독교적 지혜를 말한다. 예를 들어 퀸톤 슐츠의 말처럼 예배에 하이테크를 사용해도 될 것이냐는 질문에 "예"와 더불어 반드시 "그러나"라는 반성적 자세를 가지고 꼼꼼히 따지는 것이 필요하다. 이러한 분별력을 갖춤으로서 문화의 순기능과 역기능을 바로 구분하고 또 윤리적 기준을 따라 평가하는 능력을 갖추는 것이다. 문화 향유에 있어서는 분별력과 함께 절제도 강조했다. 문화생활에도 성령의 열매가 나타나야 하는데 이를 위해 절제가 필수라는 것이다. 아무리 좋은 문화라도 적재적소 바른 시간에 바르게 이용해야 한다. 그래서 "성령께서 주신 자유는 절제를 전제로 하며 전반적인 삶의 균형이 중요하다"라고 역설했다.

이 교수님은 문화도 거룩하게 성화되어야 한다고 역설했다. 세속화로 문화가 파괴적인 죽음의 반문화로 변한 현실을 치유할 유일한 방법은 예수 그리스도의 구속을 경험한 그리스도인의 활동을 통한 문화의 성화이기 때문이다. 그 일의 중심은 교회요 성도들이어야 한다. 이를 위해서는 먼저 교회가 성화되어야 할 것은 말할 나위 없다. 문제는 현실이 염려스럽다는 데 있다. "한국교회와 기독교인들은 부와 명예를 추구하기 시작했고, 세상과의 대립보다는 타협을 수용" 했기 때문이다. 이런 잘못을 극복하는 방안이 문화의 성화이다. 이 책은 교회의 성화를 통해 바로 그 일을 이루기 위한 전략의 모색이다. 여기에는 문화적 주도권을 상실한 한국교회가 다시금 빛과 소금으로 거듭나 세상의 문화에 대처하고 나아가 본연의 소명을 다할 방안이 담겨 있다.

물론 이 교수님도 교회는 문화공동체가 아니라 신앙공동체임을 잘 알고 있다. 하지만 문화적 책임을 잊어서는 안 된다는 점을 강조하고자 했다. 아니 교회만이 세상의 문화를 바꿀 수 있는 소명을 가진다. 이 교수님은 우리가 처한 문화시대를 위기라고 진단하면서도 다른 면에서는 기회라는 의식에서 출발하며 대안을 제시하려 했다. 물론 문화의 성화는 하나님 나라의 온전한 도래까지 기다려야 한다. 이 교수님의 안목은 늘 기독교 문화의 완성인 하나님 나라에 닿아 있다. 그는 그런 소망으로 살며 모든 성도들도 그런 소망으로 살도록 격려한다.

이 교수님은 내가 총신대학교의 선배 가운데 가장 존경하는 분이었다. 학문적으로 탁월해서 후배들의 모범이 되었을 뿐 아니라 매사에 바르고 진실한 언행과 불굴의 용기가 늘 부러웠다. 본훼퍼가 나치의 형장의 이슬로 사라지지 않았더라면 20세기를 빛낸 신학자가 되었을 것이라는 말이 있다. 이 교수님이 떠난 빈 자리에서도 같은 아쉬움이 느껴진다. 재능과 은사가 뛰어난 선배를 먼저 천국에 떠나 보낸 것이 처음은 아님에도 불구하고 이번엔 안타까움이 정말 컸다. 하나님께서 뜻하신 바가 있으시겠으나 큰 슬픔을 느끼지 않을 수 없다. 하지만 감사하게도 이 교수님의 학문적 자취는 이 책과 함께 최근에 번역 출간된 그의 박사학위 논문에서 찾아볼 수 있게 되었다. 자칫 그냥 묻혀버릴 귀한 학문적 업적들이 사모님의 노고로 세상에 빛을 보게 되었다. 마치 난파선에서 보물이 건져 올려진 것과도 같아 정말 감사한 마음뿐이다. 이 책이 부디 고 이정석 교수님의 소망대로 한국교회가 지금 처한 현실을 이해하고 바르게 대응하는 일에 긴하게 사용되길 기도한다.

신국원 (총신대 신학과)

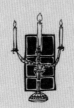

1장
현대 교회의 문화적 도전

1. 현대 교회가 직면하고 있는 문화적 도전들

현대를 문화의 시대라고 부른다. 문화가 없었던 시대는 없었지만, 현대에 들어서면서 갑자기 문화가 본질보다 더 중요한 시대가되었다. 문화는 본질을 담아내는 형식에 불과하지만, 문화가 소통하지 않으면 본질이 폐기되는 위기에 처한 것이다. 교회는 구원의 복음을 가지고 있지만, 적절한 문화적 형식에 담아서 전달하지 못하면현대인들에게 영향을 미치는 데 실패한다. 그러면 현대 교회는 어떤문화적 도전과 위기상황에 있는가?

첫째, 청소년 사역이 문화적 요인으로 위기에 직면하고 있다. 한국 교회는 선교 초창기부터 문화적 우위성을 유지해 왔으나, 1970년대부터 문화적 주도권을 상실하였다. 이 시대는 라디오와 텔레비전의 확산으로 한국에서 대중문화가 부상하는 시기와 일치하며, 이는대중문화에 가장 많은 영향을 받는 청소년들이 교회에서 문화적 이

질감을 느끼기 시작하는 결과를 일으켰다. 물론 중고등학교의 평준화 정책으로 치열한 교육 경쟁이 발생하여 청소년 사역이 위축되었으나, 문제의 본질은 문화적인 괴리에 있었다. 대중문화에 열광한 청소년들에게 교회 문화는 별로 재미가 없어졌다. 더욱이 청소년의 지배(paedocracy)로 특징지워지는 대중문화와 달리 교회는 여전히 장년 문화가 지배하고 있었다. 70년대까지는 주일학교가 장년보다 숫적으로 많은 것이 일반적이어서 교회의 미래가 밝았으나, 80년대 이후에는 주일학교의 상대적 감소로 인하여 미래형 교회에서 현재 혹은 과거형 교회로 전락하게 되었다.

둘째, 예배에 대한 불만과 변화의 요구가 나타나기 시작하였다. 생활 문화와 예배 문화의 차이가 증폭됨에 따라 예배에 대한 불만이 생긴 것이다. 예배에 재미가 없어지자 의미도 사라지기 시작하였고, 예배의 감동과 열정이 약화되었다. 특히 음악이 대표적이었는데, 대중음악(popular music)에 익숙한 젊은 세대들은 전통적인 찬송가에 이질감을 느꼈으며 현대적 음악성에 기초한 복음성가와 CCM을 선호하면서 예배 음악의 변화를 요구하였다. 또한 올갠이나 피아노에만 의존하던 예배 악기도 기타나 드럼의 보완이 요구되었다. 찬양과 경배나 열린 예배가 각광을 받기 시작하였으며, 이런 예배 음악을 선호하는 세대들이 중년층으로 점차 진입하고 확산됨에 따라 예배의 변화는 더욱 확산되었고, 이를 거부하는 장년들과의 문화적 대립이 발생하였다. 또한 테크놀로지 문화에 익숙한 세대들은 예배에 멀티미디어의 도입을 요구하였다.

셋째, 설교의 효율성이 약화되어 불만이 생겨났다. 과거에는 설교를 하나님의 말씀으로 인식하여 일방적인 선포가 당연시되어 의

문이 제기되지 않았으나 현대에는 설교를 목사의 개인적인 말씀으로 보게 되었고, 비교적인 시각의 대두로 우열을 가리게 되었다. 더욱이 이에 대한 반응으로 설교자들이 설교를 다양하게 개성화함으로써 더욱더 그 차이는 증폭되었다. 교인들의 관심을 끌기위한 방법들이 도입되고, 일방적인 설교에 회의를 느낀 설교자들이 교인들의 반응을 요구하기에 이르렀다. 대중문화와 매스컴에 익숙한 현대 교인들은 설교자의 비효율적인 커뮤니케이션(communication)으로 인해 소통에 실패하고

예배의 반을 차지하는 설교를 지루하고 무의미하게 느끼게 되었다. 이로 인해 설교자들은 방법론을 고민하고 상당수는 전통적인 주제설교 대신 성경공부 형식의 강해설교를 선택하기도 하였다.

넷째, 문화적 기독교(cultural Christianity)의 부상이다. 대중문화에 익숙한 현대인들이 예배와 설교를 비롯하여 교회 활동의 모든 영역에 문화적 품격을 요구함에 따라 교회들은 문화적 경쟁에 돌입하였으며, 그에 따라 본질보다 문화를 더 중시하는 경향이 발생하였다. 현대인에게 종교는 더 이상 그리 심각한 것이 아니라 하나의 의식과 게임이 되었다. 현대인이 가지는 기나 요가나 영성에 대한 관심은 그리 심각한 것이 아니다. 현대인은 재미로 점을 치고 재미로 기도하고 재미로 예배에 참석한다. 따라서 교회도 교인들을 재미있게 하는 데 관심을 기울인다. 전통 종교의 부상도 기복 신앙과 연결되어 있으며, 민족문화나 전통의식에 흥미와 소속감을 가지면서 심지어 종교 혼합이나 종교 다원주의가 당연시되고 있다. 자본주의와 민족주의가 국제적인 경쟁의 가열화 속에서 유착되고 보편적 문화로 정

착하고 있다.

다섯째, 대교회운동이 발생하면서 작은 지역교회들이 고전하고 있다. 과거에는 교회들이 지역을 중심으로 안정되었으나, 급격한 도시화(urbanization)로 인하여 지역공동체가 파괴되면서 지역교회들이 약화되고 있다. 이와 같은 대이동의 와중에서 교회들은 성장과 대형화를 추구하였지만, 문화적으로 우월한 소수의 교회로만 사람들이 몰려들었다. 이웃의 소외와 개인주의의 부상으로 익명성을 선호하는 시대적 상황에서 전통적인 목회나 목자 개념이 약화되고 자본주의적 경영 방식이 도입되면서 교인에 대한 개인적 사랑과 돌봄보다는 교인 관리로 만족하기 때문에 대교회(mega church)가 가능하게 되었다. 그 대신 대교회 교인들은 탁월한 문화와 대중심리가 주는 흥분과 허영심으로 만족한다. 부익부 빈익빈의 자본주의적 현상이 교회에도 나타나면서 작은 지역교회들은 악순환을 반복하고 있으며 많은 교회들이 고사하고 있다. 대교회 지도자들은 스타로 숭배되고 소교회 목회자들은 불만의 대상이 되고 있다. 더욱이 테크놀로지 문화를 이용한 위성 교회와 대형 스크린 설교가 확산되고 있으며, 인터넷 사역과 사이버 공동체가 확대되고 있다.

여섯째, 교회의 내분이 심화되고 확산되었다. 한국 교회는 태생적인 교파 분열과 교권 경쟁에 기인한 교단 분열로 인해 근본적인 분파주의(separatism) 구조를 가지고 있을 뿐 아니라, 개교회들도 교회 간의 경쟁구도와 과격한 성장 지향적 목회로 인해 심각한 의견 차이와 내분을 겪고 있다. 더욱이 전통적인 교회의 권위 체제가 무너지고 민주화 의식이 확산됨에 따라 목회자나 지도 집단 중심의 교회 운영에 제동이 걸렸다. 목사와 장로 간의 주도권 경쟁, 세대 간의 갈등, 정치적 좌우파의 대립 등은 교회의 과격한 내분을 불러왔다. 이러한 내분들은 근본적으로 사회와 정치 문화의 변화에 기인하고 있다. 다양성을 요구하는 현대적 사고와 전통적인 권위 구조 사이의 갈등이기도 하다.

일곱째, 교회가 감소하고 있다. 교회 간의 지나친 경쟁으로 인한 권징의 부재와 도덕적 수준의 저하, 그리고 교회의 갈등과 내분은 자연히 사회의 비판을 불러왔고, 그 결과 교인의 감소와 전도의 약화를 초래하였다. 또한 청소년 사역의 약화는 자연히 교회의 노령화를 가져왔고, 시간이 진행됨에 따라 교회는 점점 감소하였다. 더욱이 출산율 저조 현상은 감소세를 더 부추길 것이다. 이러한 교회의 감소는 서구에서 시작된 세속화(secularization)에 기인한 현상이지만, 교회가 자체의 문제점들을 창조적으로 해결하고 근본적으로 개선하지 못하는 한 점점 사회의 중심으로부터 소외되고 감소세를 면치 못할 것이다.

2. 현대 문화에 대한 교회의 반응

한국 사회에 세속적인 서구 문화가 밀물처럼 상륙하여 문화 환경을 오염시키고 청소년들의 관심을 독점하자, 한국 교회는 문화적 위기의식을 느끼게 되었다. 더욱이 한국 교회가 전통적 보수주의와 신비적 성령 운동에 의해 주도되면서 향락적 대중문화는 말세적 현상으로 인식되고 설교에서 무차별적 비판의 대상이 되었다. 이러한 흐름을 대표하는 운동으로는 신상언의 '낮은울타리'가 있다. 그는 청소년 사이에 급격히 파고드는 록 음악이나 랩 뮤직에 사탄적 음모가 있다고 주장하면서 대중음악을 사실상 뉴에이지 문화와 거의 동일시하였으며, 이러한 음모론적 비판은 모든 문화 영역으로 확대되었다. 또한 세대주의 종말론 시나리오도 컴퓨터가 사탄의 음모라고 주장하여 문화적 변화에 대한 저항감을 불러일으켰다.

이와는 대조적으로 진보적인 교회들은 문화적 변화에 상당히 긍정적인 반응을 보였다. 민중신학의 문화신학은 주체사상에 근거하여 전통문화를 회복하는 데 주도적 역할을 감당하였다. 사물놀이나 국악, 심지어 살풀이나 노제가 시도되었으며, 종교다원주의를 수용하고 전통 종교와의 융합을 주장한다. 대중문화에 대해서도 전반적으로 수용적인 입장을 취한다. 이는 세속화 신학의 흐름으로서 기독교가 현대 문화에 적응하지 못하면 현대인에게 의미를 주지 못하고 자멸한다는 적응주의를 따르는 것이다.

한편 좀더 균형적인 태도는 개혁파 문화관에서 일어났다. 아브라함 카이퍼의 적극적 문화개혁론은 보수적 신앙과 진보적 문화론을 겸한 이론으로서, 삶의 모든 영역에 하나님의 주권이 임하도록 만들어야 하며, 따라서 문화영역도 예외일 수 없다는 생각이다. 문화계를 사탄에게 포기하고 비판만 할 것이 아니라 우리 그리스도인들이 문화 변혁의 주체가 되자는 주장이다. 이런 태도는 기독교윤리실천운동 문화전략위원회의 활동에 잘 나타나는데[1] 문화에 대해 적대적인 근본주의를 탈피하려는 복음주의 운동의 부상과 함께 사실상 한국 교회의 주도적 흐름이 되었다. 그리고 가스펠 송과 CCM이 보편화되고 미술, 문학, 방송, 인터넷 등 다양한 분야에서 활발한 문화 운동이 일어나고 있다.

그러나 대다수의 한국 교회 성도들은 사실상 문화 생활에서 이원론적 태도를 취하고 있다. 마르틴 루터는 두 왕국론을 주장하였다. 문화와 종교가 서로의 주권을 상호 인정해야 하는 독립적 분야로 보았다. 그 결과 문화와 신앙은 별 관계가 없다. 물론 이런 이론적 근거에서 그리 행동하는 것은 아니지만, 신앙과 무관하게 자유로운 문화생활을 향유한다. 이런 태도는 대다수의 목회자들이 강단에서 취하는 문화 정죄적 태도로 인해 일시적인 죄책감을 느끼기도 하지만, 실제로는 교회가 대안을 제시하지 않는 상황에서 선택의 여지가 없

---

1) 기독교윤리실천운동 문화전략위원회 편, 『대중문화, 더 이상 침묵할 수 없다』, 기독인을 위한 대중 문화 매뉴얼 (예영, 1998)

다. 그리고 보수 교회들이 역사적으로 새로운 문화에 대해 처음에는 무조건 반대하는 입장을 보이다가 시간이 흐르면 슬그머니 수용하는 태도를 취해왔기 때문에, 신중하지 못하고 반발적인 교회의 태도를 크게 신뢰하지도 않는다.

그러면 교회는 문화에 대해 어떤 자세를 취해야 할 것인가? 리처드 니버가 『그리스도와 문화』에서 교회가 문화에 대해 다섯 가지 유형의 태도를 가져왔다고 분석하였는데,[2] 크게 구분하면 세 가지로 나눌 수 있다. 대립 유형(Christ against culture), 일치 유형(Christ of culture), 그리고 중간 유형이 그것인데, 긍정과 부정을 공유하는 중간적 입장은 연속성과 불연속성을 인정하는 초월론적 유형(Christ above culture), 문화와 그리스도의 영역을 분리하는 이원론적 유형(Christ and culture in paradox), 그리고 문화변혁론적 유형(Christ, the transformer of culture)으로 다시 나뉜다.

실제로 교회는 역사적으로 시대와 문화 환경에 따라 부정적인 입장을 취하기도 하고 긍정적인 입장을 취하기도 하였으나, 중간적인 입장이 주조를 이루어 왔다. 그런 입장의 변화는 기독교의 사회적 위상과 지배적인 문화 형태에 따라 일어났다. 고대에 가나안 문화나 이집트 문화와 같은 이방 문화에 대해서는 매우 부정적이었으나, 하나님의 율법에 근거한 이스라엘의 문화에 대해서는 매우 긍정적이었다. 초대 교회에서 그리스 로마 문화나 유대 문화에 대해서는 부정적이었으나, 기독교가 로마 제국의 국교가 되고 유럽이 복음화되면서 건설된 기독교 문화에 대해서는 긍정적이었다. 그러나 서구사회가 세속화되면서 교회는 문화에 대해 다시 부정적인 입장을 취하게 되었다.

한국 교회는 어떠한가? 신기형은 한국 개신교와 문화의 관계 변

---

2) 리처드 니버, 『그리스도와 문화』, 제2판 (대한기독교서회, 1998)

화를 문화사회학적으로 분석하였는데,[3] 선교사와 교회가 서구 문화를 수입하여 주도적으로 신문화를 확산해 나간 1885년부터 1950년대까지는 문화에 대해 긍정적인 견해를 가졌으나, 교회가 문화적 주도권을 상실한 1970년대 이후에는 문화에 대해 부정적인 견해를 가지게 되었다고 관찰하였다. 이 시기는 텔레비전의 보급으로 시작된 대중문화의 시대와 일치하며, 오늘날 한국 교회가 전반적으로 문화에 대해 부정적인 태도를 가지게 된 사회학적 배경을 잘 설명해준다.

현대 교회가 심각한 문화적 도전들에 직면하자 대책 마련에 부심하였고 다양한 반응을 나타냈다. 현대 문화의 도전을 긍정적으로 대응하기도 하고 부정적으로 대응하기도 하였으며 중도적인 입장을 보이기도 하였는데, 다음 다섯 가지로 분류할 수 있다.

첫째로, 현대문화를 전면적으로 수용하여 심지어 본질까지도 바꾸겠다는 입장으로서 자유주의(liberalism)가 여기 속한다. 자유주의는 복음과 문화를 구별하지 못하고 모든 것을 문화로 이해하여 모든 것을 변화시킬 수 있다고 생각하였다. 루돌프 불트만은 전통적 기독교가 고대 유대 문화에 기인하고 있기 때문에 과학 시대에 적합하지 않고 따라서 모든 신화적 신앙 체계를 비신화화(demythologization)해야 현대 문화에서 존속할 수 있다고 주장하였다. 역사적 기독교가 본질로 믿어온 그리스도의 성육신이나 부활 등 모든 신앙과 교리

---

3) 신기형, "한국 개신교와 문화의 관계 변화에 대한 문화사회학적 이해", 『21세기의 도전과 기독교문화』, 통합윤리학회 편 (예영, 1998), 141-165.

도 문화적이기 때문에 실존적 의미만 수용하고 거기에 현대 문화의 옷을 입히면 된다고 생각하였다. 1960년대의 세속화 신학이나 사신 신학과 같은 신자유주의도 여기 속하며, 성경을 모두 비유적으로 보는 은유주의(metaphoricalism), 정치적 해방을 위해서는 전통적 교리를 변형시킬 수 있다는 해방 신학과 여성 신학, 그리고 종교다원주의도 문화적 자유주의 입장을 취한다.

둘째로, 현대 문화를 결코 수용해서는 안 된다는 반대입장으로서, 문화적 보수주의(cultural conservatism)가 여기에 속한다. 보수주의는 과거의 기독교 문화를 거룩하게 보고 현대 문화를 세속화로 이해하여 전통적 교회 문화만을 고집하고 문화적 변화를 거부하는 전통주의(traditionalism)를 표방한다. 나아가 성경의 모든 것을 본질적으로 보고 전혀 문화적 요인이 없다고 생각한다. 예배 순서나 문화의 변화를 거부하고 찬송가만을 고집한다. 그뿐 아니라 교회의 구조나 제도에서도 전통을 보수한다.

셋째로, 문화절대주의(cultural absolutism) 입장이다. 본질적인 복음은 변할 수 없지만 문화에 대해서는 열린 자세를 취하는 점에서는 넷째와 다섯째 입장과도 유사하지만, 이 모델은 무비판적으로 현대 문화를 적극 수용하여 문화적 우월성을 추구한다는 점에서 차이가 있다. 성공한 대중문화의 모델을 채용하여 문화공연과 같은 수준을 실현하기 위해 기획하고 연습하며 첨단 테크놀로지를 도입한다. 이런 모델은 대개 예배 중심의 신앙 생활로 만족하며, 예배 인도자나 음악가, 설교자는 스타로 숭배된다. 그에 따라서 하나의 문화가 창조되고 그것이 지배한다. 예배에서 경건이나 신전의식보다는 축제나 콘서트와 같은 고품격 종교 문화 창조와 향유가 주된 목표가 된다. 이런 모델에서는 대개 고난의 신학이 약화된다.

넷째로, 교회 안에 존재하는 여러 문화 집단의 필요를 최대한 충족하기 위하여 다문화를 혼합하는 문화상대주의(cultural relativism) 입장이다. 우월한 문화나 열등한 문화가 존재하지 않으며 모든 문화는 존중되어야 한다는 입장으로서, 예배의 문화는 예배 참여자들의 문화로 구성되어야 하기 때문에 여러 문화가 혼합된다. 예를 들어 교회 음악에서 찬송가와 복음성가와 CCM이 기술적으로 혼합되며 (mixed style), 청년과 중년과 노년의 문화, 남자와 여자의 문화 등 다양한 문화 그룹이 모두 존중되고 반영되며 어느 한 특정 문화에 주도권을 부여하지 않는다.

다섯째로, 문화적 분리주의(cultural separatism) 입장이다. 문화적 다양성을 인정하지만 문화적 혼합을 허용하지 않고, 문화적으로 다른 그룹들은 각기 분리되어 공존해야 한다는 생각이다. 예를 들어 전통적 예배와 현대적 예배를 시간을 달리하여 모이는 방식으로서, 다양한 문화 그룹을 위한 다양한 예배나 모임이 고안된다. 넷째 모델이 불안한 문화적 공존으로 어떤 그룹에도 완전한 만족을 줄 수 없다는 문제점이 있다면, 분리주의 모델은 교회의 분열을 초래하며 서로 만나지 못한다는 문화적 화해의 실패를 가져올 수 있는 문제점이 있다.

"I don't mind blending worship styles. But the pastor's quick-change routine from traditional to contemporary and back is a bit distracting."

3. 문화신학의 과제

현대는 문화의 시대이며 현대 교회가 직면하고 있는 문화적 도전들은 교회의 사활이 걸린 중대한 문제들이어서, 이에 대한 신학적 작업이 절실히 필요하게 되었다. 이런 이유로 20세기에 들어서 문화신학(Theology of Culture)이라는 분야가 출범하였고, 21세기에는 더욱 더 중시되고 있다. 문화신학은 현대 교회의 문화적 상황을 비판적으로 분석하고, 그에 대한 교회의 올바른 대응 방안을 형성하도록 도우며, 더욱 적극적인 문화 사역과 종교 문화의 변혁을 통하여 교회의 건전한 발전을 도모할 수 있는 올바른 신학적 통찰력과 문화 이론 및 방법론을 제공하는 데 그 목적이 있다.

그러면 이런 목적을 성취하기 위하여 어떤 연구가 필요하며, 문화신학의 과제는 무엇인가? 본서는 크게 다음 네 가지 분야를 연구할 것이다.

제1부에서는 먼저 현대문화를 올바로 이해하는 작업을 수행할 것이다. 교회가 직면하고 있는 현대문화의 본질은 대중문화이기 때문에, 2장에서는 우선적으로 대중문화를 분석하고 이해할 것이다. 현대 문화에서 문화란 무엇인지를 정의하고 문화학자들의 이론들을 통하여 대중문화의 본질을 규명할 것이다. 다른 한편, 현대문화는 인터넷으로 대표되는 정보사회의 출현을 통해 급변하고 있다. 그래서 3장에서는 정보사회가 어떻게 출현하게 되었으며 인터넷 문화의 본질이 무엇이고 우리의 영성에 어떤 영향을 미치는지를 연구하고, 인터넷과 하나님 나라의 상관관계를 논의할 것이다.

제2부에서는 기독교 문화관과 문화의 신학을 정립할 것이다. 과연 우리 그리스도인과 교회는 끊임없이 변화하는 세상 문화에 대해 어떤 견해를 가지고 대처해야 하는가? 먼저 4장에서는 문화신학의 형성사와 대표적인 두 유형의 문화신학 선구자인 리처드 니버와 폴

틸리히의 문화신학을 연구하고, 한국의 문화신학 도입현황을 설명한다. 그리고 5장에서는 예루살렘 회의를 기점으로 확립되는 성경의 문화관을 규명하고, 정경이 완성됨에 따라 형성되는 성경적 신앙의 문화적 원리들을 분석하며, 문화와 선교의 관계를 논의할 것이다. 그리고 6장에서는 문화를 이해하는 세 가지의 신학적 원리로서, 일반은총론과 문화구속론, 그리고 하나님의 나라 사상을 문화신학적으로 조명할 것이다.

제3부에서는 문화 사역의 원리와 방법을 다룰 것이다. 먼저 7장에서는 그리스도인과 교회는 어떤 문화적 사명을 가지고 있는가, 그리고 현대 사회에서 올바로 문화를 소비하고 창조하는 방식은 무엇인가를 살펴보고, 문화 선교와 복음화의 관계를 성찰할 것이다. 그리고 8장과 9장에서는 특별히 직접적인 목회적 과제로 부상한 예배와 설교에 대하여 문화신학의 원리를 적용하여 실천적 방법을 제공할 것이다.

마지막으로 제4부에서는 종교 문화의 변혁 방안을 탐구할 것이다. 10장에서는 포스트모던 시대의 종교 문화를 분석하고, 11장에서는 그와 같은 상황에서 필요한 목회 원리를 제시할 것이다. 그리고 12장과 13장에서는 한국의 5대 전통종교를 분석함으로써 한민족의 종교 문화를 규명하고 이 시대에 타종교와 어떻게 관계할 것인지를 제시할 것이다.

제1부
현대문화의 이해

대중문화의 이해

1. 문화란 무엇인가

[문화의 개념] 문화란 무엇인가? 문화(文化)라는 말은 동양 유교권에서 글(文)을 알고 유교의 사서오경을 비롯한 문헌을 섭렵하여 해박한 지식과 그를 통한 수신(修身)을 이룩하여 군자가 되는 과정을 문화라고 이해하였다. 그러므로 문화인이란 많은 독서, 글을 쓰는 서예, 그리고 글을 사용한 문장에 능한 사람을 가리킨다. 한편 서구에서는 문화(culture)라는 말이 협의로는 인간 창조성의 극치를 보여주는 예술 활동에 사용되었으나, 광의로는 모든 인간의 창조적 활동에 적용되었다. 하나님이 부여한 인간성과 자연을 갈고 닦는 모든 경작(cultivation) 행위에 적용되어, 농경 문화(agri-culture)로부터 모든 생산 활동, 즉 산업과 기업, 그리고 과학과 예술 등을 비롯하여 다양한 사회적 창조, 즉 정치, 경제, 교육, 군사 등 모든 인간 공동체의 창조 방식에도 포괄적으로 사용되었다. 이러한 이해는 성경적 문화관을 반

영하고 있다고 볼 수 있다. 서철원 교수는 "창조를 개발하여 자연상
태를 벗어나는 것"이 문화라고 정의하고, 인간은 '자연 상태'에서 '문
화 상태'로 옮겨가도록 창조되었다고 보았다.[4] 엄격히 말하자면 인
간의 창조는 무에서 창조(creatio ex nihilo)하는 하나님의 순수한 창조와
구분되는 모조(imitating) 혹은 제조(making)이지만, 하나님은 인간을
단순한 소비자가 아니라 창조자인 하나님을 닮은 문화의 창조자들
로 창조하여 하나님의 창조 사역을 계속하는 계속적 창조의 도구들
로 사용한다. 그러므로 인간의 문화 창조는 하나님의 창조와 연결되
어 있으며 유사성을 가지고 있다.

하나님은 태초에 세계를 창조하면서 인간을 '자기 형상대로(imago
Dei)' 창조함으로써 그에게 문화 창조의 능력을 부여하고 '문화명령
(cultural mandate)'을 주셨다: "생육하고 번성하여 땅에 충만하라. 땅을
정복하라. 바다의 고기와 공중의 새와 땅에 움직이는 모든 생물을
다스리라"(창 1:28). 여기에서 문화의 가능성이 출발한다. 인류의 보
존과 번성, 그리고 그를 위한 자연의 효율적 관리와 통치는 인간 문
화를 형성하고 발전시켰다.

그런데 문화명령은 몇 가지 필수적인 전제들을 가지고 있다. 첫
째, 문화명령은 에덴 동산에서 주어졌으며 하나님과의 올바른 관계
가 전제된다. 인간의 범죄와 그로 인한 하나님과의 관계 단절은 문
화 창조의 방향성을 혼돈시켰다. '하나님의 영광만(soli Deo gloria)'을
추구하는 하나님 중심성이 인간 중심성, 즉 자기 중심성(ego-centricity)
으로 전환되면서 개인적 혹은 집단적 이기주의 문화가 범람하여 상
호 파괴적인 경향을 불러일으켰다. 이러한 무신(無神) 혹은 반신(反
神)적 문화는 사실상 반문화(反文化)라고 할 수 있다. 둘째로, 문화명
령은 동료 인간과의 정상적인 관계가 전제되었다. 한 가족으로서 문

4) 서철원, 『기독교 문화관』 (총신대학교 출판부, 1992), 10, 14-5.

화 창조의 협력자라는 사랑의 관계에서 경쟁적이며 투쟁적인 상대로의 관계전략은 미움과 반목의 문화를 초래하였다. 타락은 성문화를 오염시키고 남존여비의 문화를 일으켰으며, 아벨을 살해한 가인은 힘과 쾌락을 추구하는 도시 문화를 건설하였다(창 4:16-24). 또한 함의 불효는 인종차별의 문화를 유발시켰다. 셋째로, 문화명령은 자연과의 올바른 관계를 전제로 하였다. 하지만 타락은 자연에 저주를 불러왔으며, 이제 자연은 더 이상 하나님의 정원으로서 관리(stewardship)의 대상이 아니라 자신의 소유권(ownership)을 주장하고 자의적인 남용과 약육강식의 논리를 적용하는 대상이 되었다. 넷째로, 문화명령은 인간의 영혼과 육체의 올바른 관계를 전제로 하였다. 인간은 범죄하면서 영적 죽음의 상태에 이르고 영적 종속과 영육의 도착적 지배를 가져왔다. 이는 자연과 인간 그리고 하나님에 대한 올바른 이해와 관계를 오도 혹은 도착시켜 진정한 문화창조에 심각한 장애를 유발시켰다. 죄는 인간과 자연을 변질시키고 모든 관계를 악화시켰다.

　죄의 해결은 진정한 문화 회복을 가능하게 하는 유일한 길이다. 따라서 죄를 구속한 그리스도가 문화를 구속하고 그리스도에의 참여(participatio Christi)가 문화 창조의 전환점이 된다. 리처드 니버가 『그리스도와 문화』에서 그리스도를 문화의 개혁자로 관계지운 것도 바로 이 때문이다. 죄의 구속을 통한 죄로부터의 해방, 그리고 자유가 부여되는 성령의 새로운 창조만이 새로운 인간성(new humanity)을 형성하고, 새로운 인간만이 새로운 창조(new creation)를 할 수 있는 문화적 주체가 되기 때문이다.　더 나아가 새로운 인간들은 새로운 공동체(new community)를 구성하여 하나님과의 화목을 이룸으로써 이기성으로 왜곡되거나 파괴된 인간 관계를 치유하고, 자연의 구속(롬 8:18-25)을 실현하는 도구가 된다. 따라서 새로운 문화(new culture)는 그리스도의 문화(cultus Christi)인 것이다.

문화는 창조 사건과 그 때에 부여된 문화명령의 관점에서만 이해되어서는 안 된다. 창조는 전체적인 구속사의 구조에서 볼 때 다만 한 양상일 뿐이다. 창조 이전에 예정이 있었으며, 따라서 창조는 인간에 대한 사랑과 은혜에 근거한 그리스도 안에서의 영원한 계획에 의하여 이루어진 것이다. 이 은혜의 예정만이 왜 인간을 그토록 고귀한 존재로 창조했는가를 설명할 수 있다. 인류를 향한 하나님의 사랑이 그 극치를 보여 준 그리스도의 구속과 구원의 완성이 예정과 창조라는 문화명령의 기반과 연결되어 그리스도 안에서 통일되어야 한다. 예정의 목적이 성화와 하나님의 은혜와 영광의 찬양, 그리고 그를 통한 그리스도 안에서 세계의 통일에 있기 때문에(엡 1:3-14), 그 실현을 위한 창조와 문화명령은 이러한 하나님의 영원한 경륜과 의도에 근거하여 이해되어야 한다. 그러므로 문화 이해에서 창조와 구속은 그리스도 안에서 통일되어야 한다.

하나님의 나라가 이 땅에 임하게 하려면 문화의 구속이 반드시 이루어져야 한다. 칼 바르트(Karl Barth)는 하나님의 일을 하는 예수 그리스도의 일(요 4:34, 5:17, 36, 9:4, 17:4)에서 그리스도인의 문화 활동의 모범과 패턴을 찾고 하나님의 창조사역(ergon)을 본받는 우리의 문화창조사역(par-ergon)이 곧 하나님의 일(ergon tou theou)이며 주의 일(ergon kyriou)이라고 그 의의를 높이 평가하였다.[5] 그는 인간의 문화사역이 섬김의 소명을 받은 인간으로서 '자신을 확인하고 표현하며 증거하는' 행위이기 때문에 선택의 문제가 아니라 '하나님의 소명에 순종할 준비가 되어 있는 사람이라면 아무도 좌시하거나 무시할 수 없는 필수적인 의무(Dienstpflicht)'라고 강조하였다.[6] 그러므로 우리의 문화 활동은 그리스도에의 참여(participatio Christi)이며, 성령의 인도에 따라 하나님의 나라(civitas Dei)를 건설하는 작업이다.

---

5) Karl Barth, *Die Kirchliche Dogmatik* (Zurich: EVZ Verlag, 1951), III/4, 557-8.
6) Ibid., 599.

[기독교 문화] 하나님의 문화명령과 그에 순종하는 문화 창조의 당위성에 대해서는 광범위한 동의가 있지만, 그러면 우리가 건설해야 할 '기독교 문화(Christian culture)'가 무엇이냐는 질문에 대한 답변은 많은 불일치를 보이고 있다. 왜냐하면 모든 인간의 작업이 문화는 아니기 때문이다. 진정한 문화는 하나님의 창조 사역의 연장으로서 하나님의 나라를 건설하는 반면, 그에 역행하는 반문화(anti-culture)가 있다. 문화 현상과 문화 가치는 구별되어야 한다. 그렇다면 무엇이 그리스도인들이 추구해야 할 진정한 문화, 그리스도의 문화, 기독교 문화인가?

첫째로, 기독교 문화란 그리스도인들이 하나님의 명령에 순종하여 직접적으로 그리스도를 증언하는 제반 창조 활동이라는 견해가 있다. 이 견해는 비기독교인은 진정한 문화를 창조할 수도, 참여할 수도 없다는 배타적인 전제에 근거한다. 클라스 스킬더(Klaas Schilder)는 기독교인과 비기독교인은 공존(sun-ousia)할 뿐 진정으로 교제(koinonia)할 수 없다고 주장하고, 상호의 문화적 교제나 공동 문화 활동이 불가능하며 둘 사이에는 '문화적 투쟁'이 있을 뿐이라는 반정립(antithesis) 이론을 제시하였다.[7] 따라서 이 견해는 기독교적 주제를 명시적으로(explicitly) 표현하는 것만을 기독교 문화로 보고, 한층 더 함축적으로(implicitly) 표현하는 것은 무시하는 경향이 있다. 즉 성화나 성가, 성문학과 교회 건축, 기독교 정당과 기독교 단체 활동과 같은 직접적인 문화 활동만으로 기독교 문화를 제한하고, 심지어 교회 문화와 기독교 문화를 혼동하기도 한다. 한편, 실생활에서 비기독교인의 문화 활동에 참여하여 대중 음악이나 대중 예술, 혹은 대중 활동에 참여할 때는 스스로 죄책감에 빠지기도 하는 이원론적 문화 생활을 하거나 금욕주의적 태도를 취한다.

---

7) Klaas Schilder, *Christ and Culture* (Winnipeg: Premier, 1977), passim.

둘째로, 기독교 문화란 진정한 문화를 건설하는 모든 창조 활동이라는 폭넓은 견해가 있다. 이 견해는 하나님의 우주적 주권을 강조하며 하나님의 형상대로 창조된 인간이 수행하는 모든 긍정적 문화 활동은 하나님의 뜻이며, 모든 진리는 하나님의 진리라고 생각한다. 하나님의 것이 아닌 것은 거짓과 추함과 악함뿐이라고 보고, 진리와 아름다움과 선함을 반영하는 모든 문화활동을 기독교적이라고 포함시킨다. 아브라함 카이퍼(Abraham Kuyper)가 창시한 신칼빈주의는 이러한 긍정적이고 포괄적인 기독교 문화 운동을 출범시켰다. 그의 이 견해는 기독교인과 비기독교인에게 공통적으로 주어지는 하나님의 일반은총(common grace) 이론에 근거하였다. 인간의 범죄와 타락에도 불구하고 인류를 향한 하나님의 사랑은 보편적인 은총의 대상이 된다는 이 일반은총론은 다음 일곱 가지 근거에 기인한다. (1) 만물을 통치하고 보존하는 하나님의 보편적 섭리, (2) 하나님의 속성적 자비와 사랑, (3) 일반계시를 통한 진리의 빛, (4) 가정을 비롯한 창조 질서, (5) 하나님의 형상대로 창조된 인간성, (6) 그리스도의 대속과 그로 인한 세계의 구속, (7) 세상의 빛과 소금으로서의 언약 공동체의 존재이다. 그러므로 헨리 미터(Henry Meeter)는 심지어 비기독교인에 의해 수행되었다 할지라도 "하나님이 베푸신 일반은총의 열매들이 어디서 맺히든지 하나님의 명예와 그의 나라의 발전을 위하여 그것을 감사함으로 사용하는 것(thankful use)이 우리의 의무다"고 말하였다.[8]

셋째 견해는 위의 두 견해를 종합한 것이다. 헤르만 도예베르트

---

8) H. Henry Meeter, *Calvinism: An Interpretation of Its Basic Idea* (Grand Rapids: Zondervan, n.d.), 89.

(Herman Dooyeweerd)가 잘 지적한대로, 일반은총은 반정립을 약화시키거나 제거하지 않으며, "사실상 일반은총은 반정립의 기초 위에서만 이해될 수 있다."[9] 왜냐하면 일반은총은 특별은총을 전제하고 있기 때문이다. 인간은 범죄함으로 타락하여 문화 창조의 방향성, 특히 종교성과 윤리성에서 심각한 혼란을 초래하였다. 그럼에도 불구하고 아직 모든 인류에게는 "하나님을 알 만한 것"이 남아 있으며, 자연은 저주를 받았으나 아직 "창세로부터 그의 보이지 아니하는 것들 곧 그의 영원하신 능력과 신성이 그 만드신 만물에 분명히 보여"(롬 1:18-22, 시 19:1-6) 하나님의 뜻을 알게 하며, 하나님은 인류에 대한 사랑으로 오래 참고 보존하신다. 혼란된 문화 활동의 방향성은 그리스도 안에서만 회복되지만, 그리스도인도 지금은 "의인이며 동시에 죄인(simul iustus et peccator)"이므로 불완전하다. 그러므로 정당한 견해는 이 두 원리 위에서 함께 문화를 이해하는 태도일 것이다.

실로 성경에서 우리는 문화에 대해 지나친 구분을 발견할 수 없다. 이방인이 그리스도를 영접할 때 모든 기존 문화를 버리라고 하지 않았다. 성속 이원론이나 배타적인 이해가 아니라, 진정한 문화는 하나님의 창조의 연속으로서 그가 창조한 인간과 자연을 관찰과 관조를 통하여 하나님의 진리를 발견하며, 그러한 발견을 창조적으로 표현하고 인간 사회에 긍정적으로 적용하는 것이라는 포괄적인 이해가 성경적이다. 따라서 그리스도 안에서 새로운 문화 창조의 사명과 능력과 방향성을 회복한 그리스도인들이 당연히 적극적으로 하나님의 나라를 향한 진정한 문화를 주도해야 하지만, 일반은총에 근거한 모든 인류의 긍정적 공헌과 참여도 수용해야 한다. 문화적 상대주의나 지역 문화주의는 잘못된 것이지만, 세계교회협의회는 "어떤 특정 문화도 다른 문화보다 예수 그리스도에게 더 가깝지

---

9) Herman Dooyeweerd, 『서양문화의 뿌리』 문석호 역 (크리스챤 다이제스트, 1994), 66.

않다(No culture is closer to Jesus Christ than any other culture)"고 선언하였다.

기독교는 역사상 다양한 종류의 문화와 만났으나 어떤 문화도 전적으로 부정하거나 정죄하지 않았다. 그리하여 심지어 기독교는 문화에 눈이 멀었다(culture-blind)고 말한 신학자도 있다. 현대에 우리가 처한 대중문화가 비록 심각한 내재적 문제점을 가지고 있지만, 기독교 신앙은 이 문화를 오히려 선용하고 정화할 수 있다.

[문화와 반문화] 그리스도인들에게 그러한 문화의 건설과 발전을 위해 문화명령을 순종함으로써 하나님의 나라를 이룩할 의무가 있다면, 이 대중문화 시대에 우리가 어떻게 문화적 사명을 수행할 수 있을까? 문화적 사명은 소극적으로 타인이 창조한 문화를 선택적으로 참여하는 문화 비판과 적극적으로 우리가 좋은 문화를 창조하여 보급하는 문화 창조의 두 가지 활동으로 이루어진다. 그러면 무엇이 좋은 문화이고 무엇이 나쁜 문화인가? 우리는 무엇보다 기독교 문화관에 입각하여 문화를 구별하는 능력을 배양하여야 하며, 그러기 위해서는 문화와 반문화의 개념을 이해해야 한다.

현대의 대중문화는 목적 의식과 방향성을 점차 상실해 가면서 혼란과 반란의 늪으로 빠져들어가고 있다는 느낌이 든다. 문화란 발전적인 변화를 추구하는 노력이기 때문에 그 이상과 목적이 분명해야 하는데, 현대 문화는 그 결과나 미래를 고려하기보다 오늘의 즐거움과 쾌락을 만족시켜 주면 그것으로 충분하다고 생각한다. 그러나 이러한 반문화들은 마약과 같이 인간에게 순간적으로 사이비 행복감을 주지만 실상은 인간성과 사회에 부정적이고 파괴적인 결과를 가져온다. 아직도 건전한 목적 의식을 가지고 소설을 쓰고 드라마를 만들고 노래를 부르는 사람들도 많이 있지만, 상당수의 사람들은 무조건 사람들을 즐겁게 만들어 인기를 얻고 돈을 벌 수 있으면 아무리 인간성과 사회에 악영향을 준다 하여도 고려하지 않고 감행한다.

심지어 소위 사회적 통념을 허물어 버리겠다는 생각으로 올바른 문화적 이상을 무너뜨리고자 문화 활동을 하는 사람들도 있다. 그러나 목적 의식이 분명하고 인간성과 인간 사회  의 건전한 개발이라는 방향성이 뚜렷해야 문화라고 할 수 있고 문화 활동이라고 칭할 수 있는 것이지, 이러한 방향에 역행하는 행위는 아무리 외관상 문화같이 보일지라도 실상은 반문화(anti-culture)일 뿐이다. 왜냐하면 그 행위의 결과가 인류의 발전을 저해하고 퇴보시키는 반란적 성격을 가지고 있기 때문이다.

오늘날 문화라는 말이 너무 남용되고 있다. 심지어 반문화도 문화라고 불리고 있으며, 인간의 문화를 기술적으로 방해하는 사람들도 문화인이라고 대우를 받는다. 우리는 이러한 혼란을 극복하기 위하여 형식으로서의 문화와 본질로서의 문화를 구별할 필요가 있다. 문화는 좁은 의미로는 주로 예술을 의미하므로 형식상 예술의 범주에 연결시킬 수 있으면 무조건 문화라고 부른다. 그러나 예를 들어 '음란 문화'라는 말은 어떠한가? 음란을 조장하는 영화는 그것이 영화이기 때문에 형식으로는 문화라고 불리더라도 그것이 인간성과 사회의 건전한 발전에 역행하는 것이기 때문에 본질로는 오히려 반문화인 것이다. 문화는 인간의 개발이 목적이기 때문에 결국은 인간의 문제인 것이다. 그러한 문화 혹은 반문화의 결과로 개발되는 나의 인간성과 우리의 사회가 궁극적 실체인 것이다. 현대인은 문화 자체와 인간 자신을 심각한 정도로 혼동하고 있다. 문화 활동이란 나의 인간성을 올바로 계발하는 데 도움을 주도록 이용하고 참여하는 모든 활동을 포함하며, 문화의 목적은 나 자신과 우리 사회의 건전한 개발과 발전에 있는 것이다. 이제 우리는 참된 문화를 보호하기 위하여 소위 문화라는 미명의 반문화를 들추어내야 한다. 양의 탈을 쓰고 오는 이리에게서 탈을 벗겨 그것이 양이 아니라 우리에게 해를 주는 이리임을 드러내서 보여 주어야 한다. 이 작업이 제대로 이루어지지 못하면 우리 사회는 문화적 혼란에 빠질 수밖에 없다. 그러므로 건전한 문화비평가들의 출현과 기독교 문화운동이 요청되며, 대중문화 속에 사는 그리스도인들은 그들의 도움 아래 문화와 반문화를 구별하는 능력을 길러야 한다.

[문화선택의 기준] 그리스도인은 모든 문화에 대해 비판적 자세를 취해야 한다. 왜냐하면 모든 문화는 죄에 오염되어 있기 때문이다. 그리스도인들은 모든 그릇된 반문화들을 비판해야 한다. 이러한 문화 비판을 문화 선택에 활용하여 문화적 책임을 감당해야 한다. 다른 사람들이 생산한 문화를 '소비'하는 현대의 그리스도인들은 그것이 단순한 상업적 구매 활동이 아니라, 비록 소극적 문화 혹은 수동적 문화 행위이지만, 분명히 문화 선택과 문화 참여를 통한 나의 문화 행위임을 잊어서는 안 된다. 우리는 다양한 동기에서 제작된 텔레비전이나 라디오 프로그램, 영화나 광고, 또는 음악이나 잡지로부터 옷이나 가구, 전자 제품이나 자동차, 주택에 이르기까지 그리스도인으로서 올바른 선택을 하는 것이 중요하다. 그러면 구체적으로 문화와 반문화를 구별하는 올바른 문화 선택의 기준은 무엇인가?

DECORATING
Majoring in consumerism

첫째로, 문화는 기본적으로 문화적 기능을 수행할 수 있는 자질과 품격을 가지고 있어야 한다. 문화적 기능이란 인간성을 건전하게 개발하여 인류의 바람직한 발전과 자연의 효율적 관리를 이룩하는 것

42

이다. 그러나 모든 문화가 이런 목적을 효과적으로 달성하지 못한다. 오로지 문화의 목적에 대해 강한 신념과 사명감을 가지고 각고의 훈련 과정을 거쳐 고도의 전문성을 성취한 사람들에 의하여 창조된 걸작에 의해서만 문화적 기능이 수행된다. 그것은 영화나 드라마, 음악이나 미술과 같은 예술 형태뿐 아니라 옷이나 가구, 전자 제품이나 주택에 이르기까지 문화의 모든 분야에서 동일하다. 현대의 대중문화는 인기와 판매가 모든 것을 정당화하기 때문에 문화 자체의 품격을 중시하지 않는 경향이 있다. 이와 반대로 올바른 문화 의식은 있으나 품질이 떨어지는 문화를 생산하는 경우도 있다. 둘 다 좋은 문화가 아니다. 문화 자체가 문화적 기능을 수행할 만한 고도의 문화적 품격을 가지고 있을 때에만 그 목적을 달성할 수 있다. 예를 들어, 곡이 아무리 좋아도 가사가 좋지 못하면 결과적으로 문화적 기능을 수행할 수 없고, 한편 아무리 가사가 좋아도 곡이 좋지 못하면 감동을 줄 수 없으므로 문화적 목표를 성취할 수 없다. 그러므로 우리는 문화를 선택할 때 먼저 문화의 품질을 고려해야 한다. 그것은 그 분야의 전문가에 의해서 만들어져야 하고, 또한 전문가의 작품 중에서도 수작이어야 한다.

둘째로, 문화의 목적이 인간성의 건전한 계발에 있기 때문에, 문화는 윤리적이어야 한다. 비록 현대 문화는 문화와 윤리를 분리시키려 하지만, 문화가 인간을 위한 인간의 행위인 한 윤리적이어야 한다. 인간에게는 모든 행위에 있어서 해야 하는 일과 해도 되는 일, 해서는 안 되는 일이 있다. 더욱이 앞에서 살펴본 대로 예정의 일차적 목적이 성화에 있기 때문에, 문화는 하나님의 거룩과 선을 반영해야 한다. 실로 재미와 쾌락만을 추구하는 문화는 무윤리 혹은 비윤리적이어서 인간 공동체에 파괴적 영향을 미치며, 하나님의 뜻에 역행하는 반문화를 생산한다. 이러한 문화는 절대 가치를 부정하고 예술이라는 이름으로 윤리성을 거부하기도 한다. 폭력과 도착된

성 등 비윤리성을 고무시키는 반사회적이며 비윤리적인 문화는 하나님의 창조를 연장 발전시키기보다는 오히려 창조 질서에 도전하고 반항한다. 현대의 기술 문화는 문화의 상업화를 불러왔는데, 상업적 문화는 다량의 판매가 동기로 작용하기에 윤리성을 배제한다. 이러한 비윤리적 문화는 창조된 인간성을 구현하기보다 타락한 인간의 탐욕과 파괴성을 부추겨 하나님의 보존적 일반 은총에 역행하여 인류를 더욱더 심각한 타락과 파멸로 이끌어 간다. 위르겐 몰트만(Jürgen Moltmann)이 주장하는 대로, 인종주의와 남성우월주의, 그리고 장애인을 무시하는 건강주의와 같은 '집단적 이기주의'는 그리스도 안에서 해방된 인간성과 은혜로 되는 칭의에 근거하여 극복되어야 하고, 하나님 앞에서 만인의 평등과 상호 존중이 실현되는 진정한 문화를 실현해야 한다.[10] 우리가 문화를 선택하여 향유할 때 결과적으로 나와 사회의 도덕성에 해가 된다고 판단되면 아무리 재미있고 매혹적이라 할지라도 단호하게 삼가야 한다.

셋째로, 그릇된 종교성을 부추기는 우상 숭배와 사교적 문화는 비판되어야 한다. 오늘날 종교 예술이라는 이름으로 우상 숭배적 문화가 보호되지만, 진정한 문화는 하나님과의 올바른 관계에서만 가능하며, 최소한 인간이 만든 종교를 지향하거나 숭배하는 문화는 아니다. 물론 문화는 죄의 용서나 영적 구원의 문제가 아니라 모든 인류를 위한 일반 은총의 영역에 해당되므로, 타종교인이나 무신론자라고 하여 좋은 문화를 창조할 수 없는 것은 아니다. 엄격히 따지자면 두 영역이 완전히 무관하지 않지만, 불교인이라 할지라도 자연에 대해 아름다운 노래를 만들거나 감동적으로 부를 수 있고 무신론자라 할지라도 인간성을 개발하는데 도움이 되는 영화나 드라마를 만들 수 있다. 그러나 종교적인 주제가 명시적인 경우에 우리는 분명

---

10) Jürgen Moltmann, *The Church in the Power of the Spirit* (New York: Harper & Row, 1977), 182-9.

한 판단을 할 수 있다. 무신론을 계몽하는 북한 영화는 아무리 구성이나 촬영술, 연기가 뛰어나다 할지라도 반문화임에 틀림없으며, 인간을 신성화한 작품도 그러하다. 요즘 뉴에이지 문화에 대한 경각심이 일어나고 있는데, 뉴에이지 종교를 증진하기 위한 목적으로 제작된 문화는 당연히 배제되어야 한다.

문화가 자유라는 생각이 현대에 지배적이기 때문에, 왜 문화를 그렇게 규제하며 복잡한 선택 기준을 요구하는지에 대하여 반발이 흔히 일어난다. 심지어 기독교인들도 문화는 신앙과 달리 아무런 부담감 없이 즐기면 되는 것 아니냐는 생각을 한다. 사실 피곤하고 무료한 현대 생활에서 리모콘만 누르면 나오는 대중문화는 이미 습관화되었으며, 문화 생활을 율법적으로 규제하거나 획일적으로 판단하는 것은 잘못이다. 그러나 문화의 홍수 속에서 선택은 불가피하며, 선택을 해야 하는 일이라면 일관성 있는 기준을 가지는 것이 합리적이다. 물론 교육과 달리 문화는 선택의 자유가 보장되기 때문에 첫눈에 관심과 흥미를 유발시킬 만한 매력을 가지고 있어야 한다. 그래서 재미가 유일한 선택 기준이 되는 경우가 많지만, 그로 인한 정신적 피해는 어떻게 할 것인가? 복잡한 현대 생활에서 휴식과 오락은 필수적이지만, 얼마든지 유익한 방법으로 즐길 수 있다. 재미있을 뿐 아니라 유익해야 한다. 문화는 우리의 지정의로 구성되는 인간성에 유익해야 하므로, 재미있으면서도 우리 지성을 발전시키고 감정을 순화시키며 선한 의지를 강화시키는 데 도움이 되는 문화를 선별할 필요가 있다. 처음에는 원칙과 기준을 적용하여 선택하는 것이 귀찮고 부자연스러울 수 있으나, 문화 비판에 익숙해지면 올바른 선택이 거의 즉각적으로 이루어지게 된다.

성령의 열매는 문화 생활에서도 나타나야 하며 특히 절제가 중요하다. 아무리 정당한 기준으로 선택했다 할지라도 하루 종일 텔레비전만 보고 있는 것은 옳지 않다. 하나님께서 우리에게 주신 하루 24

2장
대중문화의 이해

시간을 적당하게 분배하여 사용하는 절제가 필요하다. 대중문화를 즐길 수 있는 시간은 주로 저녁이나 주말이 된다. 그러나 그 시간도 가족이나 친구와의 인격적 교제, 독서와 글쓰기, 경건 생활 등에 적지 않은 시간을 필히 사용해야 하므로 사실상 정상적인 생활을 영위한다면 대중문화를 즐길 시간은 그리 많지 않다. 텔레비전을 너무 많은 시간 시청하느라고 더 중요한 일들을 하지 못한다면 그의 인생에는 큰 결함이 발생한다. 한 가지 일에 치우치면 다른 일을 그만큼 못하게 된다. 방송국들은 하루 종일 자기 방송을 시청하기 원하지만, 시청자는 올바른 프로그램 선택과 함께 시청 시간에서도 절제가 필요하다. 비록 현대 대중문화의 유혹은 거부하기가 너무 어렵고 또 시간적 제한도 기계적으로 이루어질 수 없으나, 성령께서 주신 자유는 절제를 전제로 하며 전반적인 삶의 균형이 중요하다.

2. 대중문화의 본질

광화문과 예술의 전당 앞에는 대형 전광판이 설치되고 "문화의 세기가 오고 있다"는 캐치프레이즈와 함께 카운트다운이 시작되었다. 21세기에 진입하는 대선에서 승리한 후보는 문화 대통령의 이미지를 내걸었고, 문화 이론가들끼리 김대중 죽이기 살리기 논쟁이 벌어졌지만, 후보 중에서 유일하게 그리고 처음으로 『김대중 문화읽기: 이경규에서 스필버그까지』라는 문화평론서를 출판한 김대중씨가 대통령에 당선되었다.

왜 21세기를 '문화의 세기'라고 말하는 것인가? 역사 진보론자들은 항상 과거보다 미래가 더 개화되고 발전된 문화를 소유한다고 생각하지

만, 과연 21세기를 문화의 세기라고 부를 수 있는 것인가? 이 말은 마치 지금까지는 문화의 시대가 아니었고 21세기야말로 인류가 처음으로 문화를 향유하게 되는 세기가 되리라는 그릇된 기대감을 줄 수 있다. 실로 문화 없는 인류 역사는 존재하지 않았으며, 인류의 역사는 문화의 역사라고 할 수 있다. 문화는 항상 존재하여 왔으며, 반드시 고대 문화가 저급하거나 열등한 것도 아니었다. 심지어 "해 아래 새 것이 없다"는 문화 순환론이나 "옛 것이 좋았다"는 문화 복고론도 단순한 생각이라고 무시해 버릴 수 없다. 예를 들자면, 서구 현대문화도 복고주의적인 르네상스가 없이는 불가능하였다. 더욱이 현대 인류학은 원시 문화와 발달된 문화라는 구분에 문제가 있음을 이미 지적하였다. 사람들은 공동체를 형성하고 그들의 독특한 문화를 건설함으로써 '문화라는 집' 속에서 안정된 삶을 영위해 왔으며, 그 문화는 후손들에게 전수되었다. 문화의 우수성은 후손의 발전과 번창을 가져왔으며, 저급한 문화를 가진 공동체는 내외로부터 그 존재가 위협을 받아왔다. 교통과 통신의 발전은 공동체들의 만남을 확대시켰고, 이는 문화들의 만남과 상호 영향을 통한 문화 변화(culture change)를 초래하였다. 바람직한 변화도 있었지만, 그렇지 못한 경우도 많이 있었다. 그러므로 21세기를 문화의 세기라고 말할 때, 그 문화란 일반적인 의미의 문화가 아니라 특별한 형태의 문화를 가리키는 것이라고 보아야 한다.

현대는 세계화라는 메가 트렌드로 인해 하나가 되어가고 있으며, 대중문화가 이를 주도하고 있다. 이러한 대중문화 시대의 출현은 과거에 상상도 할 수 없었던 역사적 대변혁이 아닐 수 없다. 오늘날의 한국인이 살아가는 모습은 어떠한가? 1세기 전의 한국인과도 근본적으로 다른 문화생활을 영위하고 있다. 우리는 더 이상 초가집에서 살지 않고 아파트나 콘크리트집에서 살고 있으며, 한복을 입지 않고 양복과 양장을 입으며 음식 문화에도 근본적인 변화가 도래하였다.

우리가 하는 일과 여가를 보내는 문화 생활도 그러하다. 우리는 현대적인 일을 하며 남는 여가 시간의 대부분을 텔레비전이나 컴퓨터, 라디오, 또는 비디오나 오디오와 같은 테크놀로지 제품과 함께 보낸다. 자본주의 사회에서 문화가 상품화되고 이윤 추구의 대상으로 전락하면서 심각한 문제가 제기되고 있다.

우리가 살고 있는 20세기의 현대문화는 어떤 특성을 가지고 있는가? 현대 문화를 여러 모로 정의하지만 가장 대표적인 성격은 아마도 "대중문화(mass culture)"라는 것이며, 이러한 형태의 문화는 다음 세기에 더욱더 심화되고 확대될 것으로 예상된다. 국민의 거의 반수가 같은 시간에 같은 인기 드라마를 보면서 같이 웃고 같이 운다. 수억 명의 사람들이 같은 국제경기를 보면서 같이 소리를 지르고 같이 애태운다. 수많은 젊은이들이 같은 가수의 같은 음악을 들으며 열광하고, 엄청난 관객이 같은 영화를 보면서 같은 정서를 나눈다. 그리고 전세계 어디서나 컴퓨터에 앉아 인터넷에서 같은 정보를 나누거나 서로 대화한다. 이런 모습은 과거에 상상할 수 없는 것이었으며, 현대인은 생계를 위해 일하는 시간을 제외하고는 대부분의 깨어 있는 시간을 그런 데 보내며 살아간다. 많은 사람들은 현대 문화에 대해 이중적인 태도를 가지고 있다. 한편으로는 현대 문화가 주는 편리함과 즐거움을 찬양하지만, 한편으로는 심각한 문제점을 느끼며 염려한다. 여기에 현대 문화의 문제가 있다.

그러면 이러한 대중문화 시대를 사는 우리 그리스도인들은 어떠한 삶을 살아야 할 것인가? 기독교가 단순히 지식적 신앙의 문제가 아니라 행동하는 신앙 즉 삶의 문제라면, 그리스도인은 불신자와 다른 삶을 살고 다르게 시간을 사용해야 할 것이다. 불신자와 똑같이 일하고 남는 시간에는 똑같은 대중문화를 똑같은 방식으로 즐기며 살아간다면, 기독교 신앙이란 삶에 아무런 영향도 미치지 못하는 허식일 뿐이다. 기독교인은 기독교적인 문화 생활을 해야 한다. 그리스도를 주님으로 고백할 때, 우리는 삶의 모든 영역에서 그리고 모든 시간에서 우리 삶의 주님이심을 인정하는 것이다. 그러므로 그리스도는 우리 문화 생활에서도 주님이 되어야 한다.

기독교는 여러 형태의 문화 속에서 존속하고 발전해 왔으므로 현대의 대중문화도 기독교에 근본적인 위협이 될 수 없다. 그러나 현대의 문화적 순종을 위하여 이 새로운 형태의 문화를 올바로 이해하고 적응하며, 그리스도를 거역하는 요소를 정화하여 순종하는 문화로 개혁해 나가는 작업이 요청된다.

[대중문화의 긍정적 측면] 현대의 대중문화에 대한 기독교의 평가는 크게 두 가지 입장을 나타내고 있다. 그러나 그것은 서로 상반된 입장이라기보다는 대중문화의 두 측면에 대한 강조점의 차이라고 볼 수 있다. 하나는 대중문화에 대한 긍정적 견해이다. 맹용길 교수는 「기독교신앙과 대중문화」라는 글에서 대중문화를 "대중의, 대중에 의한, 대중을 위한 문화"라고 정의한다. 그러면 대중이란 누구인가? 그는 대중을 "대다수의 사람들로 이루어지는 집합체"로서 "사회적 지위, 계급, 학력, 재산 등의 사회적 장벽

을 초월해서 구성되는 사람들"이라는 일반적 의미로 이해한다.[11] 이러한 긍정적 평가의 근거로 제시되는 것은 급기야 문화적으로 대중의 시대가 도래했다는 점이다.

문화가 과거에는 소수 귀족들의 전유물이었지만, 민주주의의 도래와 함께 문화도 대중이 평등하게 즐길 수 있는 형태로 변화되었다는 생각이다. 이러한 변화는 그리스도의 구속이 문화에 적용되어 일어난 현상으로서, 과거에 부르주아와 엘리트만을 위한 불평등적이

---

11) 맹용길, "기독교 신앙과 대중문화", 임성빈 편, 『현대문화의 한계를 넘어서』 (예영, 1997), 33-54.

며 자만한 소수 문화를 극복한 보편적 은총이라고 해석한다. 인간의 타락과 죄악은 하나님께서 평등하게 창조한 인류를 지배자와 피지배자, 귀족과 천민, 그리고 부자와 가난한 자 등으로 분리하고 사회적 신분을 세습화하여 문화를 소수 지배계급의 전유물로 만들었으며, 다수의 대중은 문화적 혜택에서 소외되었다. 더욱이 힘 없는 대중은 문화를 모르는 미개인 취급을 당하고, 그들이 즐기는 문화는 저급한 문화로 분류되어 천시되었다. 또한 침략적인 식민 통치하에서 지배자의 문화는 우월하고 피지배자의 문화는 열등한 것으로 치부되었다. 현대 인류학은 이것이 얼마나 제국주의적 발상의 잘못된 문화관인가를 지적하였지만, 심지어 식민주의 시대가 종식된 지금에도 그 여파로 형성된 서구화의 물결은 현대화라는 이름으로 계속되어 서구 문화의 우월성이 실상 전세계적으로 인정되고 있다. 그러나 예를 들어 노예의 음악으로 미국에 들어온 재즈가 오히려 미국 음악을 지배하고 랩 송이 한국 청소년 음악을 지배하는 현상은 대중문화가 과거의 정치적 차별을 극복하고 있음을 보여준다. 정치적 민주화와 독립은 문화적 민주화를 불러와서 대중이 주도하는 대중을 위한 문화의 민주화를 성취하였다는 생각이며, 이 점은 분명히 긍정적으로 평가되어야 한다. 예술가들이 과거에는 소수만을 위하여 봉사하였으나, 이제는 모두를 위하여 그들의 예술적 재능을 사용하게 되었다. 그리고 신분적인 차이 때문에 문화적 혜택을 유린당하고 차별 당하는 일은 별로 없게 되었다.

또한 문화를 대중이 향유할 수 있게 만들어 준 것은 정치적 민주화와 함께 일어난 과학의 발달이다. 과거에는 아름다운 음악을 듣기 위해서 먼 거리를 여행해서 비싼 입장료를 내고 음악회에 참석해야 했으나, 과학 기술의 발달은 거의 완벽한 음질을 가진 카세트 테이프나 씨디를 값싸게 구입해서 아무데서나 그리고 반복적으로 편리하게 들을 수 있게 해주었다. 거의 모든 가정에 보급된 텔레비전이나 라디오는 빈부귀천을 막론하고 모두가 즐길 수 있게 되었고, 전세계에서 일어나는 것을 안방에서 편안히 볼 수가 있다. 이러한 문화의 대중화는 인류에게 주신 보편적 은총에 의해서 가능하다. 고대에는 서민이 성경 한 권을 구한다는 것이 거의 불가능하였으나, 출판 기술의 발달은 아무나 가까운 서점에서 읽기 좋은 성경을 값 싸게 구해 읽을 수 있다. 그리고 과거에는 소수의 지배 계급만이 의료 혜택을 누렸으나 이제 누구나 편리하게 진찰과 치료를 받을 수 있게 되었으며, 이런 혜택은 더욱더 확대되고 발전할 것이다. 이러한 문화의 대중화를 부정적으로 볼 이유가 없다. 그런데 이런 대중의 문화적 향유는 산업혁명과 자유 시장체제라는 현대 경제의 민주화와 대중화에 의해 가능하게 되었다. 한국에는 과거에 소수의 부유층과 절대다수의 빈민층이 있었지만, 경제발전으로 인해 오늘날에는 소수의 부유층과 빈민층이 있을 뿐 다수는 스스로를 중산층으로 분류하고 있으며 대중문화를 향유할 수 있는 경제적 능력을 가지고 있다.

[대중문화의 부정적 측면] 한편 대중문화에 대한 부정적 견해도 적지 않다. 손봉호 교수는 「대중문화에 대한 기독교인의 태도」라는 글에서, 대중문화를 "대중이 만들어내고 대중이 즐기는 문화"라고 정의하지만 대중에 대한 이해는 매우 다르다. 그에게 대중이란 "대부분의 사람을 뜻하는 것이 아니라, 어떤 특정한 성격을 가진 인간군"을 가리킨다. 이

거대한 인간 집단은 현대 산업사회에서 대량생산과 대중매체에 의하여 생겨난 획일화되고 규격화된 "소외된 인간군"이며, 따라서 대중문화는 "소외된 문화"라고 부정적으로 평가한다. 그리고 "기독교인은 대중에 속할 수 없다"는 논리에서, 기독교인이 대중문화를 수용하거나 향유하는 것은 있을 수 없는

일이라고 주장한다.[12] 그뿐 아니라, 많은 기독교 신학자들이나 문화이론가들이 대중문화에 대해 강렬한 비판을 가하고 심지어 '문화전쟁'까지 선포하고 있다. 그러면 왜 대중문화가 비기독교적이며 그리스도인이 비판적으로 대해야 하는 형태의 문화인가?

첫째로, 문화의 대중화는 공동체와 자아의 상실을 유발시킨다. 문화를 모두가 함께 향유하게 되었다는 긍정적인 이면에는 부정적인 요소가 도사리고 있다. 문화는 공동체를 전제로 한다. 인간이 공동체를 형성하고 서로 교제하며 사는 삶의 방식이 그 공동체 특유의 문화를 산출한다. 독특한 언어를 사용하며 독특한 노래를 부르고 독특한 그림을 그리며 독특한 옷을 입고 독특한 집 속에서 독특한 음식을 먹으며 독특한 예의와 의식을 거행하며 독특한 삶을 살아가는 방식이 모든 민족과 공동체에 독특한 문화를 형성하게 만든 것이다. 고대로 갈수록 생활 공동체의 규모는 작다. 산업혁명과 도시화 이전에는 인류가 서로 인격적 교제를 나누는 부락이나 성읍 공동체에서 그들 나름대로의 문화적 정체성을 가지고 안정되게 살고 있었다.

그러나 문화의 현대적 대중화는 문화적 공동체를 무한히 확대시켜 세계 전체에 이르도록 만들어가고 있다. 과거에는 문화적 공동체가 곧 삶의 공동체였으며, 문화는 공동체생활의 수단이며 공감대를 이루는 표시였다. 그러나 현대의 무한 대중화는 문화 공동체와 인격적 교제를 나누는 삶의 공동체를 분리시키고, 그 결과 인격적 공동체를 파괴하기에 이르렀다. 그리하여 공동체적 교제를 증진하는 방편으로 함께 놀이를 즐기고 함께 노래하며 함께 구경하기보다는 혼자서 문화를 즐긴다. 심지어 많은 사람이 함께 영화를 관람할지라도 사실은 모르는 사람들이 모여서 혼자서 관람한다. 이러한 대중화는 현대인으로 하여금 군중 속의 고독을 느끼게 하고 문화가 공동 생활

---

12) 손봉호, "대중문화에 대한 기독교인의 태도", 『기독교적 관점에서』 (나비출판사, 1989), 161-171.

의 수단이 아니라 목적 그 자체로 종속되게 만든다. 공동체의 상실
은 인격적인 자아의 상실을 불러오고 인생을 무의미하고 고독하게
만든다. 지나치게 대형화된 공동체에서 개인의 요구나 필요는 무시
되고 군중 심리가 작용함으로써 인기에 지배를 당하여 거대한 흐름
속에 자신을 내어 던진다. 실은 그것이 자기의 능동적인 결정에 의
해서라기보다 사회에서 소외되지 않기 위하여 무의식적으로 대중
안에 있으려 한다. 대중이 문화의 주체가 되는 것이 아니라 대중성
의 매카니즘에 의해서 조작당한다. 문화를 조작하는 사람들조차도
대중성의 논리에 지배당한다. 문화의 대중화는 획일화와 인기에 무
조건적 종속이라는 전체주의 논리에 희생당할 위험이 있다. 인류는
전체주의로 인한 실패의 경험을 가지고 있으며, 하나님은 하나가 되
어 바벨탑을 쌓는 인류를 분리시켜 많은 민족과 공동체로 살면서 서
로 견제하고 균형을 이루는 가운데 인류의 전체적 멸망을 막으셨다.
정치적인 세계 제국의 출현이나 문화의 대중적 획일화는 죄에 종속
된 인류에게 크나큰 위험 요소가 될 수 있다. 그리고 문화 공동체가
끝없이 확대됨으로써 발생하는 정보와 문화의 대량화는 인간의 수
용 한계를 넘을 뿐 아니라 오히려 압도하여 감정과 의지는 둔화되고
인간성은 서서히 파괴된다.

둘째로, 현대성은 대중문화가 품고 있는 또 하나의 위험 요인으
로서, 문화의 상업화와 비윤리성을 부추긴다. 대중문화는 인류의 오
랜 역사에서 현대라는 특정한 시대에 일어난 새로운 문화 현상으로
서, 현대성이 그것을 가능하게 만든 본질적 요소이다. 앤소니 기든
스는 『현대성과 자아정체성』에서 현대성은 산업주의와 자본주의라
는 두 축으로 구성되었으며, 그 특징은 시간과 공간의 분리, 탈피, 그
리고 성찰성에 있다고 분석하였다.[13] 20세기는 산업혁명으로 인해

---

13) Anthony Giddens, 『현대성과 자아정체성: 후기 현대의 자아와 사회』, 권기돈 역 (새물결, 1997), 58-66.

경제적 갈등이 야기되어 공산주의와 자본주의라는 양대 이데올로기가 대립하였으나, 1980년대에 접어들면서 공산주의는 대부분 붕괴되고 자본주의의 승리로 결말을 맺고 있다. 그러나 공산주의이든 자본주의이든 둘 다 경제주의라는 시대정신이 낳은 쌍둥이였고 사상적으로는 공히 물질주의의 지배를 의미한다. 이와 같이 물질주의가 지배한 20세기를 거치면서 인류 문화는 점차 상업적인 문화로 변질되었다. 이제 문화는 상품으로 전락하고, 상품 가치가 문화의 가치를 결정한다. 과거에 문화는 경제와 무관한 분야였으며 오히려 재정적인 도움을 필요로 하였다. 그러나 현대의 대중문화는 산업의 한 분야로서, 거대한 경제 규모를 가진 고도의 부가가치 산업으로 각광을 받기에 이르렀다. 비디오나 카세트, 씨디는 끝없는 복제를 통하여 손쉽게 이익을 곱해 나갈 수 있고, 텔레비전이나 컴퓨터의 대량생산과 대량 보급은 곧장 시청료나 광고료, 정보료나 판매 수입과 비례한다. 대중매체의 보급이 천문학적이기 때문에, 대중문화의 경제 규모도 가히 상상을 초월하고 있다. 이러한 대중문화의 상업성은 자연히 대기업이나 정부의 관심을 불러일으키고, 21세기를 '문화의 세기'라고 부르는 데는 경제적인 관심이 상당 부문을 차지하고 있다. 대중문화는 오락이나 흥행뿐 아니라 의식주와 같은 인간의 기본생활에서도 현대적 패턴으로 정착되고 있다. 수많은 사람들이 같은 공장에서 생산한 음료나 식품을 먹고 마시며, 한 디자이너가 제작한 한 패턴으로 같은 공장에서 만들어낸 같은 옷을 입고 다니며, 같은 설계사와 같은 건축 회사가 지은 같은 아파트에서 같은 색상의 가구가 비치된 장소에 들어가 산다. 이러한 대중문화란 과거에는 불가능한 것이었다.

현대에는 과거의 오랜 신분적 질서가 파괴되고 산업을 통한 부의 축적과 자본주의적 힘의 질서로 신분이 재편됨에 따라 거대한 사회적 혼란상이 야기되었으며 급격한 신분상승을 위한 자리 잡기가 경쟁적으로 그리고 계속적으로 이루어지고 있다. 이러한 사회적 경쟁은 현대사회를 매우 역동적으로 만들었지만, 한편 문화 형태를 매우 위험하게 만들었다. 문화는 산업화되어 거대한 시장으로 변모하였고, 따라서 거기에 종사하는 문화인들은 부에 대한 욕망을 충족시키기 위하여 스타를 제조하고, 인기라는 우상을 섬기고 있다. 텔레비전이나 영화, 음악 등 모든 현대 문화는 시청률과 판매량에 모든 관심을 집중시킨다. 이런 자본주의 논리와 기회주의적 인기 조작은 대중의 유익을 위해서가 아니라 자신의 경제적 치부와 신분 상승을 위해 대중이 원하는 것을 조작하며 죄악성을 부추기게 되는 위험을 초래한다.

고도로 경쟁적인 산업사회를 살아가는 현대인들은 항상 지쳐 있다. 아침 일찍부터 저녁 늦게까지 분주하게 뛰지 않으면 경쟁에서 뒤처지게 된다. 이전시대의 전원적 편안함은 현대인에게 낭만적 회한에 불과하며, 피곤한 도시생활을 불평하면서도 떠나지 못한다. 항상 피곤하다는 강박 관념에 사로잡혀 있는 현대인은 축적되는 스트레스 속에서 살아가고, 문화는 피곤을 푸는 데 그 목적을 두고 현대적 고독과 무료함을 달래주는 위로물로 이해한다. 그러므로 현대인에게 문화는 재미있는 것이어야 한다. 공동체 안에서 인격적 교제를 통하여 얻을 수 있는 정신적 만족이 결핍되어 있는 불안한 현대인은 현대 문화에서 일종의 대리 만족을 추구한다. 실로 최초의 인류 문화는 하나님을 떠나 관계가 단절되면서 극도의 불안을 느꼈던 가인과 그 후예들에 의하여 개발되었다. 현대 문화는 그 자본주의적 경쟁성 때문에 좀 더 재미있고 쾌감을 줄 수 있고 무료함을 달래줄 수 있는 문화를 개발하게 되었고, 따라서 더욱 자극적인 섹스와 폭력이 갈수록 강도를 높여가고 있다. 현대 문화 속에 나타나는 광기와 혼란은 현대성의 본질적 불안을 반영한다. 현대 문화는 로고스적 합리성이나 윤리성을 배제하고 재미와 인기가 지배적인 원리로 작용한다. 현대 산업사회가 가져온 인간의 소외와 비인간화가 문화와 윤리를 분리시켜 버린 것이다. 자본주의 논리에 종속된 현대성은 예술과 윤리를 분리시키고 문화를 무윤리적 영역으로 만들어 버렸다.

셋째로, 대중문화의 테크놀로지는 인간성과 인간 사회를 파괴한다. 현대 문화는 과거의 문화와 연속성을 가지지만, 지난 수천 년의 인류 문화와 근본적인 차이를 가지는 급진적인 문화 현상을 보이고 있는 것도 사실이다. 이는 산업혁명에 의한 사회 구조의 변화와 테크놀로지의 급격한 발전에 의해 급속히 형성되었으므로 기술 문화 (technological culture)라고도 부른다. 고대나 중세에도 테크놀로지가 없었던 것은 아니지만, 현대의 기계 문명과 기술 문화는 과거와 감히 비교할 수 없는 발전을 보이고 있다. 그러한 기계와 기술의 개발은 자연히 그러한 매체를 사용한 문화를 발생시켰다. 현대 문화의 대표적인 예는 아마도 텔레비전이나 오디오, 비디오, 또는 컴퓨터를 통한 문화 형태일 것이다. 근대 문화가 인쇄 혁명에 의해서 이루어졌다면, 현대 문화는 고도의 테크놀로지를 사용하는 전자 제품에 의해서 발생하였고 계속 발전하고 있다. 그런데 이러한 기술 문화는 대량 생산체계를 가지고 있어서 그러한 매체를 소유한 모든 대중이 공유하는 문화의 성격을 가지기 때문에, 현대 문화를 대중매체 문화라고도 부른다.

프랑스의 문화 비평가 자크 엘룰(Jacques Ellul)이 『테크놀로지의 허세』에서 지적한 대로, 갑자기 우리는 기술 문화 속에 들어와 있다. "우리는 모두 이 게임 안에 들어와 있다."[14] 기술 문화는 우리의 새로운 환경과 지배 체제가 되어 우리의 자연환경과 인간성과 문화를 위협하고, 그것이 해결하는 것보다 훨씬 더 많은 문제를 발생시키는데, 그 중에는 전환이나 치유가 불가능한 문제들도 있다. 테크놀로

---

14) Jacques Ellul, *The Technological Bluff* (Grand Rapids: Eerdmans, 1990), 8 et passim.

지가 더 발전할수록 예상할 수 없는 더 큰 문제들이 따라올 것이다. 더욱이 그 훼손과 위험은 오로지 돈의 액수로 측정되고, 그 문제와 해결도 오로지 기술의 방식으로 분석된다. 테크놀로지는 인간이 기계를 섬기도록 비하시키고 모든 제품을 즐거워하도록 강요한다. 이는 실로 어처구니 없는 일이다. 나아가 우리가 심지어 그것을 폐기하려고 해도 그럴 수 없다는 현실은 우리를 슬프게 만든다. 그래서 엘룰은 현대의 기술 문화를 무적의 악마적인 '테러리즘'이라고 불렀다.[15]

또한 많은 지성인들이 기술 문화가 이미 우리의 통제를 벗어났다고 심각하게 우려하고 있다.[16] 르네 듀보(Rene Dubos)는 "테크놀로지가 이론적으로는 인간의 통제를 벗어날 수 없지만, 실제에서는 본질상 독자적인 길을 걸어가고 있다"고 보았으며, 케네스 갈브레이스(Kenneth Galbraith)는 "나는 우리가 생각과 행동에 있어서 우리를 섬기도록 창조한 기계의 종이 되어가고 있다고 결론 내린다"고 보고하였고, 마르틴 하이데거(Martin Heidegger)는 "테크놀로지의 발전은 갈수록 빨라질 것이며 아무도 중단시키지 못할 것이다. 삶의 모든 영역에서 인간은 점점 더 테크놀로지의 힘에 의해 포위되고 목졸려지게 될 것이다"고 개탄하였다. 데이비드 호퍼(David Hopper)는 이 테크놀로지의 메커니즘이 자만과 탐욕이라는 인간의 문제와 결합하여 인류를 "지구상의 멸절(global death)로 이끌어 가고 있다"고 경고하였다.[17] 현대 기술 문화에 대한 비관론은 단순히 테크놀로지에 대한 두려움 때문만이 아니라, 그것이 인간성의 소외와 파괴 그리고 인간 공동체의 불행과 파멸을 초래할 수 있기 때문이다.

---

15) *Ibid.*, 384-94.
16) David H. Hopper, *Technology, Theology, and the Idea of Progress* (Louisville: Westminster/John Knox Press, 1991), 73.
17) *Ibid.*, 126.

2장
대중문화의 이해

엘룰은 테크놀로지와 문화가 본질상 서로 융합될 수 없다고 주장하고, 그 일곱 가지 이유를 제시하였다.[18] 첫째, 테크놀로지는 오로지 실용적인 정보만을 인정하지만 문화는 진정한 지식에 관심을 가진다. 둘째, 테크놀로지는 완전히 경제적 명령에 복종하지만 진정한 문화는 그것을 초월한다. 셋째, 테크놀로지의 언어는 문화와 대화할 수 없다. 넷째, 테크놀로지는 우주적이지만 문화는 지역적이며 시간적인 차이를 가지고 있다. 다섯째, 테크놀로지는 과거를 성찰하지 않지만 문화는 본질적으로 과거 지향적이다. 여섯째, 테크놀로지는 사회 접촉을 감소시키지만 문화는 그것을 증진시킨다. 일곱째, 문화는 인간적이지만 테크놀로지는 인간성을 고려하지 않는다. 그러므로 인간 문화와 이질적인 테크놀로지가 주도하는 현대의 문화 현상은 분명히 반문화적인 요소를 내포하고 있으며, 이는 인간성과 인간 사회에 부정적인 결과를 가져온다. 테크놀로지 매체는 인간과 인간이 직접 만나는 인격적 교제를 약화시키고 부자연스럽게 만들며, 가상 현실과의 친밀감은 현실과 가상 세계를 혼돈하게 만들어 현실 인식을 마비시킨다.

넷째로, 대중문화의 세속성은 삶의 의미를 상실시킨다. 산업화는 도시화를 유발시켜 핵가족화와 대가족의 붕괴, 그리고 급기야는 가족의 약화와 이혼의 급증이라는 기본 공동체의 파괴를 초래하였다. 산업화는 또한 기계화를 통하여 사람의 삶을 종속시키고 문화 적응력을 약화시켰으며, 이는 여유와 자유를 제한하여 자연과 친밀한 인간적인 삶을 불가능하게 만들었다. 자연은 파괴되고 인간의 정서는 고갈되고 마음은 조작당한다. 진리와 지혜는 사라지고 지식과 정보만이 넘친다. 군중 속의 고독을 느끼며 현대인은 문화의 홍수 속에서도 진정한 문화를 갈급해 한다. 테크놀로지의 놀라운 발전

---

18) Ellul, *The Technological Bluff*, 141-8.

은 모든 것을 상품화하고, 그것을 즐기면서도 진정한 기쁨이나 행복을 느끼지 못한다. 인간은 테크놀로지와 기술 문화로 만족하지 못하며 진정한 문화의 회복을 갈망한다. 미국의 사회학자 피터 버거(Peter Berger)는 기술 문화가 필연적으로 '집을 잃어버린 느낌(feeling of homelessness)'을 유발시키며, 이것이 현대 문화의 내재적 한계라고 주장한다.[19] 즉 현대인은 삶의 의미를 상실하고 살아간다.

왜 현대 문화는 의미를 부여하지 못하는가? 문화신학자 폴 틸리히(Paul Tillich)는 『문화의 신학』에서 그 이유를 잘 설명한다. 종교는 인간의 궁극적 관심에 대답하고 그 근거를 제시한다. 따라서 "궁극적 관심으로서의 종교는 문화에 의미를 부여하는 실체(the meaning-giving substance of culture)"인 것이다.[20] 그런데 현대 문화는 과거 문화에서 종교를 제외시켜 버렸기 때문에, 사람들은 의미를 발견하지 못하고 무의미하게 피곤한 방황을 하게 된다. 이러한 현상을 '문화의 세속화(secularization of culture)'라고 한다. 일반적으로 세속화란 비종교화를 의미하기 때문이다. 볼프하르트 판넨베르그(Wolfhart Pannenberg)는 『세속화시대의 기독교』에서 이러한 문화의 세속화가 절대적인 기반을 상실했기 때문에 장기적으로 사회 질서의 정당성 상실, 전통적 윤리와 법의식의 붕괴, 그리고 인간 관계에서 헌신의 의미 상실을 초래하여 인간 공동체의 존속을 근본적으로 위협하게 된다고 분석하였다.[21]

그러면 현대 문화는 돌이킬 수 없는 것인가? 오늘날 이 근본적인 위협을 제거하고자 여러 가지 하부 문화(sub-culture) 혹은 저항 문화(counter-culture) 운동을 전개하여 문화 회복을 시도하고 있다. 지금까지 환경 운동, 인권 운동, 노동 운동, 여성해방 운동, 인종 운동, 청소

---

19) Peter Berger et al, *The Homeless Mind: Modernization and Consciousness* (New York: Vintage Books, 1973), 181-200.
20) Paul Tillich, *Theology of Culture* (New York: Oxford University Press, 1959), 42.
21) Wolfhart Pannenberg, *Christianity in a Secularized World* (London: SCM Press, 1988), 33-8.

년 문화, 여가 문화, 민족 문화 등의 문화 운동이 일어나 현대 문화에 대한 억제 역할을 수행했으나, 근본적인 문화 회복을 이룰 수는 없었다. 현대 문화의 근본적인 문제가 문화의 세속화에 기인하고 있기 때문에 종교의 회복이 필요하다. 그러나 이는 또 다른 문제를 유발시켰다. 현대인은 신비 종교에 많은 관심을 가지게 됨으로써 유사 의미를 도입하여 그릇된 해결을 시도한다. 그러나 한스 큉의 말대로, 고도(Godot)를 기다리는 현대인은 진정한 신(God)을 발견할 때에야 문화적 방황을 끝내고 인생의 의미를 회복하게 될 것이다.[22]

---

22) Hans Kung, *Theology for the Third Millenium*, tr. Peter Heinegg (New York: Doubleday, 1988), 8.

3장

정보 사회의 이해

1. 정보 사회의 출현

인간의 커뮤니케이션 방식은 역사가 진행하면서 다양하게 변화하고 새롭게 개발되어 왔는데, 우리가 살고 있는 시대의 획기적인 변화는 인터넷 시대가 도래하였다는 사실이다. 에버렛 로저스에 의하면, 인간은 문자 시대와 인쇄 시대를 거쳐 19세기 중엽 전신의 발명으로 전화, 라디오, 텔레비전과 같은 텔레커뮤니케이션 시대로 접어들었고, 20세기 중엽에는 새로운 미디어(new media)인 컴퓨터의 발명으로 상호작용적 커뮤니케이션(interactive communication) 시대가 출범하였다.[23] 인터넷은 컴퓨터를 통한 커뮤니케이션의 대표적 방식으로서, 전세계적으로 급속히 확장되고 있으며 우리나라도 고속통신망의 확장과 함께 인터넷 인구가 급증하고 있다. 정보 사회로 진

---

23) Everett M. Rogers, 『현대사회와 뉴미디어: 커뮤니케이션 테크놀로지』, 김영석 역 (나남, 1994), 47-57.

입하면서 직업상 인터넷을 항상 사용해야 하는 인구가 급격히 확대되고 있으며, 일반인도 전자상거래, 금융, 제반 사무, 교육을 위해 인터넷의 사용이 불가피한 시대에 살고 있다.

우리 사회에는 인터넷 열풍이 불고 있으며, 새로운 네티즌세대와 새로운 테크놀로지에 적극적인 그리스도인과 교회들도 인터넷에 열광하고 있으나, 인터넷에 대한 무비판적 열광은 재고되어야 한다. 기독교적 관점에서 테크놀로지의 문제점을 가장 예리하게 비판한 프랑스의 문화 비평가 자크 엘룰은 『테크놀로지의 허세』에서 교회가 테크놀로지를 무비판적으로 수용하는데 심각한 우려를 표명하였다.[24] 갈릴레오 사건 이후로 교회가 과학과 테크놀로지에 대한 콤플렉스에 빠져 시대에 낙후되지 않으려고 새로운 테크놀로지에 대해서 오히려 세상보다 더 열광적이 되었다고 비판하면서, 기독교의 현대화를 외치며 생존을 위해 심지어 전통적 교리까지도 바꾸어야 한다는 적응주의자들에게 기독교 영성이 남아 있다면, "과연 그 영성은 무엇으로 구성되어 있는가?"라고 통탄한다.

2. 인터넷과 영성

이제 초기 단계에 있는 인터넷은 현대 테크놀로지의 종합적 첨단으로서, 우리의 영성에 관한 한 심각한 문제점을 가지고 있다. 현대 문명의 이기를 거부하는 것은 어렵지만, 그 문제점을 이해하고 조심스럽게 절제하며 사용할 필요가 있다. 그러므로 인터넷 시대라는 도전 앞에서 우리는 진지한 신앙적, 신학적 성찰을 통하여 인터넷에게 정복당하기보다 오히

---

24) Jacques Ellul, *The Technological Bluff*, tr. Geoffrey W. Bromiley (Eerdmans, 1990), 396-400.

려 정복하여 우리의 영성과 하나님의 나라에 도움이 되도록 이용하는 지혜가 필요하다.

[영성의 문제] 알리스터 맥그래스는 『복음주의와 기독교의 미래』에서 오늘날 개신교회가 심각한 영성 신학의 빈곤으로 위기에 처해 있으면서도, 개신교 내에서 영성의 정의조차 일치하지 못하는 혼란으로 인해 오히려 위험을 초래하고 있다고 지적하고, 개신교 전통에서는 영성이 신앙과 삶의 전적 통합과 전인(totus homo)의 영적 형성 특히 관계성의 배양에 있다고 제시하면서, 이러한 목적을 위해 방법은 변할 수 있고 현대의 사회적 변화에 따라 영성 개발의 방법도 변해야 한다고 주장하였다.

인간은 신의 형상과 죄인이라는 양면을 가지고 있어서 어느 면을 개발하느냐에 따라 매우 다른 인간성을 소유하게 된다. 또한 인간은 영혼과 육체로 구성되어 있어서 무엇을 주도적으로 개발하느냐에 따라 육적인 인간 혹은 영적인 인간이 될 수 있다. 영성은 영혼의 능력을 개발하고 훈련함으로서 강화되고 성장하는데, 그것은 뉴에이지적 영성이나 신비주의적 영성과 같이 개인주의적이고 종교적인 초자연적 능력이 아니라, 성령의 내적 작용을 통하여 개발되어 성령의 열매로 나타나는 거룩한 사회적 능력 즉 인격적 관계 능력을 가리킨다. 성경은 인간이 죄악과 타락으로 인해 하나님과 인간에 대한 사랑의 능력을 상실하고 관계가 단절되었지만, 성령의 작용으로 화해와 사랑의 관계 능력이 회복된다고 가르친다. 현대는 외모에 지배되는 사회이며 육체성을 중시한다. 따라서 영성이 관심의 대상에서 멀어지기 쉽다. 특히 문자 시대에서 영상 시대로 진입한 현대 인간의 영성은 메마르고 뒤틀릴 수 있다. 현대인은 군중 속에서 고독을 느끼며 물질적 풍요 속에서 정신적 빈곤을 직면하고 정보의 홍수 속에서 영성의 고갈을 경험한다.

[인터넷의 영성적 순기능] 그러면 인터넷이 우리가 하나님을 사랑하고 인간을 사랑하는 능력의 배양에 도움이 되는가, 아니면 방해가 되는가? 물론 인터넷은 현대 문명의 이기로서 도구적 중립성을 가지고 있으며, 인터넷의 문제는 테크놀로지의 보편적인 문제에 기초하고 있어서 공통적인 성격을 가지고 있다. 인터넷 사용은 개인적인 문제와 구조적인 문제를 가지고 있는데, 영성과 연관하여 순기능과 역기능의 양면이 혼재한다고 말할 수 있다. 이것은 기능에 관한 논의로서, 동일한 행위가 양면의 기능을 포함할 수도 있다. 먼저 인터넷의 이용이 우리의 영성에 도움이 되는 측면부터 살펴보기로 한다.

첫째로, 인터넷은 인간 관계를 더 원활하고 긴밀하도록 도와준다. 대표적인 용도가 이메일이다. 고대에 인편으로 보내던 서신이 우편으로 빨라졌지만, 이메일은 전세계 어디나 즉시 무료로 전달된다. 이메일은 음성이나 음악, 심지어 동영상도 포함시킬 수 있어서 인격적 교제를 증진시킨다. 인터넷 전화는 시내 요금으로 국제전화와 시외전화를 무제한으로 사용이 가능하게 하고, 채팅은 문자로 대화를 가능하게 해준다. 이는 성도 간의 교제나 선교사들의 격려에도 유익한 방편으로 사용될 수 있다. 인간 관계의 증진은 관계 능력을 본질로 하는 영성에 상당한 도움이 될 수 있다.

둘째로, 인터넷은 많은 정보를 손쉽게 얻을 수 있도록 도와준다. 인터넷은 정보의 바다로서 검색 방법만 익히면 간단히 엄청난 양의 정보를 얻을 수 있으며, 우리 생활에 유용하게 이용할 수 있다. 기독

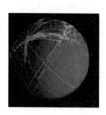

교는 반지성주의가 아니며, 지식을 정죄하지 않는다. 모든 진리는 하나님의 진리이며, 지식은 자연을 통제하고 우리의 삶을 효율적으로 운영하며 하나님과 인간을 섬기는 데 필요하다. 과거에는 소수의 전문가나 대학이 정보를 독점하였

으나, 이제 인터넷을 통하여 속속 제공되고 있다. 또한 인터넷을 통하여 세계 교회와 선교 정보, 한국 교회와 지역 복음화 정보를 얻을 수 있고, 성경 연구와 신학에 관한 지식도 풍요하게 접할 수 있으며, 목회자도 설교 준비와 목회에 도움이 되는 자료를 많이 얻을 수 있다. 비록 지식과 정보는 차이가 있지만, 무지보다 지식이 영성에 도움이 된다는 점에서, 이 정보 기능도 또 하나의 순기능이다.

셋째로, 인터넷은 선교와 전도, 그리고 목회를 도와준다. 인터넷 선교의 개념이 형성되었으며, 인터넷 선교 단체들도 활발한 사역을 전개하고 있다. 과거에 선교가 어려운 지역에서 이용되었던 방송 선교가 인터넷 선교로 발전하고 있으며, 축호 전도나 노방 전도가 어려워진 상황에서 인터넷 전도는 안방으로 진입하는 새로운 가능성을 열어 준다. 이미 교회들이 홈페이지를 만들어 전도와 교육에 활용하고 있으며, 채팅 그룹이나 게시판, 또는 토론 광장을 통하여 청소년 목회에도 공헌하고 있다. 앞으로 목회에 이메일을 통하여 교인과의 부족한 교제를 보완하고 다양한 교육과 풍요한 교회 소식 전달에도 크게 기여할 수 있다.

넷째로, 인터넷은 신앙 성장의 다양한 방편을 교류하도록 도와준다. 이미 설교나 성경 공부를 카세트 테이프로 복사하여 사용하고 있으나, 인터넷에 동영상으로 또는 음성 파일로 제공하면 불필요한 자원이나 재정 낭비 없이도 더 많은 사람에게 효율적으로 도움을 줄 수 있다. 또한 평신도들의 성경 연구나 신학적 이해를 습득하는 데도 인터넷은 유용하게 이용될 수 있다. 책이나 강의와 달리, 인터넷은 상호작용을 할 수 있으며 궁금한 부분은 계속 파고 들어갈 수 있는 장점이 있다. 또한 다양한 찬송들을 인터넷에서 접하고 다운 받아 이용할 수 있다.

다섯째로, 인터넷은 교회의 연합을 도와준다. 인터넷은 세계적 네트워크로서 전세계의 기독교인들과 교회 및 단체들이 참여하고 있어서, 그들의 사이트를 이용하면 자연스럽게 세계 교회와 교제하게 되며 연합 의식이 정착할 수 있다. 국내 혹은 국제적으로 특정한 문제에 관심을 가진 동아리를 결성하여 의견을 나누고 공동 대응과 기독교 운동을 전개하는 채널로 이용될 수 있다. 수많은 분열로 얼룩진 한국 교회에서 인터넷을 통한 그리스도인들의 교류는 하나 됨을 회복하는 데 상당한 도움이 될 것이다. 그 외에 장애인 교육이나 정치적 참여 등에도 인터넷은 유용한 방편임에 틀림없으며, 앞으로 인터넷 기술이 급속도로 발전하면서 새로운 순기능들이 추가될 것이다.

[인터넷의 영성적 역기능] 이제 인터넷이 그리스도인의 영성 유지와 성장에 방해가 되는 측면을 살펴보자.

첫째로, 인터넷은 도덕적 타락을 조장한다. 인터넷은 세계적 네트워크로서 어떤 정부도 모두를 통제하지 못하며 어떤 경찰도 질서를 유지하지 못하는 범죄의 온상으로서, 유혹의 마수가 여기저기 깔려 있는 위험한 세계이다. 예를 들어, 이메일만을 단순히 사용하려 해도 그들에게 주소가 포착되면 하루에도 여러 개의 부도덕한 정크 메일이 들어와 있다. 윤리 의식이 철저하지 못한 사람들은 호기심에서 열어보게 되고, 그것과 연결된 끝없는 링크들로 인해 동영상으로 나타나는 극도의 변태적 포르노의 세계로 빠져들기가 쉽다. 더구나 아직 신앙과 윤리가 정립되지 못한 어린이들과 청소년들이 넘쳐나는 음란 사이트에 접하기 시작하면 죄책감을 가지면서도 호기심으로 인해, 그리고 자기 방에서 혼자 늦은 밤에 사용하기 때문에 절제가 사실상 불가능하며, 그러한 포르노의 영향은 영성 형성에 치명적인 피해를 입힌다. 또한 채팅에서 익명성을 구실로 비윤리적인 교제를 은밀히 즐기는 죄악에 빠질 수도 있다. 물론 능동적으로 불건전한 사이트를 찾아다니는 것은 말할 나위 없지만, 그러지 않아도 인터넷을 많이 사용하다 보면 여기저기 연결되어 우연히 접하게 될 수도 있다. 우리의 조용한 사생활이 인터넷을 통해 침해받고 공격받음으로써 영성이 손상될 수 있다.

둘째로, 인터넷은 우리의 정신 세계를 불필요한 정보로 가득 채운다. 우리 정신은 정보를 받아 축적하면서 그 정신 세계를 형성하게 되므로, 어떤 정보가 지배적으로 들어오느냐가 결정적이다. 우리의 영혼은 사실상 그처럼 많은 정보를 필요로 하지 않지만, 현대인은 매스 미디어를 통하여 매일 과잉 정보를 유입한다. 더욱이 인터넷의 생활화는 정보의 홍수를 가져온다. 그것은 우리 정신 세계를 쓰레기와 같은 정보로 가득 채워버림으로서 다 써버린 하드디스크와 같이 정신적 여유를 상실하고, 악화가 양화를 구축하는 불행한 상황을 초래한다. 이러한 부정적 정보들은 무의식에 숨어 있다가 기회가 있을 때마다 부상하여 우리의 영혼을 괴롭힐 수 있다. 우리가 하나님, 그리고 인간과 인격적 교제를 나누며 사랑하기 위해서는 우리의 마음이 가난한 상태로 영적 여유를 가져야 한다. 현대인은 텔레비전과 라디오, 신문, 그리고 인터넷을 통해 매일 우리의 정신 세계를 가득 채워버림으로써 영성이 상대적으로 약화되고 지엽화된다.

셋째로, 인터넷은 우리의 내면 세계를 황폐화한다. 가끔 인터넷을 필요에 따라 사용하는 사람은 무관하지만, 매일 인터넷을 몇 시간씩 습관적으로 즐기는 사람은 점차 중독에 빠지게 된다. 프랑스의 「텔레라마」가 20세대에게 텔레비전을 한 달간 제거하는 실험을 하였는데, 처음에는 너무 많이 남아 도는 시간을 주체하지 못할 뿐 아니라 그 시간을 이용하려고 의도했던 가족 간의 대화도 할 말이 없어 당황하게 되는 '내적 공허(inner void)' 또는 '실존적 공허(existential void)'의 실상을 발견하고 쇼크를 경험하였다.[25] 그로 인해 문제의 심

---

25) Ellul, *The Technological Bluff*, 338-9.

각성을 인식하게 되었으며, 한 달이 지난 후 6개월 연장을 제의하였을 때 한 가정만 제외하고 19가정이 이에 찬성하였다. 텔레비전이 습관을 통하여 우리의 내면 세계에 차지하는 공간이 크며, 그 중독성을 치유하는 데 5년이 걸린다는 보고가 있다.[26] 인터넷 중독은 더 심하다. 왜냐하면 인터넷에는 더욱 저급한 정보가 범람하며 감각적이고 오락적인 형태가 지배적이기 때문이다. 영성에 필수적인 고요함과 깊이는 인터넷의 경박함으로 황폐화되고, 후기 자본주의의 포스트모던 문화는 '정서 구조의 근본적인 변화'를 가져온다.[27]

넷째로, 인터넷은 인격적 관계 능력을 약화시킨다. 미디어는 현실과 우리 사이를 차단하고 그 속에서 안주하도록 만든다.[28] 그래서 미디어가 전달하는 정보는 정보의 차단과 오도, 또는 역정보 (disinformation)라는 역기능을 초래한다. 텔레비전에 나오는 문제만 중요하고, 거기서 관심을 다른 곳으로 돌리면 더 이상 중요하지 않다고 생각한다. 텔레비전에서는 뉴스의 현장이나 드라마를 보며 눈물을 흘리고 동정하지만, 그 안으로 들어가 도와줄 수 없다. 따라서 실천 없는 동정자가 된다. 실제 현장에서 그런 상황을 직면하여도, 영상에 길들여진 현대인은 무의식적으로 그 현장을 텔레비전의 상황으로 인식하여 유사하게 반응하며 실제적인 행동으로 옮기지 못하게 된다는 연구 결과가 있다. 컴퓨터는 이러한 기능에 가상 현실을 추가한다. 또한 세계적 네트워크의 발생은 자기의 사회 통제 능력에 대한 포기와 함께 일종의 자기생존 전략과 자기 방어 논리로서 외부와 단절하고 최소 자아로의 자기 퇴행 또는 자기 도취에 안주하는 식으로 현실과의 단절을 초래한다.[29] 텔레비전이나 인터넷에는

---

26) *Ibid.*, 339.
27) 양건열, 『비판적 대중문화론』 (현대미학사, 1997), 228-9.
28) Ellul, *The Technological Bluff*, 334-6.
29) Anthony Giddens, 『현대성과 자아정체성: 후기 현대의 자아와 사회』, 권기돈 역 (새물결, 1997), 275-82.

부담이 없지만, 그것이 편해질수록 실제적인 대인 관계 능력은 약화
되며 현실에서 겪는 어려움 때문에 모든 일을 인터넷 앞에서 처리하
려는 악순환이 계속된다. 자기 공간에 칩거하는 재택 근무의 확산도
인격적 사회 관계의 파괴와 공적 공간의 죽음이라는 역기능을 초래
한다. 영성의 본질이 관계 능력이기 때문에, 이는 영성에 치명적이
다. 성도들과의 교제도 점차 부담스러워지고 약화된다. 인터넷의 이
러한 약점을 보완하려고 컴퓨터와 인간의 인터페이스를 인간화하여
다소 기계적 느낌을 중화시키고 감각적인 디자인으로 개선하려고
노력하고 있으며, 미래에는 시청각뿐 아니라 촉각과 후각도 느끼게
하는 컴퓨터가 개발된다고 하지만,[30] 그것은 허위와 기만의 세계일
뿐이다.

다섯째로, 인터넷은 교회관에 혼란을 야기한다. 이미 사이버 교
회가 출현하였으며, 이러한 인터넷 교회가 21세기에 번창하리라는
전망도 있다.[31] 아직은 별 호응을 받지 못하고 있으나, 인터넷 기술
의 발전과 함께 삼차원의 가상 현실 기재를 사용하면 실제로 교회
안에서 예배를 드리는 느낌을 연출할 수도 있다. 그러나 이러한 사
이버 교회는 본래 교회의 머리인 예수께서 의도한 성도의 공동체가
아니며, 인격적인 교제와 사랑, 성례와 봉사도 없는 머리 속의 교회
에 불과한 것으로, 그릇된 교회관에 근거한 것이다. 더욱이 교회에
비판적이고 실천에 인색한 지식 중심의 기독교인에게는 사이버 교
회가 편리하겠지만, 이러한 사이버 신앙의 형태는 유형 교회와의 관
계를 단절하고 진정한 실제적 성도의 교제(communio sanctorum)를 거
부함으로써 관계적 영성은 고갈될 것이다.

---

30) Nicholas Negroponte, 『디지털이다』, 백욱인 역 (커뮤니케이션북스, 1996), 85-8.
31) 오해석, "인터넷시대의 미래교회", 『현대문화의 한계를 넘어서』, 임성빈 편 (예영, 1997), 284.

3. 인터넷과 하나님의 나라

 앤소니 기든스는 『현대성과 자아정체성』에
서 현대 사회는 오로지 "현대성 그 자체의 동학
에 의해" 발전한다고 진단하였다.[32] 이 말은 현
대의 모든 체계와 발전 방향이 도덕이나 종교 같
은 '외부적 기준'을 철저히 배제하고 오로지 자본
주의의 확대 명령에 의해 진행된다는 뜻이다. 매스 미디어를 장악
한 자본은 행복한 생활의 목표를 설정해주고 그에 상응하는 상품을
소비하도록 만들며, 자아실현의 욕구도 마찬가지로 조작된다. 따라
서 커뮤니케이션 테크놀로지의 숭배자들은 기술 결정론(technological
determinism)을 주장한다.

그러나 이 세계의 통치자는 하나님이며, 역사는 테크놀로지가 주
도하지 않는다. 임성빈 교수가 지적하는 대로, 우리 그리스도인은
"미래에 대한 운명론적이며 체념적인 태도"로 기술 결정론에 굴복하
지 말고, 신앙적 태도를 가지고 인터넷의 도전에 적극적으로 대응해
야 한다.[33] 오히려 인터넷은 과학과 테크놀로지의 개발이라는 일반
은총적 성격을 가지고 있으며, 따라서 감사하는 마음으로 잘 이용하
는 것이 바람직하다. 최태연 교수는 인터넷의 성패가 "그것이 구속
사의 목적에 얼마나 기여하는가에 달려 있다"고 말한다.[34] 인터넷
이 역기능만 가진 부정적 매체가 아니라 순기능도 가지고 있기 때문
에, 우리 그리스도인의 지혜롭고 절제된 선택적 사용은 영성에 도움
이 될 수 있다. 또한 미디어의 효과에 대한 연구 결과 실제로는 미디
어가 절대적 영향을 미치지 못한다는 소효과 이론 혹은 제한적 효과

32) Giddens, 『현대성과 자아정체성』, 47.
33) 임성빈, "정보사회와 윤리", 『21세기의 도전과 기독교문화』, 통합윤리학회 편 (예영, 1998), 275.
34) 최태연, "정보화사회, 사이버문화, 기독교신앙", 『대중문화, 더 이상 침묵할 수 없다: 기독교인을
    위한 대중문화 매뉴얼』, 기윤실 문화전략위원회 편 (예영, 1998), 298-9.

이론도 제시되었다.[35] 인간이 의식적으로 혹은 무의식적으로 선택적 노출(selective exposure), 선택적 지각(selective perception), 그리고 선택적 기억(selective retention)이라는 신비한 메커니즘을 통해 문화 선택을 수행한 결과이다.[36] 그러므로 인터넷을 너무 두려워할 필요도 없으며, 오히려 도전적 영성으로 정복하고 이용해야 한다.

실로 인터넷은 새로운 세계로서 하나님의 나라가 임해야 하는 영역이다. 그러므로 적극적인 인터넷 선교가 요청된다. 흑암의 세력이 인터넷을 지배하지 못하도록 건전한 사이트가 많이 개설되어야 하며, 사랑의 봉사를 제공해야 한다. 인터넷의 순기능을 이용하여 하나님의 나라를 확장하는 방법을 연구하고 개발하여 선교적 이용을 확장하며, 인류를 오도하는 타종교나 사교들이 판치지

"사이버세계에도 하나님 나라 세우자"

못하도록 교회가 상대적으로 고질의 유익한 사이트를 더 많이 증대하여야 한다. 그리고 인터넷의 음란 사이트나 비윤리적인 정보를 제거하는 정보윤리 운동을 전개하며, 인터넷의 성화를 위해 노력하는 것이 시대적 사명이라고 할 수 있다.

---

35) Rogers, 『현대사회와 뉴미디어』, 194-202.
36) Herbert Hyman와 Paul Sheatsley의 연구결과.

제2부
문화의 신학

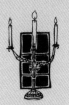

4장

문화의 신학

1. 그리스도와 문화 : 리처드 니버

서구 교회는 19세기부터 시작된 서구 사회의 세속화와 비기독교 문화의 부상으로 거대한 문화적 도전에 직면하였다. 이에 따라 신학자들은 20세기에 들어서면서 문화의 문제를 고민하기 시작하였고, 비기독교 문화가 문화적 주도권을 장악하기 시작한 1950년대에 문화신학이 태동하였다. 두 사람의 선구적 문화신학자인 리처드 니버와 폴 틸리히는 동시대인으로서 니버는 1951년 기념비적인 저서 *Christ and Culture* (문화와 기독교)를 출간하였고, 틸리히는 1959년 *Theology of Culture* (문화의 신학)을 출간하였다.

리처드 니버(Helmut Richard Niebuhr 1894-1962)는 예일대 신학부의 기독교 윤리학 교수로서 다양한 주제에 대해 저술하였는데, 그의 문화신학은 에른스트 트뢸치(Ernst Troeltsch)의 저서 『그리스도

교회의 사회적 교훈』에서 출발하였다. 그는 트뢸치에게 크게 의존하였으나, 역사적 상대주의를 신학적 상대주의로 수정하여 인간의 상대적인 역사가 모두 절대자 하나님의 통치하에 있다는 신 중심적 상대주의를 주장하였으며, 트뢸치가 나눈 그리스도와 문화의 관계 유형 세 가지를 다섯 가지로 세분화하였다.

그의 문화신학은 "그리스도는 살아 계신 주님이어서 역사와 생활의 전체에 해답을 주고 있다"는 신앙적 전제에서 출발하고 있다. 그러나 그러한 그리스도 절대론적 사고가 문화관에서 심각한 문제를 야기하여 핍박을 받게 되었다고 지적하였다. 그리스도와 그리스도인들은 기존의 문화들과 공존하며 개혁하려 하기보다는 모든 기존의 문화를 무시하거나 폐기해야 한다는 생각으로 편협한 자세를 취하고 문화적 관용주의를 거부하면서 하나님의 은혜에만 집중한 나머지 인간의 성취를 경시하여 불신 사회로부터 거부와 핍박을 자초하였다는 학자들의 분석을 제시하였다.

실로 "우리 그리스도인은 그리스도의 권위 아래서 살고, 동시에 문화의 권위 아래 산다." 이 두 권위의 문제가 문화에 대한 우리의 입장을 설정하는데 많은 혼선을 야기하는 원천이 된다. 그는 먼저 그리스도를 정의하면서, 그것은 다양하게 상황화된 그리스도도 아니고 사랑이나 희망이나 덕목으로 추상화된 그리스도도 아니며 오로지 하나님과의 관계 속에서만 이해될 수 있는 그리스도, 즉 신약에 증거되고 서술된 그리스도라는 점을 분명히 함으로써 후기에 개념화한 그리스도가 아니라 역사적 그리스도로 정의한다. 한편 문화에 대해서는 협의적 정의를 반대하면서 인간이 창조한 모든 문명과 사회 생활 형식이라는 광의적 정의를 채택한다. 이는 성경에서 말하는 세상과도 유사하다. 문화의 주요 특징으로 네 가지를 제시하는데, 그것은 사회적 조직화, 자연과 구별되는 인간의 창조, 특정한 가치의 실현, 그리고 다양한 문화의 수용이다. 즉 그는 그리스도에 대해서는 매우 제한된 유일하고 절대적인 역사적 그리스도만을 인정하는 대신, 문화에 대해서는 최대한 확대된 포괄적 견해를 수용하였다. 그럼으로써 그리스도와 문화를 양극에 대치시킨다. 카슨(D. A. Carson)은 *Christ & Culture Revisited* (2008)에서 그리스도와 문화가 겹친다고 주장하였으나, 니버는 그리스도를 그리스도인이나 교회와도 구별함으로써 서로 만나지 않도록 조처하였다. 이러한 양극화와 대립은 그리스도의 신성과 초월성을 강조함으로써 하나님의 창조와 인간의 창조를 구별하고 세상 문화를 어떻게 변혁할 것인지를 분명히 설정한 것이라고 볼 수 있다.

그는 지난 2천 년 동안 교회와 교회 지도자들이 세상 문화에 대해 취해온 입장을 다섯 가지로 분류하였는데, 첫째는 Christ Against Culture라는 대립 유형으로 그리스도와 세상 문화 중에서 양자택일을 강요한다. 사실상 많은 신앙인들이 이와 같은 입장을 취하였으나, 니버는 그것이 비현실적이고 위선적이라고 지적한다. 왜냐하면 우리는 세상에 살면서 문화에서 도피할 수 없으며, "양들은 문화 없이 양육될 수 없는 존재들"이기 때문이다. 둘째는 Christ Of Culture라는 일치 유형으로 그리스도가 문화의 산물이라고 보는 입장이다. 그리스도는 인류 문화가 계속 발전하면서 그 최고봉에 해당하는 인류 문화의 결실이며 산물이다. 따라서 그리스도와 문화는 대립되지 않으며 서로 일치한다. 니버는 이것도 그릇된 입장이라고 배격한다. 그리스도는 신으로서 세상에 왔으며 결코 세상의 산물이 아니다. 하나님과 죄악적인 세상은 원수로서 서로 대립 관계에 있으며 그리스도의 구원을 통하여 세상으로부터 해방되고 구원을 받는다는 복음의 전제가 부정된다면 그리스도는 아무 의미가 없다. 따라서 이 일치 유형은 기독교의 세속화로 인식된다.

그는 중간 유형을 세 가지로 세분하였는데, 셋째는 Christ Above Culture라는 초월 유형으로 그리스도와 문화에는 연속성과 불연속성이 공존하며 비약과 초월이 필요하다는 입장인데, 그리스도와 문화를 대립이나 일치 관계로 보지 않고 두 차원으로 분리하여 공존하게 하는 방식이다. 한편 넷째는 Christ And Culture in Paradox라는 병행 유형으로 그리스도와 문화의 영역을 분리하여 병치시킨다. 그리스도와 문화는 서로 다른 권위로서 서로 각자의 영역에서 우리의 복종을 요구한다. 이 두 유형은 사실상 두 권위를 인정하면서 양자를 수용하는 모순된 입장이라고 할 수 있지만, 두 권위를 모두 불가피하다고 생각한다. 마지막으로 Christ the Transformer of Culture라는 변혁 유형은 두 권위를 인정하면서도 점진적으로 문화를 그리스도에게로 변혁시켜야 한다는 문화 선교론적 입장이다. 인간의 창조 행위로서의 문화는 하나님의 문화 명령에 대한 순종이지만, 인간의 타락이 문화의 타락을 초래하였으므로 문화를 성화하고 변혁해야 한다는 구원론적 사고이다.

따라서 리처드 니버는 다섯째 입장 즉 변혁 유형을 추천한다고 이해한다. 그러나 그는 결론에서 "결론에 이르지도 못했고 결론을 지을 수도 없다"는 모호한 입장을 취한다. 그것이 "그리스도의 주권에 대한 찬탈 행위"이기 때문이라는 것이다. 즉 그가 논의하는 것은 그리스도인과 문화가 아니라 그리스도와 문화의 관계이기 때문에 그리스도 본인 외에는 아무도 결론을 내릴 수 없다는 뜻이다. 그러나 문제는 우리 그리스도인들이 어떤 문화적 입장을 취할 것이냐이기 때문에, 그것은 우리의 실존적 과제가 된다. 따라서 니버는 각자가 최종적 결론에 도달해야 한다고 권한다. 각자의 지식과 상황과 가치가 다 상대적이기 때문에 어느 특정한 지도자나 학자나 그룹이나 시대나 교회에 비추어 결단하지 말고 그리스도의 복음과 하나님의 나라에 비추어 결단하되, 이성보다 신앙을 따라 결단하고 매순간 반복해서 결단해야 하는 실존적 결단을 촉구하고 있다. 이와 같은 결단의 방식을 고려할 때 니버의 입장이 무책임한 문화 방관론이 아니라 적극적인 문화 변혁론이라고 추정할 수 있다.

　이와 같은 니버의 문화 변혁론은 세속 문화가 기승을 부리며 기독교 문화를 위협하는 현대에 있어서 교회에 중대한 도전으로 다가왔다. 이러한 문화 변혁론을 더 분명한 어조로 외친 아브라함 카이퍼의 신칼빈주의와도 상통하는 긍정적 이론으로서, 현대 문화신학의 주류가 되었다.

2. 문화의 신학: 폴 틸리히

　폴 틸리히(Paul Tillich 1886-1965)는 독일에서 종교철학과 신학 교수였으나 히틀러에 반대하여 미국으로 이주하였고, 시카고 대학의 신학부 조직신학 교수로 활동하였다. 그는 리처드 니버와 함께 문화신학을 개척한 선구자라고 할 수 있다. 그가 *Theology of Culture*라는 저서를 출간한 것은 1959년이었으나, 이는 편집서로서 1부는 그가 40여년 전 베를린 칸트 학회에서 발표한 그의 최초 공개강연 *Über die Idee einer Theologie der Kulture* (문화신학의 이념에 대하여)에 기초하고 있다. 그는 종교철학자로 시작하여 조직신학자가 되었으나, 그의 중심적 관심은 항상 종교와 문화, 기독교와 세속 문화의 관계에 있었다고 고백하였다.

　그의 문화신학은 종교의 정의에서 시작한다. 그는 칼빈이나 슐라이에르마허와 같이 종교성을 인간성의 보편적 본질로 인식하였다. 일부 신학자들은 참된 종교가 오로지 신의 선물로서 은혜를 받은 자만 참여할 수 있다는 입장을 취하고, 일부 세속학자들은 콩트와 같이 종교를 원시 시대에나 가능한 역사의 한 단계로 보고 현대와 같은 과학 시대에는 종교가 설 자리가 없다는 입장을 취하는데 반대하여, 틸리히는 종교란 인간의 본질 자체이기 때문에 모든 인간이 시대를 초월하여 소유하고 표현하는 본질적이고 항구적인 것이라고 주장하였다.

또한 종교는 인간 생활의 일부에 국한된 영역이 아니다. 혹자는 종교를 윤리나 지식이나 예술 또는 감정과 연결시키지만, 종교는 삶의 모든 기능들의 심층(depth)에 존재한다. "종교는 삶의 모든 영역 기저에 존재하는 심층의 차원이다. 종교는 인간 정신의 전체에 존재하는 심층의 측면이다." 심층이란 인간 정신생활의 궁극적이고 무한하며 무조건적인 것으로서 궁극적 관심(ultimate concern)이라고 할 수 있으며, "궁극적 관심은 인간 정신의 모든 창조적 기능에 나타난다." 여기서 종교와 문화가 만난다. 종교가 삶의 모든 영역의 심층적 기저에 있기 때문에, 인간이 창조하는 모든 문화적 행위와 그 결과에 종교가 표현되고 표출된다. 따라서 종교는 인간의 정신생활의 심층이며 실체이고 기반이다.

종교를 한 영역으로 제한하는 것은 인간의 비극적 타락과 소외 때문이라고 진단한 틸리히는 실로 종교적인 영역이란 없다고 선언한다. "종교는 우리 일상 생활의 먼지와 우리 세속적 작업의 소음으로 가려져 있던 인간 정신생활의 심층을 열어준다."

종교에 대한 이러한 실존적 이해는 성과 속의 차이를 철폐한다. 종교는 우리 삶의 모든 순간, 모든 공간과 모든 영역과 관계한다. 실로 "이 우주는 하나님의 성전이다." 따라서 문화도 그것이 세속 문화이든 성문화이든 모두 종교와 관계되어 있다. 그는 종교와 문화의 관계를 이렇게 설명하였다. "궁극적 관심으로서의 종교는 문화에 의미를 부여하는 실체이며, 문화는 종교의 기본적인 관심이 자기를 표현하는 형식들의 전체이다. 간단히 말하자면 종교는 문화의 실체이며, 문화는 종교의 형식이다(religion is the substance of culture, culture is the form of religion)." 그러므로 종교와 문화의 이원론을 반대한다. 모든 종교적 행위는 공적이든 사적이든 문화적으로 형성된다. 교회는 자기 자신의 생활 양식들을 포함하여 모든 문화를 심판한다. 교회와 문화는 평행이 아니라 상호 안에 존재한다. 그리고 하나님의 나라는 이 양자를 초월하면서 동시에 양자를 포함한다.

틸리히는 이와 같이 전체적이고 포괄적인 문화신학의 원리를 정립한 후에, 이를 종교 언어, 예술, 실존주의 철학, 정신분석학, 과학과 신학, 도덕과 윤리, 그리고 교육학 등에 구체적으로 적용하였다. 그리고 자신의 경험을 바탕으로 유럽과 미국, 미국과 소련, 그리고 개신교와 유대교의 문화를 비교하면서 지역주의의 극복을 제안하였다.

틸리히의 문화신학은 문화의 신학적 해석으로서 문화의 종교적 심층을 분석함으로써 문화의 치유를 시도한다. 그리고 여기서 문화란 니버와 마찬가지로 삶의 모든 영역을 포함한다. 종교가 모든 영역의 심층에 있기 때문에 여기서 제외되는 영역이나 주제는 존재하지 않는다. 니버가 그리스도와 문화의 관계에 집중하면서 문화 변혁론을 주장하였다면, 틸리히는 문화의 문제가 바로 그 심층에 있는 종교적 문제에 있기 때문에 종교적 심층의 치유를 통하여 문화를 치유하고 변혁할 수 있다고 설명한 것이다. 그러므로 비록 틸리히가 종교라는 용어에서 시작하였으나 종교적 영역을 의미하는 것이 아니기 때문에 이를 종교 신학적으로 제한하는 것은 잘못이다. 그가 원리를 정립한 후에 이를 적용한 주제들을 살펴보아도 타종교가 아니라 다양한 문화 영역임을 알 수 있다. 물론 타종교의 영역도 문화 비판의 한 주제이지만, 모든 문화의 심층으로서의 종교와 종교학에서 다루는 제도적 종교는 서로 다르다.

3. 한국의 문화신학

한국의 문화신학은 1960년대부터 시작된 윤성범 교수의 토착화론에서 시작되었다고 볼 수 있다. 그는 단군신화에서 삼위일체를, 율곡의 성(誠) 사상에서 성육신을, 그리고 정감록에서 종말 사상을 찾으려고 시도하였다. 또한 유동식도 원효와 도교, 동학과 풍류도에서 기독교 사상의 한국적 원형을 찾으려고 시도하였다. 그리고 1970년대부터 형성된 민중신학의 문화신학은 전통 종교와 기독교의 융합을 시도하였으며, 이는 1980년대 종교 다원주의 문제와 연결된다. 이러한 자유주의 진영의 문화신학을 정립한 것은 한신대의 김경재라고 할 수 있다. 그는 1983년에 한국 개신교에서 최초로『한국 문화신학』이라는 저서를 출간하였으며, 1997년에는『문화신학 담론』을 출판하였고, 한국 문화신학회를 출범시키는 주역이 되었다.

그가 문화신학이라는 저서를 출판할 때는 이미 종교 다원주의자로서 두각을 나타내고 있던 때였다. 따라서 그는 틸리히의 문화신학에 기초하여 자기의 문화신학을 전개함에 있어서 틸리히가 사용한 모든 문화의 심층인 종교 개념을 종교학적 종교로 오해하여 문화신학을 종교 다원주의와 연결시키는 오류를 범하였다. 그는 토착화 작업을 문화신학의 과제로 보는 좁은 의미의 문화신학 개념을 반대하고 종교 신학과 종교 다원주의로 확대 해석하였다. "토착화 신학 논의는 1960년대 중반, 가장 활발한 한국 신학의 한국적 논의로 불붙었다가, 한국 사회의 정치적 상황 때문에 돌연 '중지' 또는 '실종'되었고, 다시 종교 신학 또는 종교 다원론이라는 주제로서 한국 신학계의 중심 주제로 떠오르고 있는 것이다." 그리고 민중신학의 제3세대들과 연대하여 민족주의적 종교 신학을 추구하였다. 그는 "아브라함, 이삭, 야곱의 하느님은 창조와 역사의 주로서 1884년 선교사의 그리스도교 전도와 함께 한국 땅에 비로소 입국하신 것이 아니라,

조상들의 하나님 신앙의 대상이시요, 원효, 율곡, 수운의 구도 속에서 역사하신 주로 믿는다"고 고백하면서, 한국의 개신교를 "한국 문화의 유기체적 생명 속에" 연결시키는 "융합의 모험"을 시도한다. 민중신학과의 통합은 한국 종교 문화가 세계 최고의 종교 용광로라는 민족주의적 전제에 기초하고 있다.

한편 보수 계열의 김영한은 1991년『한국 기독교 문화신학』이라는 저서를 출간하였는데, 틸리히가 모든 종교를 존재론적 로고스의 표현이라고 보는 혼합주의에 빠졌다고 비판하면서, 탈서구화를 시도하는 김경재의 문화신학을 거부하고, "기독교 문화신학이란 서구 기독교의 영향사적 지평 속에서 수행되는 기독교 복음의 토착화와 상황화의 과정이다"라고 규정하였다. 문화신학의 모형을 그리스도의 성육신에서 찾고, 성육신의 원리는 토착화의 원리라고 주장하였다. 따라서 복음의 본질은 변화되지 말아야 하지만, 형식에 있어서는 한국 문화에 토착화되어야 한다고 생각하였다. 그는 토착화나 상황화의 한계를 넘어서 대중문화 변혁론에도 다수의 논의를 제공하였다.

그 외에 문화신학에 대표적인 학자로는 총신대의 신국원과 장신대의 임성빈을 들 수 있다. 신국원과 임성빈은 기독교 윤리실천운동의 문화운동에 참여한 문화 변혁론자들로서, 신국원은 가다머를 전공하고 1999년에『포스트모더니즘』, 2002년에『신국원의 문화 이야기: 문화전쟁시대의 기독교문화전략』, 그리고 2004년에『변혁과 샬롬의 대중문화론』을 출간하였다. 그리고 임성빈은 1997년에『현대문화의 한계를 넘어서』, 1998년에『21세기의 도전과 기독교 문화』, 2008년에『기독교 문화와 한국 문화』, 그리고『소비문화시대의 기독교』를 출간하였다.

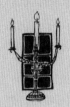

5장

성경의 문화관

하나님은 특정한 시대에 특정한 문화를 가진 공동체와 관계하면서 그의 말씀을 계시하였기 때문에, 성경은 특정한 문화적 형식을 취하고 있다. 그러나 후대의 신앙 공동체는 영원한 말씀과 일시적 문화를 구별하지 못하는 잘못을 흔히 범해 왔으며, 그 결과 성경의 문화적 형식을 절대화함으로써 끊임없이 진보하는 구속사와 변화하는 공동체의 새로운 필요에 적절히 대처하지 못하였다. 그뿐 아니라 성경의 다문화적 성격을 이해하지 못하고 획일주의에 빠져 다른 문화와 전통에 적대적인 태도를 취함으로써 교회의 하나 됨을 이루지 못하고 독선과 분열을 초래하기도 하였다. 게다가 새로운 문화에 올바로 대처하지 못함으로써 효과적인 말씀 이해와 예배, 그리고 성도의 교제와 조직에서도 후진성과 보수성을 면치 못하였으며 그에 따라 교회의 진취적인 발전에도 부정적인 영향을 미쳤다. 그러면 복음과 문화는 어떤 관계를 가지고 있으며, 어떤 구별과 연결이 필요한가?

1. 구약 문화와 예루살렘 회의

초대 교회는 그리스도의 12사도를 기초로 하여 형성되었다. 비록 일부 사도들이 주축을 이루었으나 로마 교회가 주장하듯이 한 사도가 독점적으로 정통성을 주장하지 않았고, 모든 사도들의 전통이 종합적으로 초대 교회를 형성한 것이다. 베드로와 바울, 마태와 요한, 바울과 야고보 등 서로 성격이 독특한 사도들의 다양성이 모순과 대립을 초래하지 않고 오히려 성령 안에서 초대 교회의 풍요성과 역동성을 창조했던 것이다.

이러한 정경적 기독교의 형성 과정에서 사도행전 15장에 기록된 예루살렘 회의는 최초의 세계 교회 회의이며 사도 회의라는 점에서 다문화적 성격을 결정하는 기초적 형태를 산출하였다. 마지막 사도이지만 초대 교회 형성에 지대한 공헌을 했던 바울은 유대적 전통과 종교 문화에 기초한 기독교 형태를 모든 그리스도인에게 부과하는 데 반대하고 새로운 형태 즉 이방 문화에 기초한 기독교를 주장하였다. 사도 회의는 사랑과 이해를 부여하는 성령 안에서 많은 토론을 거친 결과 획일적인 기독교 대신 다문화적 기독교를 수용하기로 결정하였으며, 이것이 정경적 기독교의 원리가 되었다. 그 후에 초대 교회는 성령의 인도 아래서 자기 교회의 전통만을 주장하지 않고 로마서와 야고보서, 네 개의 복음서, 유다서와 요한계시록과 같이 다

양한 복음적 전통을 모두 수용하였다. 성경으로 돌아가자는 종교 개혁도 로마 교회의 권위주의적인 일인 숭배나 단일 전통주의, 또는 획일적인 자연 신학을 거부하고 이성주의나 라틴 문화의 절대화를 거부하고 우리의 이해와 관계 없이 성경을 있는 그대로 받아들이며 다양한 언어와 문화를 수용하려는 복음적 운

동이었다.

바울 사도는 복음의 본질에 관한 한 '다른 복음'을 결코 용인하지 않았으나, 교회의 하나 됨을 강조하며 복음의 본질을 유지하고 있는 한 비본질적이고 지엽적인 문제에 대해서는 폭넓은 다양성을 인정하고 사랑으로 상호 이해하고 수용하도록 권면하였다. 로마서 14장 5-8절은 그가 얼마나 실천적 다양성에 대해 관용적이었는가를 보여준다:

> 혹은 이 날을 저 날보다 낫게 여기고 혹은 모든 날을 같게 여기나니 각각 자기 마음에 확정할지니라. 날을 중히 여기는 자도 주를 위하여 중히 여기고 먹는 자도 주를 위하여 먹으니 이는 하나님께 감사함이요 먹지 않는 자도 주를 위하여 먹지 아니하며 하나님께 감사하느니라. 우리 중에 누구든지 자기를 위하여 사는 자가 없고 자기를 위하여 죽는 자도 없도다. 우리가 살아도 주를 위하여 살고 죽어도 주를 위하여 죽나니 그러므로 사나 죽으나 우리가 주의 것이로라.

비록 서로 상반되게 표현된다 할지라도 모두가 주님에 대한 사랑과 헌신에서 그리한다는 동정적 사고를 가지고 그는 모두를 이해할 수 있었다. 그리스도의 우주적 교회와 천국은 다양성을 풍요하게 소유한 공동체이다. 따라서 성경은 어디에서도 이단이 아닌 한 전통과 문화가 다르다는 이유로 분리를 권하지 않았으며, 오히려 다양성에도 불구하고 성령 안에서 하나 됨을 유지하도록 요구하였다. 이러한 성경적 원리는 성경 계시가 종료된 지 2천 년이 지난 오늘날, 성경으로 그리스도인을 향한 하나님의 말씀을 전해야 하는 설교자에게도 그대로 적용된다. 복음의 본질은 불변하지만 그 복음은 현대 문화적 적용을 필요로 한다.

2. 정경적 기독교와 문화적 다양성

19세기 말부터 일어난 근본주의는 복음에 대한 사랑에서 칭송할 만하나 문화적 획일주의로 말미암아 교회에 많은 폐해를 끼쳤다. 근본주의의 중심 교리는 성경관, 특히 축자 영감설과 무오설에 있다. 정통적인 기독교는 모두 성경을 하나님의 말씀으로 믿으며 따라서 복음의 무오성이 전제된다. 그러나 무오성의 정의와 개념에서 근본주의는 매우 문화 획일주의적인 사고 방식을 보이고 있으며, 따라서 복음과 문화를 구별하지 못하는 잘못을 범하고 있다. 앞에서 언급한 정경적 기독교의 본질을 이해하지 못하고 있는 것이다. 실로 근본주의적 무오성 이해는 왜 정경적 기독교가 한 복음서가 아닌 네 복음서를 수용했는지 이해하지 못한다.

예를 들자면 예수께서 십자가에 달릴 때 걸린 죄 패에 무엇이라 기록되었는가? 사복음서는 유사하면서도 서로 다른 내용이 기록되었다고 증언한다:

그 머리 위에 '이는 유대인의 왕 예수라' 쓴 죄 패를 붙였더라
(마 27:37)
그 위에 있는 죄 패에 '유대인의 왕'이라 썼고(막 15:26)
그의 위에 '이는 유대인의 왕이라' 쓴 패가 있더라(눅 23:38)
빌라도가 패를 써서 십자가 위에 붙이니 '나사렛 예수 유대인의 왕'이라 기록되었더라(요 19:19)

역사적으로 죄 패는 하나였으며 그 위에는 하나의 내용이 기록되어 있었을 것이다. 따라서 근본주의적 무오성 이해로 보면 이 네 가

지 증언 중에서 최소한 세 복음서는 오류를 범하고 있는 것이다.

구약에서도 사무엘-열왕기 전승과 역대기 전승이 동일한 역사를 기록하는 두 역사서로서, 상호 상당한 차이가 있다. 보다 분명한 차이를 보이는 숫자의 경우 소바 국 생포 군사의 경우 사무엘하 8장 4절이 마병 1,700명인 반면 역대상 18장 4절은 7,000명으로 기록하고 있으며, 아람 병거는 사무엘하 10장 18절이 700승이나 역대상 19장 18절은 7,000승으로 기록하고 있다. 신약의 구약 인용에서도 출애굽 과정에서 이방 여인과 간음하다 염병으로 죽은 사람이 민수기 25장 9절에는 24,000명으로 기록되어 있으나, 고린도전서 10장 8절에는 23,000명으로 기록되어 있다. 이러한 숫적 차이가 복음의 본질과 무관하여 성경적 진리의 근본적 오류를 주장할 근거가 될 수 없으나, 근본주의적 축자 영감의 개념으로는 심각한 오류가 아닐 수 없다.

따라서 우리는 성경의 무오성을 올바로 이해하기 위해서는 문화적 접근이 필요하다. 근본주의는 원본의 무오성을 주장하지만 그것은 현존 성경의 유오성을 인정하는 결과를 가져온다. 더욱이 사복음의 기록 모두를 원본으로 해결할 수 없다. 차이가 없다면 복수를 수용할 필요가 없었을 것이기 때문이다. 자유주의 신학자들은 이러한 차이를 오류로 규정하고 성경을 격하하거나 비판하였다. 루돌프 불트만은 신약의 문화가 비과학적이기 때문이라 설명하되 역사적 복음도 비하하면서 비신화화를 주장하였다. 이런 태도는 또 다른 문화 획일주의의 산물로서 현대 문화를 절대화함으로서 문화 숭배로 몰락하였다고 볼 수 있다. 그러나 복음적인 신학자들은 다수의 전승, 상황, 그리고 문화에 근거한 해결책을 제시하였다. 하나님의 진리는 인간의 인식 한계를 초월하기 때문에 우리의 능력에 맞도록 제한되고 조절된다. 그리하여 인간의 언어와 문화의 용기에 담겨진 말씀은 진리의 한 측면(side) 또는 한 양상(aspect)을 보여주며, 인간의 관점(view point)과 입장(stand point)에 따라, 그리고 어느 방향에

서 접근하느냐(approach)에 따라 시야(view)와 전망(perspective)이 달라
지며, 그 결과 진리를 보는 방향이 달라진다. 하나님은 진리를 종합
적으로 보지만, 인간은 능력의 제한으로 말미암아 한 번에 한 측면
만을 볼 수 있을 뿐이다. 칼 바르트는 하나님의 한 진리가 인간에게
주어질 때 두 개의 역설(paradox)을 빚는데, 이를 인간이 신처럼 종
합하려고 할 때 비진리를 산출한다는 변증법적 방법론을 제시하기
도 하였다.

3. 문화와 선교

초대 교회는 다양한 문화와 전통을 인정하였다. 사도 바울은 복
음의 절대성에 대하여 강력한 입장을 취하였지만, 문화적 형식에 대
해서는 완전히 열린 자세를 취하였다. 그의 문화적 폐쇄성이 성령
안에서 극복되고 문화적 상대론을 수용하면서 복음의 효율적 전달
을 위해서 문화의 자유를 향유하였다. 그의 이러한 문화관은 고린도
전서 9장 19-23절에 잘 나타난다.

> 내가 모든 사람에게 자유하였으나 스스로 모든 사람에게 종이 된 것
> 은 더 많은 사람을 얻고자 함이라. 유대인들에게는 내가 유대인과 같
> 이 된 것은 유대인들을 얻고자 함이요 율법 아래 있는 자들에게는 내
> 가 율법 아래 있지 아니하나 율법 아래 있는 자같이 된 것은 율법 아
> 래 있는 자들을 얻고자 함이요 율법 없는 자에게는 내가 하나님께는
> 율법 없는 자가 아니요 도리어 그리스도의 율법 아래 있는 자나 율법
> 없는 자와 같이 된 것은 율법 없는 자들을 얻고자 함이라. 약한 자들
> 에게는 내가 약한 자와 같이 된 것은 약한 자들을 얻고자 함이요 여
> 러 사람에게 내가 여러 모양이 된 것은 아무쪼록 몇몇 사람들을 구원
> 코자 함이니 내가 복음을 위하여 모든 것을 행함은 복음에 참예하고

자 함이라.

이와 같은 자세가 유대 문화주의자나 헬라 문화주의자에게는 우유부단하고 무원칙한 사람으로 비판을 받고, 예수께서 받은 비판, 즉 세리와 죄인의 친구이며 먹기를 탐하고 이방인에게 친절을 베푸는 부도덕하고 비애국적인 사람이라는 비판을 받을 수 있었다. 그러나 사도의 유일한 관심에 따라 문화적 형식에 관계없이 복음이 효율적으로 전달되어 구원에 이를 수 있는 '수용자 중심의 전달 방법(receptor-oriented communication)'을 채택하였다. 따라서 그는 문화 형식상 '여러 사람에게 여러 모양이 되었다(τοῖς πᾶσιν γέγονα τὰ πάντα)'. 혹자는 이러한 바울의 태도를 맹문화적(culture-blind)이라고 표현하였다. 그의 목표는 오직 성공적인 전도와 구원에 있었다. 이러한 바울의 다문화적 태도는 선교적 문화관이었다. 물론 그에게 개인적인 문화가 없었던 것도 아니고, 선호하는 문화 형식이 없었던 것도 아니다. 그러나 상대방을 사랑하고 그의 문화를 존중하는 바울의 태도는 자기 희생적이며 자신의 문화적 편견이나 우월성으로부터 탈피한 자유를 반영하고 있기에, 후대에 모든 복음 전도자들에게 모범적인 문화적 태도가 되었다. 이러한 자세는 타문화권에서 복음을 전하는 선교사들뿐 아니라, 동일한 문화권이라 할지라도 개인적인 문화 차이를 가지고 있는 대상에게 복음을 전하는 전도자와 설교자들에게도 동일하게 적용되어야 한다.

이러한 다문화 수용적 태도는 바울뿐 아니라 초대 교회의 전체적 태도이기도 하였다. 초대 교회는 다양한 문화와 민족적 전통으로 구성되어 있으며, 따라서 그리스도의 생애와 교훈을 기록한 복음서도 다양하게 출현하였다. 서로 다른 형식을 가진 사복음서의 수용을 통하여 형성된 정경적 기독교(the canonic Christianity)는 이미 단일 전통이나 단일 문화만을 고집하는 문화적 혹은 전통적 획일주의를 극복하고 상호 관용과 복음의 문화적 다양성을 수용하였다. 정통적 기독교를 규정하는 정경적 기독교 자체가 바로 문화적 다양성에 기초하고 있기 때문에 근본주의적 획일성은 정통적이라 할 수가 없다.

6장

문화의 신학적 원리

1. 일반 은총과 문화 공동체

인간은 문화적 존재로서 문화를 창조하고 향유하며 살아간다. 문화는 일반적이고 광의적인 의미에서 삶을 영위하는 형식이다. 의식주는 기본적인 문화로서 무슨 옷을 어떻게 입고 무슨 음식을 어떻게 먹으며 무슨 집에서 어떻게 살 것이냐는 인간에게 필수 불가결한 문화 형식이다. 또한 인간은 하나님의 형상으로 창조된 고귀한 존재로서 의식주 외에도 다양한 문화를 필요로 한다. 사람이 빵으로만 살수 없고 하나님의 말씀이 필요하다는 말은 단지 인간이 빵과 성경만 있으면 살 수 있다는 뜻이 아니다. 성경이 구원의 진리이며 생명의 양식이지만, 우리 지성은 성경 외에 많은 지식과 정보를 필요로 한다. 칼 바르트는 한 손에 성경 한 손에 신문을 권했지만, 지금은 한손에 성경 한 손에 노트북 혹은 이동 통신기가 필요하다.

우리 감성은 더욱 그러하다. 희노애락의 감정이 순화되고 풍요해지기 위해 우리는 아름다운 시와 음악과 미술이 필요하며, 인간의 상상력을 이용한 소설과 연극, 영화도 도움이 된다. 또한 자연을 감상하고 사람들이 사는 모습과 아름다운 이야기를 보고 들으면서 우리의 인간성을 발전시켜 나간다. 우리 영혼이 경건에 이르기를 연습하는 것이 중요하지만, 육체의 연습도 상당한 유익이 있다. 인간은 육체와 영혼, 이성과 양심, 판단력과 심미력, 그리고 감성과 영성을 가지고 있어서 다양하고 풍요한 문화적 공급을 필요로 하는 존재이다.

문화는 하나님의 일반 은총이다. 인간에게 문화적 능력과 구조를 부여하고, 성령의 일반적 사역을 통하여 문화를 창조하고 유지하며 향유하게 하신다. 물론 인간이 기본적 필요의 충족만으로도 삶을 영위해 나갈 수는 있지만, 문화가 빈약하다면 우리의 삶이 얼마나 단조롭고 정서가 메마르겠는가. 그러므로 우리 삶에 대한 감사 속에는 문화에 대한 감사가 들어있다. 구원은 하나님의 특별 은총으로서 감사의 중심에 있지만, 문화적 감사도 그와 함께 상호 연관되어 현세에서 이루어지는 구원의 실현과 불가분리의 관계를 가진다.

더욱이 문화는 공동체 단위로 형성되고 유지되기 때문에 그 공동체 안에 사는 한 그 문화를 완전히 회피할 수 없다. 또한 문화는 시대에 따라 끊임없이 변하므로 우리가 사는 시간과 공간에 따라 변화하는 문화 속에서 살게 되는 것이 인간의 보편적 운명이며 특권이다. 극소수의 유별난 사람들은 전반적인 문화를 거부하고 살기도 하지만 문화적 소외는 사회적 소외를 가져온다. 아미쉬(Amish) 그리스도인들은 신앙적인 동기로 현대의 문화를 근본적으로 부정하고 집단을 이루어 철조망을 치고 그 안에서 전기와 기계 문명을 모두 거절한 채 전근대적 생활을 하고 있으나, 그들은 스스로 자기들을 고립시킴으로 세상의 빛과 소금이 되라는 주님의 명령을 거부하고 자신들의 성결만을 위해 살아간다. 우리 그리스도인은 하나님과 인간을 사랑하라는 명령 아래 살아가고 있으며, 따라서 공동체적 교제가 요청된다. 성도들이 모여 예배와 찬양, 기도, 대화, 식사 등의 문화 형식을 통해 교제하고 사랑을 나누는 것처럼, 가정과 사회도 문화 활동을 통하여 더욱더 사랑의 공동체로 만들어진다. 따라서 함께 게 임을 즐긴다든지 운동을 한다든지, 같이 노래를 부르고 문화를 감상 하는 것은 공동체의 교제에 필수적이다.

2. 문화의 타락과 구속

[문화의 오염] 비록 인간에게 문화가 필요하며 문화는 일반 은총 으로서 감사와 향유의 대상이지만, 우리는 문화에 대한 식별 능력을 가지고 좋은 문화와 나쁜 문화를 구별할 줄 알아야 한다. 문화가 형 식적으로는 삶을 영위하는 모든 형식을 포함하지만, 내용적으로는 문화와 반문화가 있다. 하나님의 형상으로서의 인간 본성이 창조적 행위를 통해 실현된 문화(culture)는 인간의 존엄성과 하나님의 영광 을 드러내는 좋은 문화로서 문화적 순기능을 수행하지만, 인간의 타 락과 죄성이 표출된 문화는 사실상 문화적 기능에 역행하여 인간을 더욱 타락시키고 비인간화하는 반문화(anti-culture)인 것이다.

만일 인간이 타락하지 않았다면 어떤 문화가 개발되었을지 모른 다. 그러나 인간이 타락하면서 발생한 문화는 불완전하고 오염되어 있다. 창세기 4장에서 하나님을 배반하고 낙원을 상실한 가인과 그 후예들이 성곽을 쌓는 건축 문화를 비롯하여 기업적 농경 문화, 음 악, 철기 문화 등을 개발한 사실을 보면, 문화의 문제를 가히 짐작할 수 있다. 인간의 타락은 대체 만족을 추구하게 하였고, 그 대안으로 발생한 문화는 쾌락과 안락과 허영이라는 영적 오염을 내포하고 있 었다. 그렇게 오염된 문화는 사탄이 인류를 죄에 종속시키고 성도를 유혹하는 도구로 사용되기도 하였다. 따라서 성경은 오염된 문화,

죄악적인 문화, 죄성을 부추기는 문화에 대해 매우 비판적이며, 성도들에게 세상을 본받지 말고 유행하는 문화에 현혹되지 말도록 자주 경고하였다.

특히 현대의 대중문화는 상업화되어 좋은 문화보다 이윤을 산출할 수 있는 문화를 추구하고 있다. 자크 엘룰은 현대 문화를 테크놀로지의 문화로 규정하고, 테크놀로지가 인간과 문화를 파괴한다고 진단하였으며,[37] 폴 틸리히는 현대 문화가 문화에 의미를 부여하는 종교를 배제함으로써 문화를 세속화시켜 인간에게 의미를 부여하지 못하게 되었다고 분석하였다.[38] 그뿐 아니라 많은 문화학자들은 대중문화가 심각한 문제점을 가지고 있다고 비판한다. 오염된 문화는 죄성이 표출된 것이기 때문에 인간성과 인간 사회를 파괴하고 진리와 윤리를 부정하며 타락과 혼돈을 조장한다. 따라서 교회는 문화적 각성을 통하여 교인들에게 문화적 분별력을 확립시켜 주어야 한다.

물론 우리 문화는 거의 서구화되었는데, 서구 문화는 기독교 사상에 그 기초를 두고 있다. 따라서 불교나 유교가 현대의 서구 문화에 대해 심각한 문화 충격과 괴리감을 느끼는 반면, 기독교는 상대적으로 동질감을 느낄 수 있다. 실제로 서구의 음악을 생각해보더라도 얼마나 많은 음악이 교회에서 발생하였고 기독교적 가치관을 반영하고 있는가! 라디오의 클래식 프로그램을 듣노라면 기독교적 배경의 음악이 자주 나온다. 국악에서 불교 음악이 자주 나오는 것과 비교될 수 있다. 서구의 미술과 건축에서도 성화와 교회당을 제외할 수 없다. 서구의 역사는 기독교의 역사이며, 서구의 철학도 기독교 사상의 반영이다. 실로 기독교가 구조적으로는 타종교에 비해 문화적 주도권을 가지고 있다고 볼 수 있다. 비록 유교나 무속 문화의 잔재가 아직도 남아 있고 포스트 크리스천 혹은 포스트모던 문화가 진

---

37) Jacques Ellul, *The Technological Bluff* (Grand Rapids: Eerdmans, 1990), 8, 141-8, 384-94.
38) Paul Tillich, *Theology of Culture* (New York: Oxford University Press, 1959), 42.

입하고 있지만, 아직은 전체적으로 주일에는 쉬고 크리스마스를 지키며 그리스도를 중심으로 한 서기력을 사용하는 기독교 문화가 우리 문화의 구조적 형식이다.

아렌드 반 레우벤은 『세계역사에서의 기독교』라는 기독교 문화사에서 세계 문화는 이스라엘에서 서구로, 서구에서 세계로 나아가며, 따라서 서구화가 곧 기독교화를 의미한다는 주장을 제시하였다.[39] 헨드리쿠스 베르코프도 『그리스도, 역사의 의미』에서 서구 문화를 기독교 문화로 규정하고 서구 문화의 세계화가 복음화의 역사이며, 따라서 서구 문화의 전파자도 일종의 선교사라고 주장하였다.[40] 만일 그들의 생각이 사실이라면 한국은 문화적으로 복음화된 것이며 교회는 이를 기뻐하고 환영해야 할 것이다. 그러나 그러한 생각은 너무 단순하다. 물론 인도 문화나 중국 문화가 오늘날 한국의 주도 문화가 되었다면 기독교는 문화적으로 심각한 난관에 봉착해 있을 것이다. 돌이켜 보면 유교 문화가 지배적인 사회에서 천주교가 얼마나 많은 어려움을 겪었는가. 그렇지만 현대의 서구 문화는 심각하게 오염된 기독교 문화이다. 계몽주의와 자본주의는 기독교 사상에서의 이탈로서, 현대의 서구 문화는 반기독교적 요소를 많이 내포하고 있다. 따라서 교회는 서구 문화에 대하여 기본적으로 감사하며 수용하지만, 그것의 오염 또한 경계하고 분별해야 한다.

[문화적 성화] 현대 문화는 상업적 효과를 위해 자극의 정도를 급격히 상승시킴으로 강한 중독성을 가지고 있다. 또한 문자 시대에서 영상 시대로의 전환도 중독성을 심화시키는 결과를 가져왔다. 한국인이 매일 3시간씩 매달리는 텔레비전은 대단한 중독성을 가지

---

39) Arend Theodoor van Leeuwen, *Christianity in World History: The Meeting of the Faiths of East and West* (New York: Scribners, 1964), 13-22, 411-422.
40) Hendrikus Berkhof, *Christ, the Meaning of History* (London, 1966), 171-4.

고 있어서 분리가 거의 불가능하다. 텔레비전을 강제로 분리할 경우 심각한 정신적 공백에 시달리게 되며, 완전히 치유하는데 5년이 걸린다는 보고가 있다. 인터넷도 중독성이 강하다. 특히 청소년의 상당수가 인터넷에 중독되어 있는 것으로 알려져 있는데, 75퍼센트가 "인터넷이 없으면 생활이 무의미할 것"이라고 응답하였다.

그리스도인은 모든 것으로부터 자유로워야 한다. 문화로부터의 자유를 유지하기 위해서는 특정 문화 형식을 숭배하지 않는 문화적 자유도 필요하지만, 무엇보다도 시간적 절제가 중요하다. 아무리 좋은 문화라 할지라도 무절제한 사용은 문화적 중독을 초래하며, 이는 문화적 종속을 의미한다. 더욱이 하루는 24시간밖에 주어져 있지 않으며 노동과 수면에 대부분의 시간을 사용해야 하는 인간에게 있어서 과도하고 편중된 문화 사용은 하나님의 소명을 성실히 이행하지 못하고 균형있는 생활을 영위하지 못하는 결과를 초래한다. 문화적 중독은 문화적 절제를 통하여 치유된다.

성화가 우리 삶을 헌신하는 것이라면, 문화적 성화는 우리 삶의 문화적 영역을 헌신하여 주님이 원하는 문화 생활을 선택하고 영위하며, 나아가 우리의 공동체적 문화를 더 건전한 문화로 만들어 나가는 것이다. 그러면 어떤 문화가 주님이 기뻐하시며 우리의 필요를 충족시켜 줄 수 있는 좋은 문화인가?[41] 그것은 문화적 기능을 수행할 수 있는 자질과 품격을 가지고 있어야 하며, 문화의 목적이 인간성의 건전한 개발에 있기 때문에 윤리적이어야 하고, 그릇된 종교성이나 정신적 우상 숭배를 부추겨서는 안 된다. 물론 문화는 일반 은총에 속하는 인간의 일반적 필요를 위한 것이며 선택적이기 때문에, 우리에게 정신적 휴식과 기쁨을 줄 수 있어야 한다. 실로 좋은 문화는 우리의 진정한 관심과 정서적인 흥미를 유발한다.

---

41) 이정석, "대중문화의 기독교적 이해", 『세속화 시대의 기독교』 (이레서원, 2000), 79-82.

[구속사와 문화] 우리는 제3의 밀레니움으로 진입한 시점에서 역사의 의미를 생각해 본다. 어떤 사람들은 역사에 아무런 의미도 없으며, 역사란 인류의 변화 과정을 단순히 서술한 기록에 불과하다고 생각한다. 한편 어떤 사람들은 역사가 분명한 목적과 이상을 향해서 진보한다고 생각한다. 전자는 무신론자와 허무주의자들이 가지는 역사관이다. 이 세계와 인류는 아무런 이유 없이 자연 발생하였으며 아무런 목적도 없이 존재하다가 소멸한다고 생각하고, 하루 하루 생존과 쾌락을 위해 살아간다. 한편 후자는 역사의 인도자가 있어서 거시적 구도에서 진보한다고 생각하는데, 그 인도자는 자연이든, 가이스트이든, 절대 이성이든, 신이든, 유한한 인간을 초월한 신적 존재이다.

그리스도인은 역사의 주관자인 하나님의 존재를 믿기 때문에 역사의 의미와 진보를 믿는다. 따라서 '당신의 나라가 임하옵시며 당신의 뜻이 하늘에서 이루어진 것같이 땅에서도 이루어지이다'라고 기도하는 그리스도인은 당연히 역사에 관심을 가져야 하며, '역사 의식'을 가지고 살아야 한다. 많은 불신자들은 역사 의식 없이 되는 대로 살아가지만, 그들 중에도 상당수의 사람들은 자기 삶의 목표를 세계 역사의 이상과 동일화하고 그 실현을 위해 노력하며 살아간다. 자기의 인생이 후대인들에게 어떤 평가를 받을지 생각하며 사는 사람은 역사를 의식하고 있다고 말할 수 있는데, 그리스도인은 모두 최후의 심판을 믿기 때문에 강한 역사 의식을 가져야 한다.

더욱이 그리스도인들을 지도하는 목회자는 올바른 역사 의식을 가지고 교회 공동체를 이끌어야 한다. 역사의 주인이신 그리스도께서 동시에 교회의 머리이기 때문에 교회는 역사의 중심에 있어야 하며 역사 발전의 주체가 되어야 한다. 교회의 머리인 그리스도께서 주도하는 역사 발전 방향에 적극적으로 협조하고 참여하기는커녕 오히려 교회와 목회자들이 역사 발전을 가로막고 저해한다면, 머리와 몸이 대립하고 나뉘는 모순과 비극을 초래할 것이다. 그러나 일부 교회와 지도자들은 지난 2천 년 동안 개교회주의나 교파주의 또는 지역주의나 민족주의와 같은 세속적 집단 이기주의에 현혹되어 그리스도께서 주도하는 거시적 역사 발전을 거부하고 방해한 것도 부인할 수 없는 사실이다. 이제 그리스도께서 십자가의 대속을 통하여 구속을 성취하고 성령과 교회를 통하여 세계의 구속을 점진적으로 실현해 나가는 구속사의 제3천년 대를 맞이한 시점에서 우리는 과거를 반성하고 구속사에 적극적으로 참여하는 목회를 위하여 기독교 역사관을 확립하고 하나님 나라의 발전에 교회가 적극 참여해야 한다.

[역사는 진보하는가?] 존 베일리는 그의 저서 『진보에 대한 신앙 (The Belief in Progress)』에서 "역사가들은 진보에 대한 신앙이 지난 150년 내지 2백년 동안 서구 사상의 지배적인 이념이라는 데 동의한다"고[42] 말한다. 진보의 사상은 "신앙(belief)"이라고 불리는데, 이는 그것이 "사변적이고 선험적인 것이며, 결코 역사적인 자료만의 관찰에 의해서 당연히 추론되는 그런 것이 아니기" 때문이다.[43] 그러나 우리는 여기서 더 근본적인 질문을 제기할 필요가 있다: 과연 진보란 무엇인가? 단순하게 말하여, 그것을 "원하는 방향으로의 움직임"

---

42) J. Baillie, *The Belief in Progress*, New York 1951, 1.

43) *Ibid.*, 104, 184; 콜링우드는 그의 『역사철학(*The Philosophy of History*)』에서, "이런 종류의 사상은 무엇이든지 그것이 역사가로 하여금 그의 지식 안의 빈 구멍에 역사가 아닌 어떤 것으로 채우도록 권장한다는 결정적인 반대에 직면한다"는 비판을 제기하였다. (8); Hopper, Technology, *Theology, and the Idea of Progress*, Louisville, 1991, 40: "콩트도 스펜서도 '진보'를 '과학적인 가설'로 수립할 수 없었고, 진보에 대한 신앙은 사회의 고정된 법률과 같이 현대사회의 거대한 교조(dogma)가 되어왔다."; E.H.Carr, *What is History?* London, 1964, 132: "미래에 진보할 수 있다는 신앙을 상실한 사회는 급속하게 과거의 진보에 대한 관심을 상실하게 될 것이다 … 나는 사회의 미래와 역사의 미래에 대한 나의 신앙을 선포함으로써 나의 출발점으로 되돌아온다."

이라고 한다.[44] 그러나 그것은 충분한 정의가 될 수 없다. 왜냐하면 무엇을 원하느냐에 따라 그것이 상대화되기 때문이다. 이 문제에 대하여 베일리는 통찰력 있는 언급을 하였다. "인간 역사는 오로지 그것이 어떤 종류이든지 하나의 단일한 행동으로 인식될 때에만 진보한다고 생각할 수 있다. 그러나 이러한 하나의 단일한 행동으로서의 역사 개념은 전우주의 주관자 즉 신의 개념을 필연적으로 수반한다."[45] 그러므로 신이 부정된 진보의 신앙은 논리적으로 불가능하다.

그런데 세속적 진보주의의 필수적 요소는 "하나님이 없다"는 것이다. 칼 뢰비쓰가 지적한 대로 하나님의 섭리는 진보에 대한 이념으로 대체되었고, 그리하여 인간은 하나님 대신 역사의 주체가 되었다.[46] 그것이 바로 하이데거가 이 시대를 주체성(Subjektivität)의 시대 즉 인간 자율성의 시대라고 부른 이유인 것이다. 그리고 그것이 바로 인간주의자들이 심지어 신의 개념조차 말살해 버리려고 시도하는 이유인 것이다.[47] 그러나 진정한 진보란 역사의 중심인 하나님을 향한 진보이며, 진정한 진보의 희망은 "그러므로 이 한 중심으로부터 빛을 발하며, 오로지 그들의 삶이 그 중심과의 긍정적인 관계에 의하여 결정된 사람들을 위해 존재하는 희망이다."[48] 따라서 그릇된 방향으로의 개발을 진보라고 주장하는 것은 결코 진보가 아니며,

---

44) Baillie, *The Belief in Progress*, 2.

45) *Ibid.*, 186.

46) Cf. K. Löwith, *Meaning in History: The Theological Implications of the Philosophy of History*, Chicago 1949.

47) Cf. F.A.E.Crow, "The Meaning of Death," in E.J.Ayer, ed., *The Humanist Outlook*, London 1968, 260: "존재의 의미에 대한 설명을 제공하기 위하여 인간에 의해 발명된 신이라는 가설은 그 목적을 달성했으며, 이제 사라질 운명에 있다."

48) Baillie, *The Belief in Progress*, 189; "어떤 경우에서도 그리스도인들이 희망할 수 있는 더 나은 진보란 오로지 기독교적인 역사의 중심으로부터 비취는 것이어야 하며, 그리스도 안에 있었던 마음의 인간성이 우리의 삶에 일어나는 점진적인 체현과 '모든 점에서 머리이신 그분에게까지 자라나는 것' 이외의 다른 것일 수 없다."(235)

"진보에 대항하는 진보(progress against progress)"일 뿐이다.[49)]

[기독교의 역사관] 하나님은 그의 자기 계시를 통하여 그가 창조자, 구속자, 심판자임을 보여주었는데, 기독교 역사관은 바로 이 세 가지 역사적 사실에 근거한다. 첫째로, 그는 이 세계와 인류를 창조하였으며, 거기에는 분명한 목적이 있었다. 그는 창조 질서를 부여하고 창조의 목적을 성취하기 위하여 계획하고 실현해 나간다. 즉 그는 창조자일 뿐 아니라 '계속적 창조'라고도 불리는 섭리 활동을 통하여 세계의 역사를 인도한다(엡 1:11, 시 135:6, 욥 12:23, 시 22:28, 행 17:26). 물론 자유가 부여된 인격적 존재 즉 인간과 천사가 역사 형성에 참여하지만, 신은 제일원인으로서 제이원인들과의 협력을 통하여 역사를 주도한다.[50)] 둘째로, 신에게 반란을 도모한 타락한 천사들의 유혹에 빠진 인류의 타락 때문에, 그는 성자를 보내어 구속을 이루게 함으로써 인류 역사의 주도권을 회복한다. 그는 사탄의 인류 종속력을 파괴하고 인류의 역사를 회복하며, 그리스도에게 모든 권세를 부여한다. 셋째로, 그리스도의 구속을 적용하는 성령의 주도하에 이 세계에서 하나님의 나라가 확장되며 역사는 진보한다. 복음의 누룩이 인류에게 영향을 미치면서, 죄악으로 인한 미움과 분열을 하나 하나 해소하는 사랑과 평화의 화해 사역이 진행된다. 여기서 그리스도의 행동 기관인 교회가 중심적인 역할을 수행한다. 역사적 회복의 목표는 "하늘에 있는 것이나 땅에 있는 것이 다 그리스도 안에서 통일되게 하려 하심"이며, 교회의 설립 목표는 바로 그리스도 안

---

49) Hopper, *Technology, Theology, and the Idea of Progress*, 105.

50) Arthur F. Holmes, *Contours of a World View*, Grand Rapids, 1983, 93-4: "처음부터 끝까지 주연은 신이다. 그의 조연들이 변화를 연출하지만, 여전히 동일한 드라마가 계속된다."

에서 죄로 분리된 모든 장벽을 무너뜨리고 통일하는 대업에 동참하는 데 있다(엡 1:7-10, 2:14-18). 화해의 대상은 누구인가? 신, 자연, 동료 인간, 그리고 자기 자신이다. 특히 인간 사회의 차별과 분리가 그리스도를 통한 역사적 회복에서는 인정되지 않으며, 그 장벽이 파괴되고 서로 하나가 되어야 한다: "거기는 헬라인과 유대인이나, 할례당과 무할례당이나, 야인이나 스구디아인이나, 종이나 자유인이 분별이 있을 수 없나니 오직 그리스도는 만유시요 만유 안에 계시니라."(골 3:11) "너희는 유대인이나 헬라인이나 종이나 자주자나 남자나 여자 없이 다 그리스도 예수 안에서 하나이니라."(갈 3:28) 이러한 통일 작업을 담당하는 교회는 자체적 통일을 선행하여 모범을 보여야 한다(요 17:20-23, 엡 4:1-6, 고전 1:10-13).

그러나 인류 역사가 획일적인 진보로 구성되지는 않는다. 혹자는 진보의 신앙과 하나님의 섭리 교리를 혼동하지만, 베리가 그의 선구적인 저서『진보의 이념(The Idea of Progress)』에서 결론 내린 대로 이 두 개념은 "조화되지 않는" 생각이다.[51] 하나님의 섭리는 인류 역사의 단순한 전향적 진보를 보장하지도 않으며, 인간의 반응을 전적으로 무시하고 그의 뜻만을 강행하지도 않는다. 그것의 상세한 내용은 신비적이며 불가사의하다. 하나님의 나라는 궁극적으로 실현될 것이지만 언제 어떻게에 대한 구체적인 내용은 계시되지 않았다. 그것은 불분명하지만 그의 나라를 실현시키는 방식은 원칙적으로 세상을 유토피아로 만들기보다는 그것을 심판하는 것이다. 어떤 사람들은 이러한 낙관적 비관론을 단순하고 무지하다고 비판하지만,[52] 이

---

51) J.B.Bury, *The Idea of Progress*, New York 1932, 21.
52) Cf. H.Berkhof, Christ, *The Meaning of History*, London, 1966, 174: "일반 그리스도인들은… 하나님께서 먼 미래에 갑작스러운 개입을 통하여 그의 뜻을 이루리라는 느낌을 가지고 있다. 일반 그리스도인들은 오늘날 이 세계에 나타난 그 나라의 임재를 깨닫지 못한다… 이것은 현재에 나타난 그리스도 통치의 표징에 대한 감사 없는 맹목을 초래한다… 그리고 그들은 이러한 문화에의 비관론이 기독교 신앙과 완전히 일치한다고 믿는다."

러한 묵시적 기대가 더 성경적이고 사실적인 모습으로 보인다.[53] 왜
냐하면 종말에 대한 성경의 예언이 매우 비관적이며 현대가 과거 어
느 시대보다도 더 탐욕적이고 폭력적이기 때문이다. 흔히 20세기는
잔학한 전쟁과 대량 살상, 가난하고 굶어 죽어가는 사람들에 대한
무정한 외면, 비도덕적 쾌락에의 정신병적 중독, 그리고 무엇보다도
가정과 하나님에 대한 이기적 배반으로 가득 찬, 인류 역사상 가장
비도덕적인 시기 중의 하나라고 말한다. 그럼에도 불구하고 성경은
하나님이 역사를 주관하고 있으며 하나님의 나라가 확장되어 간다
고 가르친다.

그러므로 그리스도인에게는 균형있는 역사 이해가 필요하다. 역
사는 긍정과 부정, 진보와 저항이 공존하며, 이러한 공존은 그리스
도의 재림을 통한 완성까지 계속된다. 빛과 어둠, 하나님의 나라와
사탄의 나라가 대립하는 투쟁은 어느 한쪽의 승리로 종식되지 않는
다. 그래서 어거스틴은 『신국』에서 인류 역사를 신의 나라와 인간
의 나라 사이의 투쟁 과정으로 묘사하였다. 헨드리쿠스 베르코프도
『그리스도, 역사의 의미』에서 동일한 견해를 따르고 있으나, 두 나
라의 공존을 동등한 병행적 성장으로 이해하는 잘못을 범함으로 스
스로 딜레마에 빠진다. "반대 세력의 성장이 하나님 나라의 성장 지
표이다."[54] 따라서 "성화와 세속화가 함께 진보한다"고[55] 주장한다.
그러나 성경이 가르치는 구속사는 비록 두 나라가 공존하며 투쟁하

---

53) Cf. G. Tyrrell, *Christianity at the Cross-Roads*, London 1909, 119f: "모든 곳에 생동적이고 진보적
인 세력이 일어나고 있는 것은 자명하지만, 동시에 파괴적인 세력들이 있는 것도 마찬가지로 분명하
다... 이 세계는 다수의 서로 화해할 수 없는 목적들 사이의 투쟁이 일어나는 전장이다. 그것들이
궁극적인 조화를 이루도록 작정되어 있다는 신앙은... 자세히 살펴보면 해체되며, 본질적으로 내
재적인 부조화를 드러낸다. 모든 생명은 슬픈 가멸성의 지배 아래 있다." 티렐은 지상 역사의 미
래에 대하여 비관적이었으며, 따라서 예수님께서 우리에게 우리의 인간 상황에 대해 훨씬 더 실제
적인 모습을 보여주시는 희망에 대한 묵시적 이해를 환영하였다.

54) Berkhof, *Christ, The Menaing of History*, 171: "하나님 나라의 성장과 나란히 적그리스도의 세력
이 또한 성장할 것이다."

55) H. Berkhof, *Christian Faith: An Introduction to the Study of the Faith*, Grand Rapids, 1979, 514.

지만, 하나님의 나라가 역사를 주도한다.

[창조 질서의 회복] 어거스틴은 "결국 평화가 … 이 (신의) 나라의 목적이다", "그러므로 평화가 전투를 벌이는 목적이다"고 말하였다.[56] 신은 모든 인간을 평등하게 창조하였으며, 따라서 타인을 불평등하게 차별하면 본성을 거스르기에 평화를 상실하고 반목과 갈등을 불러온다. 그러나 "죄악적인 인간은 신 아래서 모든 인간의 평등을 싫어하고, 마치 자기가 신인 것처럼 동료 인간에게 자기의 주권 부과하기를 사랑한다."[57] 그는 이와 같은 상황을 창조 질서의 상실로 보았다. 왜냐하면 "평화는 궁극적인 의미에서 질서가 부여하는 평온함이다. 질서란 같은 것과 다른 것이 각자가 있어야 할 정당한 위치에 존재하는 정돈된 상태"이기 때문이다.[58]

질서(τάξις)란 우주 내 존재들 사이의 평화로운 관계를 의미한다. 즉 추상적인 질서 자체는 존재하지 않는다. 더 나아가 이 질서는 인간의 내면세계에도 적용되어 마음의 평화를 유지하는 상태를 가리킨다. 여기서 평화라고 하는 것은 일시적인 혹은 외형적인 것이 아니라, 궁극적인 즉 본질적인 평화를 의미한다. 그러므로 질서는 본성과 불가분리의 관계를 가지며, 따라서 인간과 세계의 본질이 무엇이냐 하는 이해에 따라 질서 개념은 변화한다. 이 세계에 질서가 존재하며 존재하여야 한다고 생각하는 것 자체가 유일신에 대한 신앙을 전제한다. 왜냐하면 진정한 질서란 오로지 단일 질서(unus ordo)에서만 가능하기 때문이다. 복수적인 질서는 상호의 투쟁과 무질서를 예상하며, 그 사이의 평화란 보다 높은 상위 질서 안에서의 조화에 의해서만 가능하다. 세계의 창조를 기술함에 있어서 일차적인 물

---

56) 어거스틴, 『신국』, 19권 11-12장.
57) Ibid., 19권 12장.
58) Ibid., 19권 13장.

료로서의 우주는 "무질서(chaos)"의 상태였으며, 창조자는 곧 질서자로서 세계 내 존재들에 대한 존재 질서를 부여하여 "질서"의 상태를 창출함으로 질서의 세계가 되었다. 그러므로 질서는 하나님의 피조물이며 하나님의 본래적 의도를 떠나 존재하는 것은 아니다. 즉 하나님이 질서 자체이시며, 모든 진정한 질서의 근원이다. 따라서 창조 질서(ordo creationis)가 유일한 질서이며, 그 회복이란 하나님의 의도와 질서로 "귀정(歸正, διαταξις)"하는 것을 의미한다. 무질서는 하나님의 질서에 대한 저항이고, 인간이 창조한 질서들은 하나님의 질서에 내착할 때만 관계성 속에서 질서의 의미를 가지며, 독자적인 질서란 무질서를 의미한다. 본질적으로 질서는 하나님과의 관계적 질서이기 때문에 하나님을 인정하지 않는 질서란 무질서의 조장일 뿐이며, 불화의 상태를 나타낸다. 즉 하나님을 최고 존재로 알고, 그가 설정한 질서의 관계 상황 속에 자기를 위치시키고 순종하는 것이 질서인 것이다.

인간의 타락은 신으로부터의 자유와 독립, 그리고 스스로 주권을 선포한 무질서였다. 창조 질서의 관계를 단절함으로써 분리와 소외를 가져왔으며, 그것은 질서와 평화의 상실을 초래하였다. 분리와 소외는 인간과 신, 인간과 인간, 인간과 자연, 그리고 영혼과 육체에 일어났다. 사랑과 이성의 논리를 상실하고 미움과 힘의 논리에 종속되었다. 폭력과 죽음에 대한 두려움이 인류를 지배하였으며, 무질서가 질서로 오인되었다. 따라서 역사의 진보란 창조 질서의 회복을 의미한다.

[구속사 2천 년의 진보] 역사를 흔히 세속사와 구속사로 나누는데, 이 둘의 관계에 대해서는 완전한 일치에서부터 완전한 분리까지 폭넓은 견해 차이가 존재한다. 물론 구속사가 그 모습을 완전히 드러내는 것은 종말이며 따라서 그 이해는 회고적이지만, 구속사는 세

속사와 분리될 수 없다. 구속사가 전개되고 성취되는 장은 바로 이 세계이며 비록 불완전하지만 우리가 관찰할 수 있다.

그러면 지난 2천 년 동안 그리스도의 구속이 이 세계에 적용되면서 어떤 변화가 일어났는가? 창조 질서가 얼마나 회복되었으며, 그리스도안에서 모든 구별과 차별을 철폐하고 하나로 통일하는 대업이 얼마나 진척되었는가? 이러한 평가는 앞으로 우리에게 남아있는 과업이 무엇인지를 인식하고 노력하는 데 필수적이다. 우리는 네 가지의 분리가 일어난 네 영역으로 나누어 살펴보기로 한다.

첫째로, 신과 인간의 관계이다. 죄로 인한 신과 인간의 분리는 그리스도의 성육신과 십자가의 대속, 그리고 부활의 성취로 화해의 길이 열렸다. 누구든지 신에 대한 불신을 버리고 그리스도안에 나타난 신의 사랑에 대한 신앙을 회복하면 사죄의 은총을 받고 신과 화해되어 분리를 종식시킬 수 있다. 이러한 작업은 전도와 선교를 통하여 이루어진다. 따라서 부활한 주님은 예루살렘에서 땅 끝까지 전도를 명령하였다. 지난 2천 년 동안 하나님과 화해한 사람들의 공동체인 교회는 점점 확장되어 이제 전세계 인구의 3분의 1에 해당하는 약 20억의 인류가 그리스도를 '퀴리오스 κύριος'로 고백하고 하나님을 '아버지'라고 부르며 성령의 인도 하에 신과의 화해를 성취하였다. 이것은 자신을 자기의 '퀴리오스'로 주장한 죄악의 회개를 의미하며 주권을 다시 신에게 돌리는 헌신이다. 범죄한 인간에게도 신의 형상이 잔존하였으며, 그 일부인 종교성으로 인하여 수많은 대체 종교와 이데올로기들이 발생하였다. 이러한 종교적 사상적 분열은 죄악의 결과로서, 그리스도 안에서 통일되어야 한다. 그러나 이러한 종교적 통일 작업에 적대 세력은 강력히 저항한다. 그것은 외적인 핍박과 대립, 그리고 내적인 분열과 세속화로 나타난다. 모든 분열은 미움에서, 그리고 모든 화해는 사랑에서 오기 때문에 교회는 사랑의 실천을 통하여 내외적 저항을 극복하여야 한다. 교회가 모범적 공동체로서 사랑과 관용으로 '하나의 교회(una ecclesia)'를 실현하고 그리스도 안에서 만유의 통일 작업을 힘차게 진행하여야 한다.

둘째로, 인간과 인간의 관계이다. 범죄한 세계는 무질서한 비이성적 사회로 전락하였다. 동물적인 힘의 논리만이 지배하게 되었으며, 그에 따라 강자가 약자를 복속시키는 악순환을 반복하였다. 이러한 무질서는 평등한 인류를 수많은 인위적 집단으로 분리하고 차별과 억압을 자행하면서도, 그러한 구조에 순응하는 것이 질서라고 교육하였다.

(1) 왕정의 폐지 : 폭력을 소유한 강자는 전쟁을 통하여 더 많은 사람들을 복속시켰으며, 이는 왕정과 국가를 탄생시켰고 독재와 제국주의에서 극에 달하였다. 소수의 지배자와 다수의 피지배자로 구분되고, 피지배자는 철저히 무시되고 착취되었다. 이러한 정치 구조에서 귀족과 서민, 주인과 노예, 남녀, 민족주의, 인종주의, 지역주의, 빈부, 학벌 등의 차별이 발생하였다. 다니엘서는 하나님의 나라가 도래하면 이러한 정치 제도가 붕괴될 것임을 예언하였다. 그리스도의 복음이 전파되면서 교회는 만인의 평등을 실현하였고, 이는 결국 기독교권에서 민주 정치가 실현됨으로 왕정이 폐지되고 만인의 평등이 선포되었다. 왕정 폐지가 이토록 늦어진 데는 로마 교회의 왕정 연대와 정치적 세속화가 중요한 원인으로 생각되며, 종교 개혁 이후 교회의 민주화가 실현된 이후에야 국가의 민주화가 성취되었다. 심지어 그때에도 로마 교회는 왕정의 유지를 주장하며 민주화를 반대하여 반성직자 운동을 유발시키기도 하였다.[59] 그러나 민주정치가 실현된 이후에도 독재자의 출현, 전체주의, 권력의 부패 등으로 인해 저항을 받아왔으며, 아직도 완전한 민주화는 실현되지 못하고 있다.

---

59) 오웬 채드윅, 『19세기 유럽 정신의 세속화』, 이정석 역, 크리스챤 다이제스트, 1999, 제5장을 참조하라.

(2) 노예제도의 폐지: 폭력적 왕정의 가장 비참한 제도는 노예제도였다. 이는 미국의 노예 해방 전쟁인 남북전쟁을 통하여 폐지되었다. 그러나 이 과정에서 교회가 분리되어 서로 동일한 성경을 근거로 대립하는 수치스러운 모순을 보여주었다.[60]

아브라함 링컨이 지적한 대로, "양쪽이 같은 성경을 읽었다(Both read the same Bible)". 그러나 한쪽은 기득권에 대한 탐욕을 가지고 성경을 읽고, 그것을 정당화하는 데 성경을 이용하였다. 우리나라에서도 과거 양반과 노비의 구별이 철폐되었다. 그러나 아직도 인종적 차별과 종친회의 족벌주의 등으로 과거에 연연하며 저항하고 있다.

(3) 성차별의 철폐: 폭력이 강한 남성은 여성을 억압하고 종속화해 왔다. 이는 일부다처제나 여성 활동의 규제, 남녀 평등의 인권 부정으로 나타났다. 근대의 여성운동은 성차별을 상당히 철폐해 나가고 있다. 아직도 그 완전한 실현은 요원하지만 가정 파괴를 초래하는 것은 안타까운 일이다. 인권의 평등과 천부적 기능은 구별되어야 하며, 일반적 남녀 관계와 부부 관계는 다르다. 그리고 이성에 대한 미움이 아니라 사랑만이 그 분열을 치유할 수 있다.

(4) 집단주의의 철폐: 전쟁으로 형성된 국경과 민족은 주변국가에 대하여 적대감과 경쟁심을 가지게 만들었다. 그것은 끝없는 전쟁과 차별을 가져왔다. 기독교의 세계 선교는 점차 동질성을 확산시켰고, 처절한 전쟁 경험을 통하여 오늘날에는 국제적 평화와 공존을 추구하는 세계화가 진행됨으로 집단주의가 점점 철폐되어 가고 있다. 그러나 배타적 민족주의와 국가적 우월감, 그리고 인종적 블록 형성 등은 아직도 세계화가 요원함을 보여준다.

---

60) Winthrop S. Hudson, *Religion in America*, 2nd ed., Scribners, 1973, 200-204; Nathan O. Hatch and Mark A. Noll, ed., *The Bible in America: Essays in Cultural History*, Oxford Univ. Press, 1982, 39-58.

(5) 빈부 차별의 철폐: 본래 재물의 소유는 전쟁과 권력을 이용한 탈취로 왕과 귀족들의 전유물이었다. 심지어 상업적인 부도 정치 권력의 보호 아래서만 가능하였다. 산업의 발달은 인간의 빈곤을 퇴치하는 데 많은 기여를 하여 인간의 위엄을 유지할 수 있는 물질을 확보하였다. 그러나 정치적 민주화와 산업혁명은 부의 집중 현상을 야기하였으며, 이에 대해 빈부 차별을 철폐하려는 노력이 시도되었다. 그중 가장 과격한 것이 공산주의였으나 실패하였고, 자본주의가 군림하고 있으나 심각한 문제점을 안고 있어서 부익부 빈익빈이 가중되고 있다. 더욱이 테크놀로지의 급속한 발전과 금융시장의 확대, 그리고 대중문화의 유행은 소비 사회를 조장하여 악순환을 심화시키고 있다. 사회주의적 조정이 시도되고 있으나 단순한 지원이나 구제가 아니라 인격적 평등성이 더 중요하며 사랑의 관계 정립이 근본적인 해소책이다.

(6) 교육 차별의 철폐: 왕정 사회에서는 오직 귀족 자녀만이 교육의 기회가 주어졌고 교육받은 자만이 사회적 지위를 향유하였으므로 악순환이 계속되었다. 그러나 정치적 민주화 이후 점차 의무교육이 확산되어 교육의 기회가 확대되었다. 그러나 그것은 또 다른 교육적 차별을 조장하였다. 직업적 차별과 학벌적 차별로 보이지 않는 구별이 존재한다. 그리고 학교 교육이 인간을 평가하는 유일한 기준으로 강조됨으로 지식주의가 지배하여 비인간화를 초래하고 있다.

(7) 신체적 차별의 철폐: 모든 인류는 한 부모의 후손이지만, 인간의 타락으로 육체가 점차 약화되고 왜곡되었다. 수많은 질병이 인간을 괴롭히고 체력은 급격히 감소되었다. 그래서 천 년을 살던 인간의 신체는 평균 수명 30-40세에 이르도록 약화되었으며, 질병으로 인한 고통에 시달렸다. 그러나 그리스도의 구속은 질병의 치유를 예고하였으며, 병자에 대한 사랑으로 병원과 의학이 발달하여 오늘날 평균 수명이 신장되고 대부분의 질병이 치료되고 있다. 그러나 외적

인 신체적 조건으로 인격을 차별하는 인종 차별이나 민족 차별, 외모상의 차별이 아직 충분히 개선되지 못하고 있다. 특히 장애인들은 오랜 역사에서 인간으로 대우 받지 못하였으나, 최근에 많은 관심과 진전을 보이고 있다. 인간은 어떠한 신체적 조건을 가졌든지 신의 형상을 가진 동등한 인간으로서 사랑의 대상이 되어야 한다.

셋째로, 인간과 자연의 관계이다. 신은 인간에게 자연을 다스리라는 관리권(stewardship)을 부여하였으나, 타락 이후 오히려 자연을 숭배하는 두려움을 가지게 되었다. 그러나 기독교의 전파로 자연에 대한 두려움이 사라지면서 다시 자연을 지배하게 되었으나, 이제 과학과 테크놀로지의 발전에 힘입어 자만해진 인간은 자연에 대한 소유권(ownership)을 주장하며 남용하기 시작하였다. 특히 산업혁명이 발생한 이후 인간은 탐욕의 종이 되어 자연에 대한 무차별적 개발과 파괴 행위를 자행하였다. 최근에 들어서야 환경문제에 관심을 가지고 자연과의 공존을 도모하기 시작하였다. 그러나 일부 환경주의자들이 자연주의로 회귀하여 자연을 숭배하는 경향을 보이는 것은 안타까운 일이다. 자연과의 평화는 자연에 대한 지식의 증대와 그를 기반으로 하는 올바른 이용이 필요하지만 무엇보다도 탐욕의 절제가 요청되는데, 이는 우리와 동료 피조물(fellow-creature)인 자연에 대한 사랑과 창조 질서에서 지시된 자연과의 조화로운 삶을 추구함으로서만 가능하다.

넷째로, 인간 자체의 문제로서 영혼과 육체의 관계이다. 인간은 신의 형상대로, 즉 신을 닮은 존재로 창조되었다. 신은 순수한 영이기 때문에 이는 주로 인간의 영혼을 의미한다. 육체는 영혼의 도구로서 창조되었다. 그러나 타락한 인간은 어거스틴이 지적한 대로 육체가 영혼을 지배하는 무질서를 초래하였다. 이성보다 폭력, 가치보다 쾌락, 영성보다 육감이 인간의 주체가 되었다. 이것은 인간의 영적 종속을 가져왔다. 성령에 의한 중생은 영혼의 회생과 주권 회복

을 의미한다. 영혼의 회복은 신적 형상의 회복을 의미하며, 영혼과
육체가 다시 창조 질서를 회복하고 정상적인 관계가 됨으로 평화와
일치를 실현하는 것이다. 그것은 구체적으로 이성과 윤리의 회복,
진리와 사랑의 회복으로 나타난다. 그러나 외식적 윤리나 사랑 없는
윤리는 비판과 냉소를 받으며, 육체적 탐욕을 자극하는 현대 문화는
무윤리 시대를 예고하고 있다. 한편 이성의 회복은 과학의 발달과
합리적인 사회를 가능하게 하였으나, 지나친 이성주의와 그를 이용
한 억압 구조는 이성 부정의 포스트모더니즘을 초래하였다. 문화와
예술은 신의 형상을 가진 존재의 기능으로서 영혼을 정화하고 개발
시키는 장치인데, 현대의 쾌락 지향적인 상업적 대중문화는 반문화
로서 오히려 영혼을 오염시키고 육체의 주도권을 부추긴다.

　지난 2천 년 동안 세계는 그리스도의 구속으로 인해 많은 변화와
진보를 경험하였다. 그 중심에는 교회가 있다. 혹자는 인간 이성의
자기 전개나 자연적 진화를 말하지만, 전세계에서의 이 모든 변화가
오직 기독교 사회에서 발생하여 확산되었다는 사실을 부인할 수 없
다. 그러한 과정에서 복음은 심지어 불신자들에게도 간접적인 영향
을 미쳤다. 헨드리쿠스 베르코프는 이렇게 말한다: "그것은 때때로
그것을 알고 열망하는 사람들에 의해서 수행되지만, 더 자주 거기에
대해 아무런 관심도 없는 사람들에 의하여 실행되는데, 이는 그러
한 노력이 그리스도가 진실로 완전히 객관적으로 지상의 모든 권세
를 받았음을 입증한다."[61] 따라서 그는 이러한 인류의 통일 사역에
참여하는 사람들을 심지어 그들이 불신자일지라도 "일종의 전도자
들과 선교사들"이라고 찬사를 보낸다.[62] 그의 견해가 상당히 단순한
면을 가지고 있는 것이 사실이나, 하나님의 나라가 교회보다 폭 넓

61) Berkhof, *Christ, The Meaning of History*, 171-3.
62) Baillie, *The Belief in Progress*, 222.

은 것도 사실이다. 그러나 그리스도인들이 이러한 대업에 앞장을 서야 하는 것은 분명하다. 그런데 많은 경우 오히려 기독교인들이 기득권층이나 단순한 보수 세력이 되어 이러한 그리스도의 화해와 통일 작업을 반대하고 저항하며 가로막아온 것은 슬픈 일이다.

그리스도인은 우리가 영적 전투로 소명 받았으며, 역사가 우리의 전장이라는 강한 역사 의식을 가져야 한다. 그리고 우리가 투쟁하는 목표를 분명하게 인식하고 그에 역행하거나 자체적 내분에 빠지는 오류를 범하지 말아야 한다. 그리스도인은 하나님의 나라 시민이며 일꾼이고 전사이다. 죄악으로 인한 모든 분리를 해소하고 그리스도 안에서 모든 존재를 통일하고 하나로 만드는 것이 우리의 목표이며, 우리는 그 목표를 달성하기 위한 하나님의 도구인 것이다. 우리 투쟁의 목표(telos)는 분열에서 통일로, 미움에서 사랑으로, 자아 중심에서 신 중심으로 나아가는 것이며, 진리를 내세우고 자파의 영광을 도모하지 말아야 한다. 그리고 우리의 투쟁은 결코 완전한 승리로 끝나지 않는다. 주님이 재림할 때까지 투쟁은 계속되며, 따라서 고난을 감수해야 한다. 단순한 낙관은 금물이지만, 하나님이 역사를 주관한다는 신앙을 가지고 희망 가운데 믿음으로 부단히 전진해야 한다. *SOLI DEO GLORIA!*

3. 하나님의 나라

기독교는 예수 그리스도에 대한 신앙으로서, 그가 우리 자신과 인류의 유일하고 진정하며 완전한 구원자임을 믿는다. 그런데 그가 전파한 구원의 복음은 구체적으로 그리고 본질적으로 "그 나라의 복음(τὸ εὐαγγέλιον τῆς βασιλείας)"(마 4:23, 24:14)이었으며, 그가 이

세계에 기쁜 소식으로 그 건국을 선포한 나라는 바로 "하나님의 나라(ἡ βασιλεία τοῦ Θεοῦ)"였다(눅 4:43, 8:1, 9:2, 9:60). "내가... 하나님의 나라 복음을 전하여야 하리니, 나는 이 일로 보내심을 입었노라." 기독교의 본질은 바로 이 "하나님의 나라" 사상에 있다. 그러나 이 사상이 한편으로는 축소 해석되어 교회와 거의 일치시킴으로써, 다른 한편으로는 하나님의 나라를 내면화시키거나 내세주의적 종말론을 중심으로 천상적이며 미래적인 실체로 이해함으로써, 교회 역사상 오랜 세월 동안 이 기독교의 중심 사상은 다른 교리에 보조적인 역할만을 감당한 채 충분한 조명을 받지 못하고 그 본연의 위력을 발휘하지 못하였으며, 그리스도인들은 "하나님의 나라와 그의 의"를 추구하라는 예수님의 명령에 올바로 그리고 충분히 순종하지 못했다. 그러는 동안 기독교는 여러 면으로 오도되고 약화되고 세속화되었다. 근대에 이르러 성경 신학의 발전은 이 사상의 실체를 조명하기 시작하였다. 19세기 자유주의 신학의 그릇된 인본주의적 해석을 극복한 20세기의 복음적인 신학은 이 사상을 부각시켜 그 위대한 실체를 이해하도록 만들었다.

개혁 신학에서는 하나님의 나라에 대한 이해가 특별히 문화명령과 관계하여 시도되었다. 아브라함 카이퍼를 중심으로한 신칼빈주의(Neo-Calvinism) 운동은 개혁 사상의 구호인 "하나님께만 영광을(soli Deo gloria)"의 신학적 원리인 "하나님의 주권" 사상을 적용하여 삶의 모든 영역에 하나님의 주권을 실현하자는 칼빈주의 문화 운동으로서, 이러한 문화 운동을 통하여 하나님의 나라가 이 세계에 임하도록 하자는 헌신이었다. 이 운동은 20세기를 거치면서 특히 미국을 중심으로 기독교 대학 운동과 각 분야의 크리스천 조직화를 통하여 전개되었다. 물론 여기서 문화란 협의의 예술만을 가리키는 것이 아니라, 정치를 비롯한 "삶의 모든 영역"을 포함하는 광의적인 문화로서, 특히 정치적인 측면에 중요성을 강조하였다. 왜냐하면 하나님

의 나라(The Kingdom of God)가 본질적으로 정치적인 실체이기 때문이다.[63]

우리는 먼저 질서의 개념을 중심으로 "하나님의 나라" 사상의 본질과 그 정치적 의미를 구체적으로 즉 역사적으로 조명하려고 하는데, 특히 "사람의 나라"로서의 제국주의에 대한 비판적 조망을 시도할 것이다. 이는 하나님의 나라 이해가 비역사화 혹은 추상화되는 오류를 방지하고 그 실현을 가로막는 현실적 저항의 실체를 규명하기 위한 것이다. 하나님의 나라를 세속적으로 역사화하는 것도 심각한 오류이지만, 이 세계의 역사와 무관하게 사고의 세계속에서만 이해하는 것도 중대한 잘못이다.

[왕의 출현] 인류가 타락하여 불신과 공포가 불안을 조성했을 때, 사람들은 집단을 형성하여 힘을 모으고 안전을 위하여 정치 사회를 형성하게 되었다. 창세기 3장의 타락 사건 직후인 4장에 성의 건축과 무기의 제조 등이 기록되어 있는 것은 의미심장하다. 하나님을 떠난 인간들의 집단 사회는 힘의 논리에 복속되어 힘 있는 지도자를 필요로 하게 되었고, 따라서 무력과 재력과 정치적 조직에서 절대적인 지도자로서의 왕의 출현은 자연스러운 현상이었을 것이다. 왕 제도의 기원은 잘 모르지만, 성경에서는 창세기 14장부터 갑자기 왕에 대한 언급이 무성하게 나타난다. 이 때는 아브라함 시대로(BC 2091년에 가나안 도착), 이스라엘은 족장, 모세와 여호수아, 그리고 사사의 지도력에 의존하다가 사무엘의 노경에 왕을 요구하여, 민족이 형성된지 약 천 년 후인 BC 1050년에 최초의 왕 사울을 추대하게 된다. 이것은 출애굽(1446) 5백 년 후의 일이다. 그 동안 왕에 대한 요구가 간간이 일어났던 것 같으며, 언젠가는 이스라엘에도 왕이 있어야 할

---

63) Richard J. Mouw, 정치 전도, 이정석 역(나비 출판사, 1988), 22-4.

것으로 예상되었다(창 49:10, 민24:7,17, 신17:14-20). 특별히 모세와 여호수아의 강력한 지도력 이후 사사 시대에는 주변 가나안 민족으로부터 끊임없이 시달려 왔기 때문에, 강력한 왕의 출현과 주변 가나안 민족의 완전한 정복을 희망해 왔을 것이다. 그러나 그들은 하나님의 강력한 구원 경험들에도 불구하고 오히려 보이는 인간 왕을 희망하였고, 주변 가나안 민족의 괴롭힘이 그들의 죄악 때문이었음을 인정하지 않고, 그 원인이 강력한 왕과 지속적인 무력의 유지가 없기 때문이라고 이해하였다.

사무엘상서는 1-3장에서 사무엘의 출현, 4-6장에서 언약궤의 회복, 그리고 7장의 유명한 미스바 집회의 참회와 승리라는 서론적 상황을 배경으로 하여, 8장의 왕 요구가 전환점을 이룬다. 그 이후는 패도로서의 사울 왕과 왕도로 대표되는 다윗 왕에 대한 기술로 구성되어 있다. 이스라엘 대표들의 왕 요구에 대한 하나님의 정죄와 허락은 모순되는 것 같다. 왕의 요구에 대하여 하나님은 "그들이 … 나를 버려 자기들의 왕이 되지 못하게 함이니라"(8:7)고 판단하셨으며, 사무엘이 "너희가 왕을 구한 일 곧 여호와의 목전에 범한 죄악이 큼"(12:7)을 깨닫게 하자, 그들도 "우리가 우리의 모든 죄에 왕을 구하는 악을 더하였나이다"(12:19)고 고백하였다. 그러나 사무엘상 8장 이하는 신명기 17장과 연결해서 이해할 때, 왕의 제도 자체는 결코 죄악일 수 없다. 신비스러운 제사장 멜기세덱도 "살렘 왕"이었으며, 모세를 통하여 왕 제도의 정당한 도입을 예비시키셨고, 무엇보다도 하나님께서 죄악적인 제도를 긍정적으로 허락하신 사실이다. 그들의 죄악성은 오히려 왕을 요구한 동기와 그들이 원한 왕의 모형이 하나님을 닮은 그의 종으로서가 아니라 주위에 있는 이방의 절대 군주형이었기 때문이다. 따라서 왕의 제도는 경고(8:9-18)와 권면(12:6-25)과 함께 허용되었다. 죄악적인 인류 사회에서 집단의 형성과 정치적 지도자의 출현은 그것이 왕이든지 민주적 대통령이든지, 매우 자연스러운 현상이 아닐 수 없다. 그러나 그것이 죄악적이냐 아니냐는 정치 지도자나 추종자와 하나님 사이의 관계가 결정적이다. 그것은 구체적으로 첫 두 왕인 사울과 다윗의 대조적 관계에서 분명히 예시된다.

　질서는 하나밖에 없다. 하나님의 단일 질서(unus ordo)인 것이다. 독립적인 질서 형성의 시도는 질서에 대한 도전이며, 고로 무질서(chaos)를 조장하는 것이다. 왕을 비롯한 하부 질서들은 이 절대 질서와의 정당한 관계성 속에서만 질서로 인정되며, 권위가 부여된다. 사울 왕은 초기의 겸손을 버리고 절대 통치자로 군림하려고 했을 때, 그리하여 독자적인 절대 질서를 형성하려고 시도했을 때 신의 버림을 받았다(삼상 15장). "메네 메네 데겔 우-바르신"은 하나님이 왕을 폐위시키는 기준이다(단5장). 물론 하나님과 계약 관계에 있는 이스라엘의 왕과 이방의 왕들은 기준이나 관계 방식에 차이가 있지만, 공통적인 원리가 작용하는 것 같다.

　[제국과 신국] 전투를 통하여 영토를 확장하는 왕 제도의 출현은 자연히 강력한 정복자와 대규모의 왕국, 즉 제국(empire)의 출현을 가져왔다. 이미 모세 시대의 이집트는 제국의 규모를 가지고 있었고, 이스라엘에 왕 제도가 도입된 시기에 북방에서는 아시리아 제국이 형성되고 있었다. 이스라엘(북왕국)은 결국 건국 328년 만인 722년에 아시리아 제국에게 멸망 합병되었다. 또한 유다(남왕국)는 건국 464년 만인 586년에 새로이 일어나 아시리아제국을 609년에 멸망시키고 중동 세계의 패자로 등장한 신바벨론 제국에 의해 멸망됨으로써 왕을 추대한 이스라엘은 500년도 못 되는 짧은 나라로 존재하고 역사에서 사라졌다.

　다니엘은 어린 나이에 망국의 귀족 자녀로 바벨론으로 끌려가 황제를 섬기도록 훈련받았으나, 여호와 하나님에 대한 신앙의 지조를

지켰다. 당시 세계 제국이었던 바벨론의 압도적인 위용을 보면서 하나님의 백성인 이스라엘의 초라함과 무력함 앞에 탄식하고 황제의 신상과 숭배로 나타나는 제국주의에 대한 신앙으로 전락할 위기에 있었던 이스라엘 이민들에게 하나님은 다니엘을 통하여 제국주의의 실상과 종말을 보여주시고 "하나님의 나라"에 대한 신앙과 소망을 새롭게 하셨다. 특히 다니엘서의 묵시적 형태는 요한계시록과 함께 고난에 처하여 하나님에 대한 신앙의 위기에 처한 신앙인들에게 희망의 미래를 회화적이고 극적으로 보여줌으로써 새로운 용기와 비전을 준다.

다니엘서의 중심적 메세지는 제국들의 멸망과 하나님 나라의 절대성이다. 다니엘서 2장과 7-8장에 나타난 환상은 지엽적인 차이가 있지만, 앞으로 기독교 세계에 출현할 4대 제국의 출현을 예언하고, 그러나 모두 멸망의 운명에 처해 있으며 궁극적으로는 그리스도를 통한 하나님의 나라의 출현과 함께 붕괴되고 하나님의 나라가 하늘과 땅에 유일한 나라가 될 것을 선언한다. 기원전 626년에 출범한 바벨론은 539년 건국 100여년 만에 페르시아 제국에 의해 멸망하였으며, 페르시아는 331년 건국 200년 만에 마게도니아의 알렉산더에게 정복되었고, 알렉산더의 제국은 알렉산더 사후 323년에 네 나라로 분리되었다가 모두 기원전 1세기에 새로이 일어난 로마 제국에게 정복되었다. 로마 제국은 동서로 분리 이후 약화되었으며, 동로마 제국은 1453년까지 지속되었다. 그 후 신성 로마 제국을 비롯한 로마 제국의 이상을 그리는 유럽의 여러 나라들은 1492년 아메리카의 정복을 기점으로 1960년대에 이르기까지 전세계를 식민화하여 근 500여년간 제국주의의 절정을 이루었다.

예수 그리스도는 마지막 제국으로 예언된 로마가 공화정을 폐기하고 많은 나라들을 정복하여 제국화하면서 삼두정치를 거쳐 최초의 황제(Ceasar)인 아우구스투스 시대에(눅 2:1) 이 세상에 오셔서 "하나님의 나라"를 선포하였다. 하나님의 나라가 이 세상에 임하도록 노력하는 군사요 일꾼이며 시민들로 구성된 그리스도의 교회는 제국주의의 강력한 저지를 받게 되지만, 급기야 로마를 향한 선교는 로마 제국을 그리스도 앞에 무릎 꿇게 만들고, 유럽의 완전 복음화에 도달한다. 그러나 유럽은 아직 제국주의에 대한 신봉을 극복하지 못한 채 하나님의 나라보다는 보이는 제국의 확장을 위해 지난 500년간 분투하였다. 그 결과 서구 교회는 몰락하고 있으며, 악을 선으로 만드시는 하나님은 제국주의적 선교를 이용하여 비서구 세계에 하나님의 나라를 확장함으로써, 그리고 제국들 상호간의 자살적인 두 차례 세계 전쟁을 통하여 제국주의 시대의 종말을 이끌어 오신 것으로 보인다. 이제 서구 교회의 몰락과 반성, 그리고 비서구 교회의 급격한 성장은 세계의 판도에 큰 변화를 예고하고 있으나, 아직도 세상의 종말에 발호하는 어둠의 세력은 새로운 모습으로 제국주의를 살려보려고 애쓰고 있다. 그러나 다니엘서의 예언대로 "하나님의 나라"는 제국주의의 "우상"을 부숴뜨리고 영원한 나라로 군림할 것이다(2:34-35, 44-45).

[서구 교회와 제국주의]

지난 2천 년 동안 기독교의 중심을 지켜왔던 서구 교회가 20세기를 맞아 급격히 몰락해가고 있다. 서구 문화는 기독교 문화의 영향력을 상실해 가면서 기술 문화로 대체되고 있다. 왜 이러한 비극적인 현상이 발생하였으며, 우리는 여기에서 어떤 교훈을 받아야 할까? 물론 서구 교회의 몰락을 기정 사실화하여 다시 부흥할 수 있는 가능성을 부인하자는 것은 아니다. 서구 교회의 부흥은 우리의 기도이며, 우리 동양 교회의 사명이기도 하다. 그러나 서구 교회의 몰락은 2천 년 동안 하나님의 백성으로 대표되었던 이스라엘 교회의 몰락을 연상케 한다. 왜 이스라엘 교회가 몰락했는가에 대해서도 여러 견해가 있지만, 현대의 진지한 서구 교회 지도자들은 그 몰락의 원인이 무엇인가에 대해서 많은 연구와 토론을 진행해 왔다. 혹자는 서구 교회의 세속화를 찬양하면서, 그것이 바로 기독교의 궁극적 의도라고 주장하기도 했다. 그러나 그것이 가져온 도덕적 타락과 가정의 파괴, 광적인 전쟁열과 집단적 이기주의, 그리고 인간성의 상실과 소외 같은 파괴적 현상들과 연결해서 생각할 때, 서구 교회의 몰락과 세속화는 결코 찬양될 수 없는 문화 말기적 현상이 아닐 수 없다. 혹자는 모든 문화나 단체는 생물과 같이 시간이 경과하면 자연히 노년을 맞기 때문에, 서구 교회도 단순히 그런 노년적 쇠퇴 과정에 있을 뿐이라는 역사적 운명론을 주장하기도 하지만, 교회의 영원성이라는 성경적 진리에 비추어볼 때 결코 당연한 현상으로 받아들일 수는 없다.

성경은 모든 몰락과 멸망, 그리고 죽음의 원인이 죄악에 있다고 가르친다. 그러면 서구 교회의 죄악은 무엇일까? 무엇이 2천 년 동안 계속된 서구 교회의 영광을 뒤로 하고 몰락의 비애를 가져오는 결정적 죄악일까? 무엇이 서구인들로 하여금 교회를 멀리하고 하나님께 드리는 예배를 거부하거나 등한시하도록 만들었을까? 혹자는 신학의 자유화에서 원인을 찾으려 하나, 대개 신학은 교회를 반영하며 교회는 사회를 반영한다. 교회가 사회를 극복하고 복음의 빛으로 지도하지 못할 때 교회는 세상의 세속 정신의 놀이터로 변한다. 국제사회학회 회장이었던 데이비드 마틴(David Martin)은 서구 세속화의 원인을 집중적으로 분석한 결과, 그것은 교회가 교회 됨을 양보하고 국가에게 복속하여 국가 조직의 일부로 전락한 데 그 원인이 있다고 결론지었다. [64] 그에 의하면, 교회와 국가는 인류 사회를 지탱

---

64) David Martin, *A General Theory of Secularization*(Oxford: Blackwell, 1978), 278-305.

해 가는 두 개의 기둥과 같은데, 그 기둥의 하나인 교회가 자신의 독립성과 독특성을 부정하고 국가의 권력 앞에 무릎을 꿇었기 때문에, 서구 사회라는 거대한 건물이 붕괴되고 있다는 것이다. 국가는 이제 교회의 견제를 상실하고 그 절대성을 주장하며 집단적 이기주의를 부추기면서 부도덕한 전쟁과 파괴로 치달아 세계 정치는 도덕성과 하나님이 부여하신 정당성을 상실하게 된 것이다.

대표적인 예가 서구의 제국주의 사상이다. 서구는 1492년의 아메리카 식민화를 출발점으로 하여 1960년대에 이르기까지 근 5백 년 동안 세계를 식민화하였다. 이것은 교회사 2천 년 동안에 발생한 최대의 죄악이다. 기독교적 관점에서 말한다면, 이 식민적 제국주의는 모든 기독교 국가들이 모든 비기독교 국가들을 침략하여 철저히 약탈하고 억압한 죄악이다. 하나님의 축복으로 서구가 기독교 사회가 되었고 복음과 유용한 과학 문명의 선도자가 되었으면, 당연히 비기독교 국가들에게 땅 끝까지 찾아가 그리스도의 복음을 전하고 사랑으로 교제하며 도와주어야 했을 것이다. 그러나 서구는 오히려 그러한 축복을 이용하여 이기적 목적을 만족시키기 위해 땅 끝까지 식민화할 땅을 찾아 헤매었다. 그것도 일시적인 실수가 아닌 5백 년이라는 긴 기간 계속된 죄악이었으며, 식민지에서의 후퇴도 대부분 시대의 대세에 따라 부득이하여 취해진 것이었다. 그 동안 세상의 빛이요 양심이며 하나님의 뜻을 선포해야 할 교회는 무엇을 하고 있었는가? 교회는 국가에게 무릎을 꿇고 난 이후 제국의 확장을 위해 기도하고 축복하며 식민지에서 오는 피땀의 탈취물을 향유해 왔다.

신학사에 찬란한 어느 신학자 하나, 어느 지도자 하나, 이러한 제국주의의 죄악을 고발하고 지적한 사람을 발견하지 못하였다. 오히려 식민 통치로 인하여 비서구 세계가 복음화되었다고 정당화하고 스스로 흐뭇하게 여겼다. 그 결과 교회는 교회됨을 상실하고, 따라서 세속화된 교회는 점차 사람들에게 그 의미와 매력을 상실하면서 버림을 받게 된 것이 아닐까?

근대 신학의 기라성 같은 철학자들과 신학자들을 낳았던 독일 교회가 히틀러의 나치 정권과 하나 되어 그를 정당화하며 하나님의 뜻이라고 부추길 때, 오로지 소수의 그리스도인들만이 그 죄악성을 지

적하였다. 그들 중에 본 회퍼(Dietrich Bonhoeffer)라는 지도자가 있었다. 그는 히틀러 정권의 집단적 이기주의 배후에 전체적인 서구 교회의 세속화가 도사리고 있음을 직시하면서, 이렇게 절규하였다. "기독교는 본래 동양에서 왔는데, 우리는 그것을 서구화하고 문화화하여 철저히 변질시켜 버림으로써 기독교를 거의 상실해 버렸다."[65] 그 상실의 핵심은 하나님을 위한 고난에 참여하기를 거절하는 십자가의 상실이라고 분석하면서, "이제 우리 서구 교회의 명은 다하였는가? 하나님께서 고난의 십자가를 수용하는 다른 인종[동양인]에게로 복음을 옮겨, 아마도 매우 다른 모습으로 복음이 선포되지 않겠는가?"하고 안타까워했다.[66] 물론 그는 하나님의 은총에 대한 믿음 안에서 고난을 수용하는 성숙한 서구 교회로의 새출발을 소원하였다. 한편 독일의 신학자 판넨베르크(Wolfhart Pannenberg)는 국가에 대한 교회의 복속이 종교 개혁이후 많은 교파로의 분열과 그로 인한 백 년 간의 종교 전쟁에 대한 염증, 그리고 그로 인한 국가의

65) Dietrich Bonhoeffer, *Gesammelte Schriften*(München, 1959), II: 182.
66) Ibid., I: 61.

교회 통제에 대한 대중의 동의에 기인했다고 보고, 다시 서구 교회
가 회복되기 위해서는 교회가 정치와의 야합을 거부하고 교회의 분
열을 극복하기 위하여 하나 되는 운동을 전개해야 한다고 주장하였
다.[67]

67) Wolfthart Pannenberg, *Christianity in a Secularized World*(London: SCM Press, 1988), 12-4, 58.

제3부
문화사역론

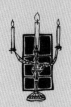

7장
문화사역

1. 문화 명령과 문화적 사명

하나님은 태초에 세계를 창조하면서 인간을 '자기 형상대로(*imago Dei*)' 창조함으로써 그에게 문화 창조의 능력을 부여하고 '문화명령 (cultural mandate)'을 주셨다. "생육하고 번성하여 땅에 충만하라. 땅을 정복하라. 바다의 고기와 공중의 새와 땅에 움직이는 모든 생물을 다스리라"(창 1:28). 여기에서 문화의 가능성이 출발한다. 인류의 보존과 번성, 그리고 그를 위한 자연의 효율적 관리와 통치는 인간 문화를 형성하고 발전시켰다.

그런데 문화명령은 몇 가지 필수적인 전제들을 가지고 있다. 첫째, 문화명령은 에덴 동산에서 주어졌으며 하나님과의 올바른 관계가 전제된다. 인간의 범죄와 그로 인한 하나님과의 관계 단절은 문화 창조의 방향성을 혼돈시켰다. '하나님의 영광만(*soli Deo gloria*)'을 추구하는 하나님 중심성이 인간 중심성, 즉 자기 중심성(ego-centricity)

으로 전환되면서 개인적 혹은 집단적 이기주의 문화가 범람하여 상호 파괴적인 경향을 초래하였다. 이러한 무신(無神) 혹은 반신(反神)적 문화는 사실상 반문화(反文化)라고 할 수 있다. 둘째로, 문화명령은 동료 인간과의 정상적인 관계가 전제되었다. 한 가족으로서 문화 창조의 협력자라는 사랑의 관계에서 경쟁적이며 투쟁적인 상대로의 관계 전락은 미움과 반목의 문화를 가져왔다. 타락은 성문화를 오염시키고 남존여비의 문화를 개발하였으며, 아벨을 살해한 가인은 힘과 쾌락을 추구하는 도시 문화를 건설하였다 (창 4:16-24). 또한 함의 불효는 인종 차별의 문화를 유발시켰다. 셋째로, 문화명령은 자연과의 올바른 관계를 전제하였다. 타락은 자연에 저주를 초래하였으며, 자연은 더 이상 하나님의 정원으로서 관리(stewardship)의 대상이 아니라 자신의 소유권(ownership)을 주장하고 자의적인 남용과 약육강식의 논리를 적용하는 대상이 되었다. 넷째로, 문화명령은 인간의 영혼과 육체의 올바른 관계를 전제하였다. 인간은 범죄하면서 영적 죽음의 상태에 이르고 영적 종속과 영육의 도착적 지배를 가져왔다. 이는 자연과 인간 그리고 하나님에 대한 올바른 이해와 관계를 오도 혹은 도착시켜 진정한 문화 창조에 심각한 장애를 유발시켰다. 죄는 인간과 자연을 변질시키고 모든 관계를 악화시켰다.

따라서 죄의 해결은 진정한 문화의 회복을 가능케 하는 유일한 길이어서 죄를 구속한 그리스도가 문화를 구속하고 그리스도에의 참여(participatio Christi)가 문화 창조의 전환점이 된다. 리처드 니버가 『그리스도와 문화』에서 그리스도를 문화의 개혁자로 관계 지운 것도 바로 이 때문이다. 죄의 구속을 통한 죄로부터의 해방과 자유가 부여되는 성령의 새로운 창조만이 새로운 인간성(new humanity)을 형성하고, 새로운 인간만이 새로운 창조(new creation)를 할 수 있는 문화적 주체가 되기 때문이다. 나아가 새로운 인간들은 새로운 공동체(new community)를 구성하여 하나님과의 화목을 통하여 이기성으로 왜곡되거나 파괴된 인간 관계를 치유하고, 자연의 구속(롬 8:18-25)을 실현하는 도구가 된다. 따라서 새로운 문화(new culture)는 그리스도의 문화(cultus Christi)인 것이다.

문화는 창조 사건과 그 때에 부여된 문화명령의 관점에서만 이해되어서는 안 된다. 창조는 전체적인 구속사의 구조에서 볼 때 오로지 한 양상일 뿐이다. 창조 이전에 예정이 있었으며, 따라서 창조는 인간에 대한 사랑과 은혜에 근거한 그리스도 안에서의 영원한 계획에 의하여 이루어진 것이다. 이 은혜의 예정만이 왜 인간을 그토록 고귀한 존재로 창조했는가를 설명할 수 있다. 그러므로 인류를 향한 하나님의 사랑에서 극치를 보여준 그리스도의 구속과 구원의 완성이 예정과 창조라는 문화명령의 기반과 연결되어 그리스도 안에서 통일되어야 한다. 예정의 목적이 성화와 하나님의 은혜와 영광의 찬양, 그리고 그를 통한 그리스도 안에서의 세계의 통일에 있기 때문에(엡 1:3-14), 그 실현을 위한 창조와 문화명령은 이러한 하나님의 영원한 경륜과 의도에 근거하여 이해되어야 한다. 그러므로 문화 이해에서 창조와 구속은 그리스도 안에서 통일되어야 한다.

하나님의 나라가 이 땅에 임하게 하려면 문화의 구속이 반드시 이루어져야 한다. 칼 바르트(Karl Barth)는 하나님의 일을 하는 예수 그리스도의 일(요 4:34, 5:17, 36, 9:4, 17:4)에서 그리스도인의 문화 활동의 모범과 패턴을 찾고 하나님의 창조 사역(ergon)을 본받는 우리의 문화 창조사역(par-ergon)이 곧 하나님의 일(ergon tou theou)이며 주의 일

(*ergon kyriou*)이라고 그 의의를 높이 평가하였다.[68] 그는 인간의 문화 사역이 섬김의 소명을 받은 인간으로서의 '자신을 확인하고 표현하며 증거하는' 행위이기 때문에 선택의 문제가 아니라 '하나님의 소명에 순종할 준비가 되어 있는 사람이라면 아무도 좌시하거나 무시할 수 없는 필수적인 의무(*Dienstpflicht*)'라고 강조하였다.[69] 그러므로 우리의 문화 활동은 그리스도에의 참여(*participatio Christi*)이며, 성령의 인도에 따라 하나님의 나라(*civitas Dei*)를 건설하는 작업이다.

2. 문화 창조와 문화 선교

기독교는 문화 구조 자체를 부정하지 않고 참여하면서 점진적으로 변혁시켜 나간다. 예수님은 그 시대의 문화를 부정하지 않고 그들이 먹는 음식을 먹고 그들과 어울리며 그들의 문화 형식에 참여하였으며, 급진적인 구조 변화를 요구하지 않았다. 바울도 개종한 후에 "그대로 행하라"는 원리를 지시함으로써 불신 상태의 사회적, 문화적 구조를 부정하거나 단절하지 말고 점진적으로 성화시켜 나가도록 가르쳤는데, 이는 선교적 동기에서 그리하였다. 그리스도인이 된 후에 모든 관계를 단절하면 접촉점을 상실하고 전도의 문이 막히게 된다. 사회적 연대와 문화적 공유가 필수적이다.

바울 사도는 "어찌하여 억지로 이방인을 유대인처럼 살게 하려느냐"고 문화 폐쇄론적인 베드로를 책망하면서, 역시 선교적 동기에서 "유대인에게는 유대인과 같이, 헬라인에게는 헬라인과 같이"라는 문화적 원리를 제시하였다. 바로 이 원리가 기독교의 문화적 전통이 되어 왔으며, 기독교는 역사상 다양한 문화를 만났으나 어느 문화도 부정하거나 정죄하지 않았다. 그래서 기독교는 문화를 보지 않는다

68) Karl Barth, *Die Kirchliche Dogmatik* (Zurich: EVZ Verlag, 1951), III/4, 557-8.
69) *Ibid.*, 599.

(culture-blind)고 표현한 신학자도 있으며, 세계교회협의회는 "어떤 문화도 다른 문화보다 예수 그리스도에게 더 가깝지 않다(No culture is closer to Jesus Christ than any other culture)"고 선언하였다. 물론 무차별적인 문화동등론이나 종교적 오염을 부정해서는 안 되지만, 문화 구조에 관한 한 성경은 특정 지역 문화를 선호하지 않는다. 우리 한국 교회는 서구 문화를 신성화하여 우리의 전통 문화를 매도한 문화적 오류를 반성해야 한다.

따라서 그리스도인은 자기가 살고 있는 공동체의 문화를 인정하고 참여하면서 변화시켜 나가야 한다. 그리스도인이라고 해서 그리스도인들만의 독특한 건축 문화로 지은 집에 살면서 독특한 음식을 먹고 독특한 옷을 입고 살 필요가 없으며 그럴 수도 없다. 그것은 세상을 복음화하는 데 도움이 되지 않는다. 마찬가지로 그리스도인들만의 독특한 언어나 미술이나 음악을 만들고 그리스도인들만이 보는 텔레비전과 영화를 만들고 세상의 일반 문화와 완전히 단절한다면, 문화명령뿐 아니라 선교명령도 순종하지 못하게 되는 결과를 초래할 것이다.

교회는 문화 공동체가 아니라 신앙 공동체이며, 문화는 일반 은총의 영역에 속하는 보편적 형식이다. 그리스도인에게 오로지 교회 생활에만 집중하고 일반 문화를 거부하도록 강요한다면, 심각한 문화적 결핍을 초래하여 인간의 전인적 회복을 불가능하게 만들 것이다. 그러한 강요는 비합리적이기 때문에 교인들이 순종할 수도 없으며, 심지어 목회자 자신도 그것을 실천할 수 없다. 문화의 전면적 거부는 사교 집단에서나 가능한 일이다. 교회는 세상에 속하지 않지만 세상 안에 있어서 공동체의 문화를 일반 은총으로 받아들이고 감사하면서 공감대를 형성함으로서 복음화와 구원을 실현해야 한다.

[문화 선교의 사명] 한국 교회는 문화를 부정하는 위선적 태도를

지양해야 하고 긍정적 자세를 취해야 한다. 왜냐하면 실제에 있어서 문화를 향유하면서 살아가고 있으며 문화 없이 살 수 없기 때문이다. 나아가 교회는 문화 선교의 사명을 적극적으로 감당해야 한다. 이 시대의 지배적 문화 형식인 텔레비전과 인터넷, 그리고 영화와 공연 예술을 주도하도록 다양한 기독교 문화인을 양성하고 후원하며, 좋은 문화 행사에 참여하고 관람하도록 교인들을 격려하고 고무해야 한다. 문화 사업에 투자하거나 설립하는 조직적 노력도 필요하다. 또한 교회가 문화적 인식을 발전시켜 교인들의 문화 교육과 문화 사역을 진취적으로 전개해야 한다. 한편으로 나쁜 문화 즉 반문화를 저지하는 운동에도 가담해야 하지만, 단지 소극적이고 비판적인 자세는 기독교가 문화적 불평 분자로 낙인 찍혀 소외당할 수 있다는 사실을 명심해야 한다.

인간이 에덴 동산을 떠난 이후에는 완전하고 순수한 문화란 없다. 모든 문화는 오염되어 있으며 정도의 차이가 있을 뿐이다. 이미

공기와 자연이 오염되어 순수한 자연 환경에서 살 수 없는 것처럼, 오염된 문화 환경은 우리의 불가피한 운명이다. 따라서 문화를 잘 선별해서 이용하는 길밖에 없다. 완전히 순수한 문화만을 바란다면, "세상 밖으로 나가야 할 것이다". 문화에 대한 완전주의적 결벽증과 외식적인 이원론적 생활 방식을 버리고 현실적이면서도 복음적이고 변혁적인 태도를 취하여 문화적 주도권을 상실하지 말아야 할 것이다. 21세기 기독교의 문화적 주도권은 종교적 주도권을 보장해줄 것이며, 통일 시대를 준비하는 길이기도 하다.

우리는 문화 선택을 통해 타인이 창조한 문화에 참여 함으로써 우리 자신과 공동체의 건전한 발전을 추구한다. 비록 우리의 삶에서 대부분 타인이 만든 작품이나 제품을 사용하고 향유하지만, 우리에게는 적극적으로 문화 창조의 사명이 주워져 있다. 모든 그리스도인들에게는 문화 창조의 명령과 함께 '달란트' 혹은 은사가 주어져 있

다. 이를 능동적으로 개발하고 활용하여 소명된 분야에서 그리스도의 문화를 창조함으로써 하나님 나라의 발전에 기여해야 한다. 이러한 문화적 소명은 예술 분야뿐 아니라 삶의 모든 분야를 포함한다. 예를 들어 공무원은 정의롭고 효율적인 행정을 통하여, 주부는 평화롭고 정결한 가정 관리를 통하여, 그리고 공장 직공은 정교하고 실용적인 제품을 생산함으로써 그것을 사용하는 사람들에게 도움과 기쁨을 제공할 수 있다. 특히 대중문화 분야에 종사하는 그리스도인들은 그것의 문제점과 중요성을 올바로 인식하고 하나님이 기뻐하시며 사람들에게 유익한 문화 창조에 최선을 다해야 하며, 이 대중문화 시대에 그러한 은사가 있는 젊은이들은 전문적인 훈련을 통하여 적극 진출할 것을 권한다. 그리고 손봉호 교수가 제안하는 것처럼, 기독교 문화의 건설을 위해서는 같은 분야의 그리스도인들끼리

서로 모이고 협조하는 운동이 필요하다. "모든 문화 활동이 그렇듯이, 이런 기독교적 문화 창조는 결코 혼자서 이룰 수 없다. 같은 달란트를 가진 믿음의 형제 자매들이 같이 모여서 서로 돕고 격려하며 아름다운 노래를 만들고, 고운 시를 쓰고, 훌륭한 소설을 지으며, 깊이 있는 영화를 만들 수 있어야 할 것이다."[70]

기독교 신앙은 단순한 내세 신앙이나 심리 종교가 아니라 '삶의 원리'로서 우리 삶의 전영역에 그리스도의 구속을 실현한다. 그러므로 복음의 수용은 우리의 삶과 일, 즉 문화 창조를 변화시킨다. 이러한 변화는 개인뿐 아니라 지역과 국가에도 적용된다. 그러므로 한국인들이 예수 그리스도 안에서 새로운 삶을 얻을 때 한국의 문화도 변화되고 성화된다. 한국의 그리스도인들은 문화명령에 순종하여 우리의 전통 문화에 나타난 하나님의 일반 은총의 열매를 감사함으로 보존 발전시키며, 문화 비판을 통하여 비윤리적이거나 우상 숭배적인 요소는 그리스도의 보혈로 씻어버리고, 나아가 세계 문화의 긍정적인 요소들을 개방적으로 도입하면서 오늘 지금 살아 계셔서 우리 가운데 역사하시는 성령님의 감동과 창조적 능력에 힘입어 새로운 민족문화를 이룩해야 한다. 기독교 문화의 창조는 문화를 통한 전도를 가능케 한다. 한국 교회사를 돌이켜볼 때, 소수의 초기 그리스도인들은 문화적 사명을 적극적으로 감당하여 한국 문화를 발전시킴으로써 오늘날의 한국 교회를 이룩하는 데 크나큰 공헌을 하였다. 서구의 그리스도인들도 지난 2천 년 동안 놀라운 기독교 문화를 건설하였으며, 이는 인류 전체에게 기여한 바가 적지 않다.

지역 문화나 전통 문화는 집단적 이기주의에 기초하고 있기 때문에 '폐쇄적 문화(closed culture)'의 성격을 가지지만, "문화의 개방은 신앙에 의해 인도된다."[71] 전통 문화는 문화 비판과 문화 창조를 통하

---

70) 손봉호, "대중문화에 대한 기독교인의 태도", 『기독교적 관점에서』, 171.
71) Dooyeweerd, 『서양문화의 뿌리』, 142.

가치관 혼돈의 시대 '새 복음 프리즘' 부상

① 이제 문화 사역이 뜬다

교단별 특별위원회 개설 등
다양한 목회 프로 개발 '붐'
"경건성 파괴" 일부선 반대도

정보화 시대인 21세기는 문화 사역의 중요성이 더욱 강조되고 있다

여 구속되어야 한다. 과거에 전통 문화를 이교 문화로 정죄하고 서구 문화로 대치하려고 한 과오를 다시 범하지 말고 전통 문화를 바탕으로 문화의 구속과 성화를 시도해야 한다. 기독교는 세계 종교로서 지역주의를 거부하지만 결코 지역 문화를 정죄하지 않는 한편, 문화에 대해 개방적으로 문화 교류와 그를 통한 긍정적 문화 변화를 수용한다. 나아가 문화 창조에서 과거에 창조된 기독교 문화에 정체하지 않고 오늘 지금 살아 있는 하나님의 역사와 성령의 감동과 창조적 능력에 힘입어 항상 새로운 문화 창조를 이룩한다.

이러한 문화 전도는 특히 종말론적으로 매우 중요하다. 하나님 나라와 흑암 권세와의 종말론적 투쟁이 '문화적 투쟁(cultural struggle)'의 성격을 가지기 때문이다. 현대 문화는 강력한 반문화성을 가지고 있지만, 프란시스 쉐퍼(Francis Schaeffer)의 말처럼, 이미 '절망의 선'을 넘어서 버린 현대 문화의 문제는 긍정적으로 기독교의 기회일 수도 있다.[72] 안토니 후크마(Anthony Hoekema)가 잘 지적한 대로, 하나님의 나라에 대하여 성경이 가르치는 '아직'과 '이미'의 종말론적 긴장 관

---

72) Francis A. Schaeffer, 『기독교 문화관』 문석호 역 (크리스챤 다이제스트, 1994), 68-70.

계가 문화 영역에도 존재해야 한다.[73] 대중문화가 가지고 있는 긍정적인 면은 감사함으로 누리고 부정적인 면은 억제하면서, 우리 그리스도인들은 성경적인 종말론적 구도 안에서 낙관과 비관, 수용과 비판을 문화적으로도 균형있게 겸비할 필요가 있다.

개신교 선교용 문화센터 인기

콘서트·연극·쉼터 제공… 사회와의 간격 좁혀

"교회 밖 젊은이들 선교방법으로 효용높다"

감리교 JC하우스·사랑의교회 아름다운땅·경동교회 여해문화공간

---

73) Anthony A. Hoekema, 『개혁주의 종말론』, 류호준 역 (기독교문서선교회, 1986), 104-7.

8장

설교와 문화

1. 텍스트와 컨텍스트: 말씀의 상황화

[복음의 문화적 적용] 성경은 신비한 문헌이어서 스스로 말씀하신다. 적용이란 하나님께서 말씀하신다는 말의 현상적 표현이지, 우리 해석자나 설교자가 억지로 적용시킬 수는 없다. 하나님은 모든 성경으로 항상 말씀하시는 것이 아니라, 어떤 성경으로 어떤 때에 말씀하시는데, 그것을 우리는 적용이라고 말한다. 적용(適用, applicatio)이란 "적절한 사용"이라는 뜻으로 이 말에는 부적절한 사용도 있다는 전제가 함축되어 있으며, 적용은 단순히 "연결"시키는 작업을 의미하지만 올바른 연결이 전제된다. 가스관을 수도에 연결시킨다든지 전기선을 안테나에 연결시킨다면 큰 불행을 자초할 수밖에 없듯이, 성경을 올바로 적용하지 않는다면 그 자체가 "적용"이 아니라 "부적용"이며 하나님의 말씀

을 가로막고 왜곡시키는 범죄를 불러온다. 만일 어떤 설교자가 예수님에 대한 말씀을 자기에게 적용하여 교회의 머리와 주인 행세를 하려고 든다면, 그는 하나님의 말씀을 가로막고 성경을 빙자하여 자기의 말을 하는 것이다. 마찬가지로 에베소서와 갈라디아서에서 수신자 이름만을 서로 교체하여 서로 다른 교회에게 편지를 전해 준다면, 아무리 둘 다 하나님의 말씀이지만 그 오해는 심각할 것이다. 왜냐하면 말씀 자체와 말씀이 주어진 상황이 서로 맞지 않기 때문이다. 이러한 견강부회(牽强附會) 식의 성경 적용은 하나님이 말씀하시는 것을 가로막고 자기의 논리를 전개함으로써, 결과적으로 하나님의 입을 막는 죄를 범하는 것이다. 성경은 살아 있는 말씀이지 결코 죽어 있는 고대의 문헌이 아니기 때문에 해석자의 은혜에 의해서 새로운 뜻이 부여되거나 교훈이 발굴되는 것이 아니다.

그러면 성경의 올바른 적용 원리는 무엇인가? 첫째로, 유사한 상황에 적용해야 한다. 엄격히 말해서 정확히 동일한 상황이란 다시 일어나지 않기 때문에, 적용 가능한 상황이란 유사한 상황을 가리킨다. 하나님은 과거 성경 시대와 유사한 상황이 발생할 때, 성령의 조명(照明, illuminatio)과 적용 사역을 통하여 다시 말씀하신다. 유사한 삶의 정황(Sitz im Leben) 혹은 상황(con-text)에 유사한 말씀을 하신다는 사실은 성경에 나타난 하나님의 반복적 말씀에서 확인할 수 있다. 하나님은 한 번 말씀하고 끝내는 것이 아니라, 예를 들어 우상 숭배의 상황이 발생할 때마다 거의 유사한 말씀을 반복하시는 것이다. 따라서 성경 시대가 종료된 후에도 유사한 상황이 발생하면 하나님께서 유사한 말씀을 주시리라는 것은 유추가 가능하며, 성경을 살아 있는 말씀으로 믿는 그리스도인들에게 있어서는 그들이 당면한 상황과 유사한 상황에서 하나님께서 말씀하신 성경 본문을 찾아 거기에서 다시 말씀하시는 하나님의 음성에 영혼의 귀를 기울여 들으려 하는 것은 당연하다. 피정복 상황에 정복자에게 준 말씀을 적용한다든지, 아내들에게 준 말씀을 남편들에게 적용한다든지, 혹은 부자들에게 준 말씀을 가난한 사람들에게 적용하는 것은 잘못이다. 우리는 어떤 상황이 발생하거나 어떤 질문이 일어날 때, 성경 전체에서 그 상황과 가장 유사한 상황을 찾으려고 노력해야 하며 그 말씀 앞에서 하나님의 음성을 기다려야 한다. 둘째로, 구속사적 관점으로 적용해야 한다. 성경은 단순한 역사 기록이나 문학 작품이 아니라 영원 전에 계획되어 영원까지 이르는 놀라운 구원의 역사(Heilsgeschichte)가 반영된 거룩한 문헌이기 때문에, 모든 성경이 예수 그리스도를 중심으로 하는 구속사적 관점에서 볼 때 일관성 있고 심오한 의미가 드러난다. 구속사에는 예언과 성취, 예표와 실체 등 다양한 구도를 사용하고 있으므로, 특히 구약의 적용에는 이러한 구속사적 구도가 해석의 골격을 이루어야 한다. 셋째로, 성령의 새 창조에 대한 신앙을 가지고 적용해야 한다. 하나님은 동일한 본문을 통하여 교회에 유사한 상황이 발생할 때마다 항상 새롭게 말씀하신다. 성령께서는 그의 영감으로 기록된 성경을 매순간 새롭게 조명하심으로써 하나님께서 단순히 반복하지 않고 항상 새롭게 말씀하도록 하신다. 실로 성경 상황의 단순한 재생이나 유사 상황에서의 제한된 적용을 훨씬 넘어서 새로운 상황에서는 전혀 예상할 수 없었던 창조적인 말씀을 주신다. 우리는 기본적인 상황적 및 구속사적 맥락에서 창조적인 적용의 가능성을 열어 둘 필요가 있다.

[사사기 적용의 기본구도] 예를 들어 구약의 사사기를 현대의 한국 교회 상황에 어떻게 적용할 수 있을 것인가? 사사기는 지금으로부터 3천 년 전이라는 아득한 고대 중동 지역의 팔레스타인에서 일어난 가나안 정복사의 일부를 기록하고 있는 고대 문헌이다. 과연 이러한 타국의 고대 역사가 현대 한국에 무슨 적용성을 가질 수 있는가? 물론 우리는 예로부터 고대 문헌을 온고이지신(溫故而知新)하여

 새로운 뜻을 찾으려고 애써 왔으며, 또한 모든 역사를 연구함으로써 타산지석(他山之石)의 교훈을 배우려고 노력하였다. 이러한 의미에서 사사기도 우리에게 교훈과 지혜를 줄 수 있는 문헌이 될 수도 있다. 그러나 그리스도인이 사사기를 읽을 때는 근본적으로 다른 관점에서 적용하여야 할 것이다. 왜냐하면 우리는 사사기를 단지 하나의 고대 역사서가 아니라 살아 있는 "하나님의 말씀"으로 믿고, 거기에서 오늘날 우리에게 말씀하시는 하나님의 음성을 들으려고 하기 때문이다. 그런데 심지어 기독교 설교자 중에도 불신자가 고대 역사에서 배우려는 태도를 거의 동일하게 답습하여 사사기에서 무슨 교훈이나 지혜를 얻을 수 있을까 탐구하는 사례를 흔히 볼 수 있는데, 이는 매우 유감스러운 일이다. 설교자는 하나님의 말씀의 전달자이지 창조자가 아니며, 성경 해석이란 하나님의 말씀을 잘 들을 수 있도록 "모든 골짜기가 메워지고 모든 산과 작은 산이 낮아지고 굽은 것이 곧아지고 험한 길이 평탄"하게 되도록 만드는 정지 작업으로서, 하나님의 말씀이 막히지 않고 힘차게 전파되도록 섬기는 보조적 사역이다.

현대 한국 상황에 사사기를 올바로 적용하기 위해서는 거시적인 구속사적 시각이 필요하다. 사사기 적용의 기본 구도는 무엇인가? 첫째로, 성경 전체의 구속사적 관점에서 볼 때 사사기는 구약 초기의 문헌으로서 예수 그리스도를 통하여 성취될 구원 사역의 예표적 성격을 갖는다. 모세의 영도 아래 출애굽한 이스라엘은 40년 광야 생활을 청산하고, 새로운 영도력 아래 출애굽의 목표였던 가나안 진입과 정복을 통하여 긴 피난과 여정을 마치고 안식을 얻게 된다. 여호수아서가 안식을 주제로 한 가나안 정착 과정을 서술하고 있다면, 사사기는 이스라엘의 가나안 정복이 다시 도전을 받는 과정을 기술하고 있다. 하나님의 백성 이스라엘은 신약 시대의 영적 이스라엘인

교회를 예표하며, 가나안은 교회에 대항하는 세상 세력을 예시한다. 사사의 수가 12명이라는 것도 신약 교회의 사도 수가 12명이라는 것과 대응한다. 그러므로 사사기의 신약적 적용이 취해야 할 기본 구도는 세상에 대한 교회의 복음화 과정으로서, 이는 구약의 출애굽과 가나안 정복사의 구속사적 성취로 이해되어야 한다. 따라서 사사기는 수많은 복음화 전략을 가르쳐 주고 있다.

둘째로, 사사기는 구약에서 성령의 사역이 가장 두드러진 문헌으로 알려져 있다. 사사의 출현과 사역은 "여호와의 신"이 감동함으로 이루어진다(3:10, 6:34, 9:23, 11:29, 13:25, 14:6,19, 15:14,19). 출애굽을 영도한 모세가 집중적으로 성부와 관계하고, 가나안 입성을 실현한 여호수아가 예수의 히브리 이름일 뿐 아니라 사역에 있어서도 기능적으로 성자와 유사성을 가진다면, 사사 시대는 "여호수아가 죽은 후에"(1:1) 계속된 가나안 정복 과정으로서 예수 그리스도의 승천 후에 성령께서 강림하여 교회를 영도하는 시대, 즉 성령 강림부터 그리스도의 재림 사이의 성령 시대에 상응하는 예표성을 가진다. 이러한 삼위론적 구도는 사사기가 특히 교회의 시대에 적용성이 있음을 보여 준다.

셋째로, 가나안의 완전한 정복은 다윗 시대에서야 이루어지지만 가나안 정복을 서술하는 대표적인 문헌은 여호수아서와 사사기라고 할 수 있다. 그런데 여호수아서가 전반적으로 성공적인 가나안 정복(conquest)과 정착의 안식을 묘사한 성공적 정복사라면, 사사기는 가나안 정복에 대한 현지인들의 끊임없는 도전과 역정복(counter-conquest)의 과정을 서술한 부정적 정복사라고 할 수 있다. 사사기 문제의 본질은 왜 이러한 실패가 발생하였으며 반복되었는가 하는 데 있다. 한편 역정복이란 실패에 직면했을 때 이스라엘은 하나님의 은혜를 간구하였으며, 하나님은 그때마다 사사를 일으켜 역정복의 문제를 해결해주고 다시 안식과 평화를 회복시켜 주었다. 그러므로 현대에 적용될 수 있는 상황은 동일한 문제를 교회가 직면한 상황이라고 할 수 있다. 정복이 복음화에 상응한다면, 역정복은 세속화라고 볼 수 있다. 세속화에 직면한 교회는 사사기에서 하나님의 음성을 들어야 한다.

넷째로, 사사기는 사사 시대의 기록이지만 그를 해석하고 기술한 기자는 후대인이다. 본서는 비록 바벨론 포로 이후에 기록된 듯한 구절이 한 곳(18:30)에서 발견되지만, 전반적으로 보아 사울 왕의 통치 기간에 기록된 듯하다. 왜냐하면 "여부스 사람을 쫓아내지 못하였으므로" 그들이 "오늘날까지 예루살렘에 거"한다(1:21)는 기록은 다윗 시대(삼하 5:6-7) 이전임을 반증하고, 여러 곳에서 "그때에 이스라엘이 왕이 없었"다(17:6, 18:1, 19:1, 21:25)는 기록은 기록 당시에는 왕이 있었다는 사실을 암시하고 있으므로, 사울 왕의 시대 특히 악정을 펼치던 후기에 기록되었다고 생각할 수 있다. 전반적으로 사사기는 왕 제도에 대해서 비판적인 반면에 사사 제도는 하나님의 뜻임을 분명히 함으로써 왕과 사사를 비교하고 기록 당시에 왕 제도의 폐해가 심각했음을 반영한다고 볼 수 있다. 가장 대표적인 구절은 8장과 9장에 있다. 8장에서는 미디안의 두 왕을 처형하고 13만 5천 명의 미디안군을 살육한 사사 기드온에게 이스라엘 국민들이 대대로 통치자가 되어 달라고 간청하였을 때, 그에 대한 기드온의 응답에서 나타난다. 기드온은 이러한 요청을 단호히 거절하면서 말한다. "여호와께서 너희를 다스리시리라."(8:23) 이 말은 기자의 의도를 강력히 드러내는 듯하며, 뒤에 이스라엘인들이 왕을 요구했을 때 사무엘에게 주신 하나님의 대답을 반영하는 것으로 보인다. "그들이 너를 버림이 아니요 나를 버려 자기들의 왕이 되지 못하게 함이니라."(삼상 8:7) 9장에서는 형제를 살육하고 스스로 왕이 된 아비멜렉에 대한 요담의 비유적 비판과 하나님의 징벌에서 왕 제도에 대한 강력한 거부가 표명된다. 비록 기자의 시대에는 이미 돌이킬 수 없는 왕의 통치가 시작되었으나 회고적으로 그 문제점을 지적하고 있다. 예수님의 오심과 하나님의 나라 선포는 하나님의 통치를 거부하는 모든 인간의 나라와 그 통치를 비판하며 심판한다. 사사는 성령의 세우심에 따라 부여된 임무를 완수하고 죽을 뿐이지 결코 세습화되거나 인간 위에 군림하지 않는다. 요담이 표현한 대로 "하나님과 사람을 영화롭게"(9:9) 하며 "하나님과 사람을 기쁘게"(9:13) 하는 사사가 충성된 섬김의 종들이라면, 왕은 인간 "위에 요동"하며 군림하는 "가시나무"에 비유된다.

[한국 교회에 대한 적용] 서구 교회는 마게도니아인의 부름 이후 힘찬 복음화의 길을 걸어왔으며, 이미 천여 년 전에 거의 완전 복음화를 이룩하였다. 이는 가나안의 완전 정복에 비유될 수 있다. 그러나 19세기 말부터 갑작스러운 세속화로 인하여 서구 교회는 급격히 몰락하고 비기독교화(de-christianization)와 재이교화(re-paganization) 현상이 발생하였다. 이는 사사기적 상황의 발생을 의미한다. 서구 교회의 세속화는 사사기에서 하나님의 음성을 들음으로 그 원인과 처방을 알 수 있을 것이다. 서구의 현대 선교학자들이 분석한 대로 서구의 기독교화에 문제가 있었던 것이다. 가나안 사람들을 완전히 쫓아내지 못하고 공존하면서 그들의 종교와 문화로부터 영향을 받아 역정복의 고통을 당했던 사사기적 상황의 존재를 서구 교회가 자인하는 것이다.

오늘날 한국 교회의 상황도 사사기와 유사한 상황이 발생하고 있다. 가나안과 같은 한국에 복음이 들어온 이후 한국 교회는 급성장하였으며, 힘찬 복음화를 이룩하여 세계 교회에 감탄과 경이의 대상이 되고 전국민의 20퍼센트가 넘는 기독교화를 성취하였다. 그러나 90년대에 접어들면서 성장은 둔화되고 정체되는 위기에 직면하였다. 내적으로는 세속화, 외적으로는 전통 종교의 부흥으로 한국 교회는 사사기적 상황으로 진입하고 있다. 이런 시점에서 사사기는 현대 한국 교회에게 하나님의 음성을 들려줄 수 있는 말씀임에 틀림없다. 한국 교회가 왜 이런 위기에 직면하게 되었는가? 여호와의 사자가 보김에 나타나 전해 준 슬픈 소식은 어쩌면 오늘날 한국 교회에 주시는 하나님의 말씀인지 모른다. "너희는 이 땅 거민과 언약을 세우지 말며 그들의 단을 헐라 하였거늘 너희가 내 목소리를 청종치 아니하였도다. 그리함은 어쩜이뇨! 그러므로 내가 말하기를 내가 그들을 너희 앞에서 쫓아내지 아니하리니 그들이 너희 옆구리에 가시가 될 것이며 그들의 신들이 너희에게 올무가 되리라."(2:2-3) 교회가 이런 상황에 직면하면 어느 때나 사사기에 귀를 기울이고 하나님의 음성을 들어야 한다. 하나님은 그 원인을 분명히 말씀하시고 그 죄악을 자인하고 부르짖는 교회에게 새로운 지도자를 일으켜서 위협 세력을 물리치시고 평화를 주신다. 한국 교회가 당면한 문제의 본질은 무엇인가?

첫째로, 세상과 타협하는 세속화(secularization)의 문제이다. 하나님은 그의 백성들에게 결코 현지인과 평화 언약을 도모하지 말고, 상호 관계나 혼인을 하지 말도록 금지시켰다. 그러나 이러한 대치 관계가 가져오는 현실적인 어려움 때문에 그들은 하나님의 명령보다 현실과의 타협을 선택하였다. 한국 교회는 부분적인 실패에도 불구하고 60년대 초까지는 세상과의 구별을 통한 성별성의 유지를 중시하였다. 그러나 그 후 한국 교회와 기독교인들은 부와 명예를 추구하기 시작했고, 이는 세상과의 대립보다는 타협을 수용했음을 의미한다. 기복 신앙이 교회의 주류를 이루게 되고, 교회들은 대형화와 기업화를 추구하면서 개교회의 명예와 부를 자랑스럽게 생각했다. 개교회 성장주의라는 집단적 이기주의에 기초한 교회 성장은 한때 급성장을 이루었으나 동기의 그릇됨은 얼마 가지 않아 성장을 중지시키면서 감소를 우려하는 상황을 초래하였으며, 계속적인 전국민

복음화의 열정은 점차 사라지고 개교회의 영광만을 추구하여 국내 복음화보다는 사치성 있는 과시적 해외 선교 운동으로 모든 관심이 쏠리게 만들었다. 60년대 독재와 함께 시작된 경제 열풍은 교회를 복속시켰고, 순수한 복음적 열정보다는 과시적 사업을 추구하게 만들었다. 개교회의 영광과 성장을 추구하는 교회에서는 자연히 권징이 사라지고 교리적 및 윤리적 탈선을 방관하게 되었으며, 이는 불신 결혼이나 이혼 풍조, 불의와 부정 등을 묵인하거나 수용하게 만들었다. 이스라엘인들의 실패와 매우 유사한 상황이 아닐 수 없다. 그들은 가나안 인들의 유연한 접근에 넘어가 타협적 자세를 취하게 되었으며, 그들의 문화를 수용하고 그들과 결혼하며 하나가 되어갔다. 하나님은 기드온을 통하여 물량주의를 반대하고 가나안 정복에는 세속화된 다수가 아니라 신앙적 정예가 필요함을 가르쳐 주시며, 지역주의와 인맥을 내세워서 왕이 된 아비멜렉의 응징을 통하여 일부 정치인들의 지역주의 논리에 희생된 교회 지도자들의 파벌 싸움을 책망하신다. 19-21장의 미스바 집회는 이스라엘의 회복을 위해서는 윤리적 타락을 회개하고 그들 중에서 악을 제거하는 일이 선행되어야 함을 가르치며, 또한 미스바 성회의 연합에 참여하지 않은 야베스 길르앗의 전멸은 분파주의가 관용될 수 없음을 웅변적으로 보여준다. 한국 교회는 복음적 대연합을 이룩하여야 하며 이를 반대하는 진보주의자와 근본주의자의 독선을 관용하지 말아야 한다.

둘째로, 이방 종교를 관용하거나 추종하는 혼합주의(syncretism)의 문제이다. 하나님은 그의 백성들에게 가나안의 모든 재래 종교들을 철저히 부정하고 단을 헐라고 명령하였으나, 그들은 바알, 바알브릿, 아세라, 아스다롯 등 가나안의 신들과 "아람의 신들과 시돈의 신들과 모압의 신들과 암몬 자손의 신들과 블레셋 사람의 신들"을 섬기며 하나님과 그들 사이를 오락가락하는 종교적 타락을 범하였다. 한국 교회는 초기에 한국 재래 종교에 대한 엄격한 배척과 정죄의 절대 비타협적 입장을 취하였으나, 신비주의를 수용하면서 점차 혼합주의 양상을 보이기 시작했다. 정치적인 압력에 굴복한 신사 참배나 오늘날 정부 주도의 종교평화 운동에의 참여도 교회의 입장을 약화시키는 데 일조했다. 한편 최근에 일어난 과정신학과 종교 다원주의는 이러한 타협과 타락을 부추기고 있다. 그러나 교회의 종교적 혼합을 가장 크게 유발시킨 것은 역시 기복주의라는 이기적 종교 추구에 있다고 보아야 할 것이다. 기도의 대상은 우상에서 하나님으로 바뀌었어도 그 내용은 거의 동일한 이기적 기복일 뿐이다. 그리스도인 중에도 점을 치고 궁합을 보며 제사를 드리고 고사를 지내며 풍수지리를 따르고 기 사상이나 선약을 추구하는 사람들이 매우 많다. 신유나 이적이 있다고 하면 무조건 몰려가는 교인들이 적지 않으며, 이러한 영적 무분별성은 자연히 말세에 기사와 이적으로 성도를 미혹한다는 주님의 경고도 아랑곳하지 않는 안타까운 현실을 초래하였다. 실로 우리는 사사기 여기저기에서 가나안 종교의 영향으로 혼합된 신앙 행태들을 발견할 수 있다. 한편, 현지 종교의 위력에 위압되어 두려움을 가지게 되었던 사사기적 상황이 현대 한국 교회에도 일어나고 있다. 과거에는 재래 종교의 완전한 추방을 믿고 담대하게 전도하였으나 오늘날 많은 기독교인들은 종교적 공존을 불가피한 것으로 받아들이고 더 이상의 대대적인 완전 복음화를 사실상 포기한 상황이 발생하였다. 전통 종교의 부흥 앞에서 우리가 취할 태도는 정복한 땅을 "다시 돌리라"는 요구에 대한 사사 입다의 분명하고

도 강력한 주장일 것이다. "하나님 여호와께서 이같이...쫓아내셨거늘 네가 그 땅을 얻고자 하는 것이 가하냐?" "우리 하나님 여호와께서 우리 앞에서 어떤 사람이든지 쫓아내시면 그 땅을 우리가 얻으리라."(11:23-24) "심판하시는 하나님"(27)은 사사를 세워 가나안을 심판하고 그의 의를 실현하신다. 또

한 우리는 "여룹바알" 논쟁(6:25-32)에서 재래 종교의 극복 논리와 용기를 배워야 할 것이다. 신약 교회는 사사를 투철한 믿음의 인물로 소개하고 있으며(히 11:32-34), 사사들의 전투는 요한계시록의 종말론적 영전의 예표가 되고 있다.

마지막으로, 사사기의 반복적인 상황에서 하나님의 은혜에 대한 신앙과 소망을 강화시켜야 할 것이다. 계속적으로 하나님의 백성은 범죄하여 이방 민족에게 고통을 당하지만, 회개하고 구원을 간구할 때 하나님은 긍휼히 여겨 사사를 세워 자기 백성에게 자유와 평화를 되찾아 주신다. 사사기는 여러 개의 반복적인 패턴(cycle)으로 구성되어 있다. 10장에서 우리는 하나님의 고심을 본다. 반복적인 타락에 "내가 다시는 너희를 구원치 않으리라"(13)고 선언하지만, 그의 백성이 회개하고 다시 구원을 호소할 때 "여호와께서 이스라엘의 곤고를 인하여 마음에 근심"(16)하시고, 결국 사사 입다를 일으켜 구원하시는 것을 본다. 하나님의 은혜로 일제의 압박에서 해방된 한국 교회는 여러 번 하나님의 긍휼을 입어 문제를 해결하고 한국 복음화의 길을 걸어왔다. 현재 한국 교회는 위기 상황에 직면하였으나 우리 가운데서 죄악을 제하고 하나님께 간구할 때 사사기적인 은총이 우리에게 임할 것이며, 타협하지 않는 담대함을 가지고 총력을 한국의 완전 복음화에 집중한다면 다윗 시대의 영광이 한반도에도 이루어질 수 있을 것이다.

2. 커뮤니케이션 이론과 설교[74)]

현대의 대중문화와 세계적 교류의 확산은 커뮤니케이션 이론을 발달시켰으며 이는 효과적인 설교를 위해 상당한 도움을 준다. 특히

---

74) 교정자 주: 본 단원의 커뮤니케이션 관련 영어 용어들은 독자들의 이해 편의를 위해 교정 과정에서 한국어로 번역하여 실었습니다.

선교학의 발달은 문화간 커뮤니케이션(cross-cultural communication)에 대해 많은 연구를 불러일으켰다. 더욱이 현대 사회는 심지어 동일 공동체 안에도 다문화적 상황이 전개되고 있는 실정이어서, 설교학이나 기독교 교육을 비롯한 많은 신학 분야에서도 커뮤니케이션이 중요한 연구 대상이 되고 있다. 찰스 크래프트(Charles H. Kraft)가 정리한 커뮤니케이션의 10대 원리와 도널드 스미스(Donald K. Smith)가 제시한 커뮤니케이션의 23가지 명제를 중심으로 설교의 효과적인 커뮤니케이션에 대해 살펴보기로 한다.

찰스 크래프트가 제시한 커뮤니케이션의 10대원리에 따르면,

첫째, 커뮤니케이션에는 메시지의 외적 요소 (pa-ra/submessage), 즉 1) 정신적인 태도(attitude), 2) 특정한 상징에 대한 경험(experience of the symbol), 3) 문화적 양식들(cultural forms)이 많은 영향을 미친다. 그러므로, 4) 수용자 중심(receptor-oriented)이어야 한다.

둘째, 단순한 정보 전달이 아니라 실제적 영향을 미치려면 5) 그에 상응하는 영향력(impact)이 필요한데, 그것은 6) 대인 의사소통 (person-to-person communication)으로 가능하다.

셋째, 가장 효과적인 커뮤티케이션은 7) 참여(participation), 8) 신뢰성(credibility), 9) 삶에의 적용(life application), 그리고 10) 검증 및 타당성(identification and relevance)을 필요로 한다.

한편, 도널드 스미스에 의하면,

첫째, 커뮤니케이션의 기본적 원리는 1) 공통성(commonness)을 찾고 형성하는 관여(involvement), 2) 과정(process), 3) 내적이고 개인적인 심성 모형(mental model), 그리고 4) 청취되어 이해된 것을 통한 관계(relationship)가 중요하다.

둘째, 커뮤니케이션의 반복적 패턴(cycle)은 ① 목표(purpose),

② 의사전달자(communicator), ③ 신호(signal), ④ 매체(media), ⑤ 청중(audience), ⑥ 이해(comprehension), ⑦ 변화와 피드백(change and feedback)의 요소로 구성된다.

(1) 커뮤니케이션의 목표를 성취하기 위해서는 5) 목표를 분명히 하기, 6) 내용의 숙지가 필요하다.

(2) 의사전달자에게 있어서 7) 자신의 개성과 경험, 8) 청중에 대한 이미지와 상황 이해가 결정적으로 중요하므로, 9) 다양한 청중을 고려하고, 10) 확신과 헌신을 가질 때 효과가 배가된다.

(3) 신호(문화)의 요소에서는 11) 모두가 12가지 신호를 사용하는데, 12) 문화에 따라 용도가 다르다.

12가지 신호는 다음과 같다. 1) 언술(言述), 2) 기술(記述), 3) 수치(數値), 4) 이차원 그림, 5) 삼차원 물체, 6) 음향, 7) 신체 또는 물리적 동작, 8) 시각(빛과 색깔), 9) 촉각(접촉, 촉감), 10) 공간(공간 활용), 11) 시간(시간 활용), 12) 미각과 후각(맛과 냄새)이다. 이들 각각의 신호는 각기 독특한 어휘와 문법을 가지고 있어, 상호모순이 발생하면 효과가 급감한다.

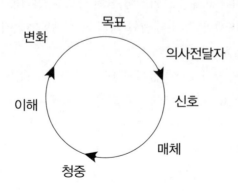

배 타 보셨나요?

예

심성모형의 수는 사람의 수만큼 많이 존재할 수 있다.

(4) 매체(media)의 요소에서는 13) 대중매체는 전파력이 있으나 내용을 왜곡시킬 수 있다. 그 이유는 매체가 청중을 수동적으로 만들고 아울러 때로는 효과가 과도하거나 축소되기 때문이다. 14) 청중이 증가하면 효과는 감소한다. 예수님의 경우를 생각해 보면 대중적 의사소통보다는 소규모 의사소통이 더 큰 영향을 미칠 수 있음을 알 수 있다. 세 개의 사이클이 겹치면 공통 영역은 그만큼 줄어든다. 15) 대중매체의 경우 매체의 외적 요소, 즉 개인적, 사회적, 상황적 요소가 효율성을 결정한다.

(5) 청중(audience)에 있어서 16) 모든 메시지는 중개된다. 즉 메시지는 네트워크 커뮤니케이션을 통해 걸러지고 결합되어 결정된다. 메시지는 주체로부터 1-2명에게는 친밀하게 전달되며, 7-10명에겐 소그룹, 12-25명에겐 중간 그룹, 25-75명이 되면 대규모 그룹으로 전달된다. 17) 사회의 문화 패턴이 커뮤니케이션 형식에 근본적 영향을 미친다. 비록 내용은 같아도 형식(form)은 달라진다. 18) 기존의 신념과 가치구조가 주요 요인으로 작용한다. 새로운 것은 이미 정립

된 전통에 따라 수용 여부가 결정된다. 메시지는 개인이나 그룹 안에 들어가면 다양한 방향으로 흐른다.

(6) 이해(comprehension)에 있어서는 19) 경험과 필요, 20) 그리고 지성과 감정의 차원을 가지는데 20/80정도의 비율로 작용한다. 영향을 미치려면 정서적 암시를 활용해야 비로소 변화가 이루어진다.

(7) 결과에 있어서 21) 사람들은 사회 그룹의 구성원으로서 상호 작용한다, 22) 변화의 결정은 종합적 결과로서, 의사결정 과정은 6단계로 이루어진다. ① 대안 인식, ② 관심, ③ 숙고, ④ 선택, ⑤ 행동, ⑥ 재조정의 패턴(cycle)이 반복적으로 진행된다. 23) 피드백이 주어지면서 새로운 사이클을 위해 메시지를 조성한다.

3. 현대 문화와 설교

개신교 목회자에게 있어서 설교는 매우 중요하다. 설교는 하나님의 말씀으로 청종되며 교회생활과 예배의 중심에 있기 때문에, 교인들은 설교에 집중한다. 따라서 설교에 만족하지 못하게 되면 목회자와 교회에 실망하게 된다. 교인들에게 목회자 만족도를 조사한 결과 88.3퍼센트가 설교를 잘할 때 만족한다고 답변하였으며, 목회자도 우선 순위의 88퍼센트를 설교에 두었다. 교회를 떠나는 이유 조사에서도 이사를 제외하고는 설교에 대한 불만이 가장 높았다. 이러한 조사 결과는 목회자의 성패를 좌우하는 관건이 설교에 있다는 사실을 보여주며, 따라서 목회자가 자신감을 잃어버리고 탈진에 빠지는 근본적인 원인이 설교의 실패에 있다고 하여도 과언이 아닐 것이다.

그러므로 모든 신학 교육은 주로 설교를 잘할 수 있는 능력을 개발하는 데 집중되어 있다. 설교는 종합 예술로서 성경신학뿐 아니라 조직신학, 윤리학, 교회사의 훈련을 필요로 하며, 설교를 작성하고 전달하는 설교학이 결합되어 한 편의 위대한 설교가 탄생한다. 미국이나 유럽의 목회자들이 한 주에 2편의 설교만 준비하면 되는데 비해, 한국의 대다수 목회자들은 매주 10편 이상의 설교를 준비해야 한다. 따라서 서구의 목회자들보다 더 설교 준비에 유능해야 한다. 그러나 현실은 그렇지 못하다.

설교는 오늘 여기 설교를 들으러 모여든 청중들에게 주시는 하나님의 말씀이어야 한다. 바울 서신이 바울의 말이면서 동시에 하나님의 말씀이듯이, 설교는 인간의 말이면서 동시에 하나님의 말씀이다. 예수님도 사도들도, 그리고 선지자들도 더 이상 우리 곁에 있으면서 우리의 질문에 직접 답변해주지 않기 때문에, 과거 2천 년 혹은 3천 년 전 당시의 특정 교회나 특정 공동체에게 주셨던 성경 말씀으로부터 현재 당면한 문제에 대해 자기 교회에 주시는 하나님의 말씀을 알아내야 하는데, 그것은 실로 난해한 작업이 아닐 수 없다. 하나님의 도구가 되어 하나님의 말씀을 받고 선포하는 이 위대한 직무는 결코 기계적으로나 신비적으로 주어지지 않고 설교자의 노고와 헌신을 통해 이루어진다. 오늘 여기에 주시는 하나님의 말씀을 성경으로부터 추출하여 설교문을 창조하기 위해서는 성경에 대한 통전적이고도 심오한 이해가 필요하며, 현실의 컨텍스트에 정통하기 위해서 현실 세계와 다양한 사상에 대한 해박한 지식과 심층적 분석 능력이 요구된다. 더욱이 설교는 한 주제에 대하여 성경에 기록된 몇 마디가 아니라, 장시간 설득력 있게 설교해야 하기 때문에 문학과 수사학적 능력이 요구된다. 그리고 거기에 성령의 감화가 추가되어야 성공적으로 하나님의 말씀을 교인들의 마음에 전달하고 변화와 결단을 이끌어낼 수가 있다.

고도의 신학적 훈련과 폭넓은 지식이 없이는 성공적인 설교를 창조할 수 없다. 설교의 형식과 내용에서 본질적인 것은 내용이지만 그것을 담아 전달하는 형식 또한 성공 여부에 결정적이다. 칼빈이 지적한 대로 진리는 청중이 이해할 수 있는 언어와 논리로만 전달될

수 없다. 그래서 설교자의 형식과 청중의 형식이 일치해야 한다. 그런데 오늘날 설교자와 청중의 형식 사이에 괴리가 점점 벌어지고 있다는 안타까운 현실에 직면하고 있으며, 따라서 교인들의 설교 만족도가 갈수록 떨어지고 설교자에 대한 불만으로 연결되면서, 목회자들은 점점 더 무력감과 열등감에 빠져 탈진의 중요한 원인으로 작용하고 있다. 이

"This Is my fourth sermon on the transforming power of the Gospel. Why do you look like the same old bunch?"

것은 청중의 교육 수준이 급격히 상승한 반면, 목회자의 교육 수준은 상대적으로 하락하면서 발생한 언어 형식의 괴리 현상이다. 대졸 이상이 75년에 25세 이상 인구의 5.8퍼센트였으나 95년에는 19.7퍼센트로 급증하였으며, 사실상 오늘날의 청년들은 거의 반수가 대학 교육을 받고 있다. 한편 동일한 기간에 목회자 교육 수준은 급격히 하락하였다. 교인들의 수준은 올라가는데 목회자의 수준은 상대적으로 낮아지면서, 언어와 사고의 형식이 맞지 않고 따라서 상당수의 지성적인 교인들은 설교자를 찾아 방황한다. 일례로 요즘 모두 정보화 시대를 맞아 영어와 컴퓨터를 배우느라 열심이지만 목회자들은 큰 관심이 없다. 국민의 반수가 인터넷을 사용하고 있는 오늘날, 인터넷을 제대로 이용하는 목회자는 반의 반도 되지 못한다. 물론 모든 문화를 추종할 필요는 없지만 문화적인 형식을 거부하면 효과적인 의사 전달에 성공할 수 없다.

[성령의 계시 모델] 하나님은 영원하며 하나님의 말씀은 동일하나, 그것이 인간의 언어와 논리로 특정한 상황에 있는 특정한 대상에게 계시(revelation)될 때는 상황성에 맞게 정형화된다. 성경 계시는

이와 같이 상황화된 하나님의 말씀들의 집합이다. 신학은 성경 계시를 반복적으로 상황화(contextualization)하는 인간의 작업으로서, 신학자는 성자와 성령의 상황화 방식을 모델로 하여 제2차적 상황화를 시도하는 것이다. 성경에 모아진 66권의 계시가 비록 동일한 하나님의 말씀임에도 불구하고 그 양태와 강조와 주제 등이 다양하고 혹은 서로 이질적이거나 모순적인 것같이 보이듯이, 여러 신학들도 많은 다양성과 이질성들을 가지고 있다. 물론 성경의 차이들은 심오한 하나님의 일관성 속에서 해소되지만, 신학의 차이들은 많은 경우 인간의 오해에 근거한 오류라는 것이 근본적 차이이다. 그러나 둘 다 다양성과 상황성이 반영되는 것은 신학자들이 성령을 모델로 하기 때문이다. 성경 계시는 1세기에 종료되었으므로 그 이후의 교회는 각기 자기의 시대와 상황에서 제기되는 질문과 문제에 대한 해답을 성경 계시에서 찾아 체계적으로 설명해 주어야 했으며, 이러한 노력이 곧 신학을 형성한 것이다. 그러므로 새로운 역사적 변화와 문화적 변화, 또는 의사전달 방식의 차이는 새로운 신학적 작업을 요구한다. 그 시대의 언어와 개념으로 그 상황의 문제와 질문에 답변해야 하는데, 이는 최고의 완전한 의사전달자(The Communicator)이며 최고의 완전한 적용자(The Applicator)로서의 성령의 지도와 능력 주심을 받아 그에게 순종함으로써 성경의 적용과 최대한 유사한 신학을 정립해야 한다.

계시(revelation, 啓示)란 "숨겨져 있는 것을 (커튼을 열어 보여 주듯이) 나타내 보여 준다"는 뜻을 가지고 있다. 그러나 계시라는 말은 일반적으로 "하나님의 계시(divine revelation)"에만 한정되어 사용되며, 특히 진리이신 하나님의 "자기 계시(self-revelation)"적 성격이 강조된다. 계시라는 말은 이러한 계시 행위나 그로 인해 계시된 진리를 가리킨다. 그리고 계시는 자동적이 아니며 의도적이다. 비록 하나님 자신이 진리이시기 때문에 그의 모든 말씀과 행위와 창조가 자동적으로 진리성을 반영하지만, 그 어느 것 하나 하나님이 의도 없이 말씀하시거나 행하시거나 만드시지 않고, 그의 무궁한 지혜와 경륜에 따라 된 것이다. 따라서 계시는 의도성을 중심으로 계시자와 피계시자의 관계에서 이루어지며 모종의 의사전달 매체(communication media)를 필요로 한다. 성령은 계시 전달 과정과 성경 기록 과정에서 주체적 역할을 감당하였으며, 그는 여러 시대 여러 문화에 사는 신앙 공동체에게 본질상 유일한 하나님의 말씀을 그들의 언어와 문화와 전통의 형식에 가장 탁월하게 적용함으로써 가장 효과적인 의사전달을 이룩하였다. 이러한 성령의 계시 모델은 설교자에게 절대적으로 추종되고 모방되어야 할 원리이다. 하나님의 말씀이 구전에서 기록되어 성경으로 나타났는데, 이것을 다시 언어적 형태로 회복하는 설교는 계시적 사건이며 성령의 감화가 약속되어 있다. 정경의 종결로 지상의 교회가 설교에 의존해야 하는 상황에서, 설교는 하나님의 나라에서 중심적인 의사전달 기관이라고 할 수 있다.

9장

문화와 예배

1. 예배란 무엇인가

급변하는 현대 문화 속에서 교회의 예배가 위기를 맞고 있다는 각성이 대두되고 있다. 그리하여 예배 갱신, 예배 개혁, 혹은 예배 회복을 추구하는 운동들이 일어나고, 그에 따른 예배의 변화가 한국 교회에도 선풍적으로 번지고 있다. 60년대까지만 해도 한국 교회는 전통적인 예배에 만족하였고 별 문제를 느끼지 않았다. 그러나 한국 사회가 자본주의 경제체제의 급속한 성장으로 치열한 산업 경쟁사회로 진입하던 70년대에 들어서면서 전통적인 예배에 불만이 표출되었다. 사경회의 전통이 오순절적 부흥회와 기도원 운동, 은사 집회 등으로 전환되면서, 그러한 성령 집회에 익숙해진 신도들은 전통적인 예배로 만족하지 않았고, 이에 따라 많은 기성 교회의 교인들이 오순절계의 교회로 이동하거나 자기 교회의 예배를 그러한 방향으로 변화시키려고 노력하였다. 그 결과 성령 운동은 기성 교회의

내부적 필요와 연결되면서 교파를 초월하여 상당한 영향을 미치게 되었다. 그 영향이 자연히 예배의 변화를 초래하였는데, 특히 통성기도나 철야기도, 심야기도와 같은 기도에서, 그리고 예배가 뜨거워야 한다는 인식의 확산을 가져왔다. 한편 복음송가를 처음으로 사용한 오순절 교회의 영향이 기성 교회 청소년들의 음악적 필요와 연결되면서 찬송에도 영향을 미쳤다. 80년대에 찬양과 경배를 통해 예배를 변화시키고 활성화시키려는 노력이 진행되었고, 가스펠송이 크게 확산되었다. 기성 교회는 처음에 이를 금지하거나 제한하였으나, 점차 복음송 세대의 성장과 함께 수용하게 되고, 드럼과 대형 스피커가 강단으로 진입하기에 이르렀다. 70년대부터 시작된 매스미디어와 대중문화의 보편화는 80년대에 거부할 수 없는 대세로 정착하였으며, 80년대의 교회성장 운동은 목회자 세미나의 홍수 시대를 열었고 각기 새로운 변화를 요구하였다. 90년대는 세기말적 위기감과 새로운 밀레니엄에 대한 기대로 사회의 대세인 정보화와 테크놀로지의 수용 문제가 대두되었다. 대교회들은 테크놀로지에 관심을 가지고 많은 비용을 들여가면서 교회 전산화를 추진하였고, 위성중계 시스템을 설치하여 위성 교회들을 만들고 있다. 멀티미디어 예배와 사이버 교회가 선을 보이고, 대중문화의 중요성이 인식되면서 문화 사역이 확산되고 예배에 대중적인 음악 이외에도 연극이나 무용 등의 예술적 장르를 도입하는 시도가 일어나고 있다.

이와 같은 시도들은 모두 예배의 위기를 느끼기 때문이다. 교인들은 더 이상 전통적 예배에서 큰 의미를 느끼지 못한다. 예배의 참석이 하나의 종교적 의무로 인식되고, 지루하고 무의미한 시간을 참아낼 뿐이다. 대부분의 교인들은 예배에서 하나님의 임재를 느끼지도 못하며, 특별한 체험이나 은혜도 받지 못한다. 급성장하던 한국 교회는 정체를 보이고, 청소년들은 교회에 별 흥미를 느끼지 못한다. 왜냐하면 사회가 근본적으로 변화되었고 대중문화가 그들에게 충분하고 다양한 즐거움을 제공하기 때문이다. 교회는 의미도 재미도 없다. 대다수의 교인들에게 교회 생활이란 예배의 참석을 의미하는데, 예배가 적용성(relevance)을 상실하였기 때문이다. 포스트모던 시대에 프리모던적 예배는 인간의 감정 전달에서 실패하게 되는데, 이는 문화 형식의 이질성 때문이다.

한편 또 다른 예배의 위기가 발생하고 있다. 그것은 신과 인간의 만남이라는 예배의 양면성에서 인간의 종교적 만족이라는 면으로만 너무 치우치기 때문에 일어나는 문제이다. 예배는 하나님과의 교제와 성도의 교제라는 두 축으로 구성된다(요일 1:3). 예배의 궁극적 목적이 신의 흠향과 영광에 있기 때문에 아무리 예배 참석자들이 열정적인 축제감을 느낀다 할지라도 하나님의 열납이 일차적으로 고려되지 않는다면 결국 예배의 실패를 가져온다. 개혁교회는 이런 문제를 성찰하고 해결하는 일에서 칼빈의 예배론으로부터 배울 필요가 있다.

[칼빈의 예배 개혁] 교회 역사상 가장 큰 예배의 위기는 중세에 발생하였으며, 종교개혁은 이러한 예배를 회복한 운동이었다. 종교개혁은 교회 개혁이며 예배 개혁이었다. 마르틴 루터가 이신칭의 교리에 근거한 보다 교리 중심의 개혁자였다면, 칼빈의 일차적 관심은 오염된 예배의 개혁과 회복에 있었다. 그가 1544년 로마 제국회의에 제출한 "교회 개혁의 필요성"이란 변증서에서 그가 왜

교회 개혁에 참여하게 되었는지를 분명히 설명한다. "하나님께 드리는 예배가 너무나도 많은 잘못된 의견들에 의해 손상되었고 너무나 많은 불경하고 부정한 미신들로 왜곡됨에 따라 하나님의 거룩한 위엄이 흉악한 오만무례로 모욕당하고 그의 거룩한 이름이 더럽혀졌으며 그의 영광이 발 아래 짓밟히고 있다. 오호라, 모든 기독교 세계는 공개적으로 우상 숭배에 의해 오염되었고, 사람들은 그 대신 자기들의 허구를 숭배하고 있다. 수천의 미신들이 지배하고 있다!"(『칼빈선집』1.232) 물론 그는 이 작업이 얼마나 어려운가를 잘 알고 있었다. 사람들은 전통적인 예배가 오랜 동안 익숙하여 살과 핏속에 그리고 골수에 박혀 있기 때문에, 그들을 설득하기란 거의 불가능하며, 설령 이론적으로 동의한다 할지라도 실제적인 난관이 있다(128-9). 그러나 칼빈은 이 작업을 포기할 수 없었다. "이와 같이 하나님의 영광이 훼손되고 여러 모양으로 난자당하고 있는데, 만일 우리가 미소나 짓고 침묵한다면 배신이 아니고 무엇이겠는가? 개도 자기 주인에게 함부로 하면 즉시 짖어대는데, 우리가 침묵하며 하나님의 거룩한 이름이 그토록 모독적으로 경멸되는 것을 보고만 있을 수 있겠는가?"(189)

칼빈은 예배가 하나님께 영광을 돌리는 행위인데, 예배가 타락하고 오염되면 하나님의 영광을 훼손한다는 단순하고도 명백한 원리에 따라 예배의 회복을 통한 하나님의 영광 회복에 그의 생명을 걸었다. 그는 『기독교강요』에서 참된 예배와 그릇된 예배를 구별한다. 로마 교회의 우상 숭배가 그릇된 예배의 전형이라고 생각하고 제1권 11-12장에서 집중적으로 우상 예배를 비판한다. 참된 예배는 로마서 12장 1-3절이 가르치는 영적 예배로서, 가시적이고 물질적인 예배가 아니라 영이신 하나님에게 영으로 드리는 예배를 의미하였다(II.viii.17). 칼빈은 4권 10장에서 그릇된 예배의 세 가지 유형을 소개하였다.

첫째는 사람의 생각을 가르치는 예배이다(24). 사람의 계명을 가르치는 예배(마 15:9, 사 29:13-14), 사람의 유전과 세상의 초등학문을 가르치는 예배(골 2:4-8)로서, 하나님의 말씀을 빙자하여 실질적으로 그 시대의 정신과 민족적 전통, 또는 교파적 전통(장로의 유전) 등 인간의 생각을 가르치는 식의 예배 왜곡이다. 특별히 그는 골로새서 2장 23절의 "자의적 숭배"(will worship, ἐθελοθρησκεία)를 가장 전형적인 그릇된 예배로 규정하였다. 그들은 혹독한 금욕주의를 실천하는 종교적 철저성을 보여주었지만 그것은 전혀 주님의 명령이 아니라 스스로 만든 종교성이다. 자기의 종교성과 영성을 만족시키기 위해서 추구하는 종교적 노력과 예배 행위는 그것이 아무리 철저하고 인간적으로 존경스럽다 할지라도 하나님에게는 그릇된 예배인 것이다. 그것은 그 시대 사람들의 종교적, 정서적 필요를 충족시키고 그 민족의 종교적 전통을 반영하며 문화적 욕구를 충족시킨다 할지라도, 올바른 예배가 아니며 인간 중심적인 자기 예배일 뿐이다.

둘째는 바리새인의 예배이다(26). 칼빈은 "바리새인의 누룩"(마 23:3, 16:6)을 조심하라고 경계한 예수님의 말씀을 상기시키면서, 율법의 해석자로서 모세의 자리에 앉아 권위를 주장하며 무리한 실천을 강요하고, 스스로 본을 보이지 않으면서 지식만 팔고 있는 삯군이 인도하는 예배가 바로 그릇된 예배라고 규정한다. 예배를 좌우하는 것은 예배 인도자라는 점에서 이 지적은 중요하다. 하나님을 두려워하거나 경배하지 않는 형식적이고 지식적인 차가운 죽은 정통의 예배가 여기에 속한다.

셋째는 연극적 예배다(29). 분위기와 의식은 우아하고 화려하며 음악과 설교는 장엄하지만 인도자는 연극 배우와 같이 연기를 하고 신 의식과 외경심이 결여된 멋있는 예배다. 교인들은 예배를 즐기지만 하나님과의 만남은 없다. 정열적이고 감성적인 예배이지만 연극을 관람하거나 음악회에 참석하거나 감동적인 영화나 드라마를 보거나 명강의를 들은 것과 별 차이가 없다. 순간적인 엑스타시가 있지만 삶에 아무런 영향도 미치지 못하고 그 경험 자체를 소중히 생각하고 흠모할 뿐이며, 그 체험은 마음의 열기를 고조시키는 종교 심리적 조작에 의한 유사 경험일 뿐이다. 칼빈은 이러한 거짓 예배를 교회에서 정화하기 위하여 성상 철거, 미신 타파, 단순한 성경적 예배로의 복귀, 말씀에 대한 강조, 예배자가 이해할 수 있는 서민적 언어 사용을 통하여 경건하고 순수한 영적 예배를 드림으로써 하나님께 영광을 돌리는 데 최선을 다하였다. 오늘날의 개신교회 예배는 칼빈의 예배 개혁을 통하여 정착된 형태이다.

[성경적 예배 개념] 교회의 예배 회복에서 그 규범이 되는 성경의 예배 개념은 무엇인가? 신약에서 예배를 의미하는 용어로는 προσκυνέω와 λατρεύω가 사용되었다. 전자는 '예배하다'는 동사형이 60회, '예배하는 자'(προσκυνητής)라는 형태가 1회 나타난다. 이 단어는 호머의 『오디세이』에 처음 나타나는 헬라어로서, 오랜 항해 끝에 드디어 육지에 도착한 사람들이 땅의 신에게 경의를 표현하기 위해 무릎을 꿇고 엎드려 땅에 입맞추는 행위를 묘사한다. 여기서 '고개를 숙인다', '절한다', 나아가 '입맞춘다'는 의미가 유래한다. 70인경에서는 구약에 사용된 히브리어 חָוָה를 이 단어로 번역하였는데, 머리 숙여 절한다는 기본적인 의미를 가지며, 4분의 3이 하나님에게 예배하는데 사용되었다. 또한 열왕기상 19장 18절에서는 נָשַׁק, 즉 입맞춤과

도 연결된다. 물론 절하는 행위는 천사나 하나님의 종에게도 행해졌고, 보편화되어 왕이나 윗사람에게도 적용되었다. 한편 우상에게 절하는 행위는 엄금되었다. 따라서 절의 요구를 거절하는 것은 도전과 반항으로 간주되어 큰 화

를 당하기도 하였다. 신약에서 사용된 60회의 용례를 분석해 보면, 극소수의 부정적 사례를 제외하고는 모두 하나님과 예수님에게 절, 경배, 예배한 것이다. 이러한 행위는 신의 위엄을 실감할 때 나타난다. 그리스도의 경우 제자들이 그의 신성을 체감하는 순간 엎드려 절한다. 한편 육체적 행위로서의 절은 그 대상이 보이는 경우로 한정된다. 예수님의 탄생으로부터 승천까지 계속되지만 그 후에는 결코 예수님을 예배하면서 육체적 행위로서의 절을 하지 않는다. 요한계시록에서 다시 그를 만난 성도들이 그와 하나님께 절을 계속한다. 그 동안 이 행위는 영적으로 표현된다. 요한복음 4장 20-24절에서 '신령과 진정으로' 절하는 영적인 의미로 제시된다. 즉 진정한 예배는 이제 마음의 무릎을 꿇고 엎드려 자기를 낮추고 복종을 서약하는 겸비한 예배 자세와 헌신 행위를 의미한다. 우리가 사용하는 '예배'라는 말도 '拜禮' 즉 절하는 예식이다. 따라서 예배의 προσκυνέω 적 성격은 경외와 숭배, 그리고 자기 부정과 절대 복종의 서약이다.

Λατρεύω라는 단어는 종(servant)을 의미하는 λάτριος에서 왔으며, 따라서 종의 섬김과 봉사 행위를 가리킨다. 이 말이 성경에서는 특히 신에 대한 섬김으로 제한된다. 영어에서 예배를 서비스(service)라고 하는 것도 여기에 근거한다. 구약의 עָבַד가 상응하는데, 대부분 제사로 신을 섬기는 데 사용되었다(수 22:27 용례 참조). 신은 자기의 종들에게 구체적인 예배 행위를 요구한다. 출애굽기 3장 12절은 출애굽의 목적이 하나님 예배에 있다고 말한다. 신명기 10장 12절 이하에서는 하나님을 섬기는 진정한 섬김이 삶에서 진실하게 수행되어야 함을 가르치는데, 이로서 예배가 의식과 생활의 두 면을 포함한다는 성경의 가르침을 나타낸다. 이 단어는 신약에서 21회가 동사형으로, 그리고 5회가 명사형으로 사용되었는데, 의식과 생활에서의 예배라는 양면을 표현한다. 제사나 기도와 같은 의식으로 섬기는 데 사용되는가 하면, 성결과 의로(눅 1:75), 경건함과 두려움으로(히 12:28), 청

결한 양심으로(딤후 1:3), 성령으로(빌 3:3) 섬기는 생활의 예배와 봉사를 표현하기도 하였다. 즉 '...로 섬긴다'는 형식을 가지는 경우가 정형이다. λατρεία의 용례를 살펴보면, 3회는 구약의 제사와 연관된 예배이며, 요한복음 16장 2절은 유대인이 기독교인을 핍박하여 출교하고 처형하는 것을 '하나님을 섬기는 예'로 이해한다고 말한다. 그리고 로마서 12장 1절의 영적 예배에 사용되었다. "너희 몸을 하나님이 기뻐하시는 산 제사로 드리라"는 영적 예배(λογική λατρεία)는 구약적 예배를 완성하고 승화하는 예배의 결정적 형태이다. 그래서 H. Strathmann은 이렇게 말한다. "종교 의식적 용어인 λατρεία의 성경적 역사가 이 내면화에서 그 정점(climax)에 도달하며, 그것은 또한 가장 종합적인 실현으로서 신명기 10장 12절 이하에 나타난 최초의 예언적 언급을 재확인한다. 로마서 12장 1절 이하에 기록된 바울의 가르침은 이 모든 발전 과정 전체의 왕관이다."(TDNT IV:65) 따라서 예배의 λατρεύω적 성격은 의식과 생활로 표현되는 섬김의 구체적 행위이다.

이러한 예배의 성경적 용례를 종합하면, 예배란 (1) 그 대상이 배타적으로 삼위 하나님에 한정된다. (2) 그 계기는 신의 위엄과 영광, 거룩과 능력에 접하여 자기와 비교할 수 없는 절대성을 느끼는 두려움, 그리고 신의 넘치는 은혜와 사랑에 대한 감격과 감사이다. (3) 그 자세는 육체적으로 그리고/혹은 정신적으로 그에게 엎드려 절하는 것으로서 사랑과 경외심에서 자발적으로 나타나는 절대 복종의 표현이다. (4) 그 방법은 제사, 봉헌, 찬양, 기도, 말씀, 성례 의식과 실생활에서 하나님의 계명과 명령을 실천하는 것이다. (5) 그 목적은 하나님을 기쁘시게 하며 그를 영화롭게 하는 데 있다.

[예배의 본질에 대한 현대적 이해] 현대 교회는 강력한 세속화의 위협 아래 있다. 판넨베르그의 말대로 "오로지 예배에서 신자들

의 교제가 실현되며", "예배가 이 세상에서 교회의 진정한 실체이다"

(『조직신학』 III: 370-1). 그러므로 예배의 위기는 교회의 위기이며 교회의 약화는 예배의 약화를 의미한다. 이에 따라 예배를 신학적으로 재조명하고, 예배와 신학의 분리가 그 중요한 원인이라는 인식 아래 예배의 본질에 대해 활발한 신학적 논의가 전개되고 있다. 예배가 성직자의 전유물로 전락하여 예배자가 소외된 데 문제가 있다는 주장과 함께 예배의 공동체성과 공동적 참여의 열린 예배론, 성령의 인도 아래 구성원의 은사를 중심으로 자유롭게 진행되는 자발적이며 의식 반대론적인 성령론적 예배론, 신비주의적이며 주관적인 영성 예배론, 예배의 목적이 전도와 선교 혹은 치유에 있다는 선교 예배론, 치유 예배론 등 다양한 실용적 예배론들이 대두되고 있다. 그러나 현대적 예배론의 주류는 하나님의 나라와 역사적 참여를 강조하는 기독론-종말론적 예배론으로서, 여기에 몰트만과 웨인라이트가 속한다.

예배는 그리스도에 대한 회상을 갱신하고 현재의 진행을 반성하며 그의 나라에 대한 희망을 일깨우는 메시야의 과거와 현재, 그리고 미래를 축하하는 '메시야적 잔치(Messianische Fest)'이다. 물론 현재의 불완전성과 격차, 그리고 그로 인한 고통들이 있기 때문에 낯선 땅에서 부르는 여호와의 노래(시 137)이다. 이 축제는 일정한 종교 의식을 가지는데, 이 의식과 교회력은 연속성, 지시적 성격, 사회적 관련성, 질서의 기능을 부여하여 안정된 삶을 유지시켜 준다. 또한 그것은 무미건조하며 일상적인 삶 속에서 심지어 놀이와 시위의 성격까지 포함한다. 그리고 예배는 안식의 개념과 연관됨으로 특히 피곤한 현대 생활 속에서 휴일과 여가를 즐기게 하며, 진정한 평화(샬롬)를 기대하며 미리 맛보게 한다. 예배는 그 제도와 의식이 명령된 역사적 배경을 상기시킴으로써 세계 역사와 연결되어 우리에게 역사 의식과 미래에 대한 확신을 심어주기도 한다. 그리스도 안에서 진정한 자유와 희망을 가지며, 삶 전체가 예배로 승화된다. 예배는 창조, 십자가, 부활의 축제로서, 메시야적 친교 안에서 칭의에 근거한 자기 실존을 수용하고 미래적 창조를 지향하는 새로운 삶의 엑스타시를 부여하는 축복스러운 성도들의 축제이다(『성령의 능력 안에 있는 교회』, 283-98).

제프리 웨인라이트(Geoffrey Wainwright)는 Doxology: The Praise of God in Worship, Doctrine, and Life(『송영: 예배, 교리 그리고 삶에서 하나님 찬양』)라는 독특한 조직 신학을 저술하였는데, 그는 '기도가 신앙이다(lex orandi, lex credendi)'라는 원리 아래 '예배의 신학'을 시도하였다. 그에게 예배는 '신의 대면(visio Dei)'이다. 아직 그분을 직접 대면하지 못하고 희미하게 만나는 현세에서, 비전과 현실의 역동성이 예배를 형성한다. 그런데 신과 인간의 만남은 대등한 존재가 아니라 창조자와 피조물의 만남이기 때문에 예배의 형식을 요구한다. '신의 형상'인 인간만이 예배할 수 있다는 사실은 신과의 공통성에 근거한 교제의 가능성을 전제하지만, 무조건적인 자유의 만남이 아니라 조건과 규정과 의무가 있는 만남이다. 첫째로, 신은 인간과의 인격적 교제를 원한다. 그 교제는 공통적인 로고스(언어)의 형식을 취한다. 공통적인 관심사인 공통적 역사가 주제가 되며, 나아가 거기에 근거한 인격적 대화의 증대와 심화를 원한다. 물론 신체 언어나 상징, 행위 등도 사용되지만 언어적 해석이 수반되어야 한다. 둘째로, 신은 인간과의 공동 사역을 원한다. 즉 지상에 있는 신의 대리자로서 그의 계획과 그의 나라를 성취하는 데 참여하는 창조적 존재가 되기 원한다. 셋째로, 신은 인간의 사랑을 원한다. 인간이 자기에 대한 신의 사랑에 응답하여 신을 사랑하며, 동료 인간을 비롯한 모든 피조물을 사랑하기 원한다. 교회는 세례를 통하여 한 가족이 되므로 형제 사랑이 요구된다. 따라서 예배는 교제, 사역, 사랑을 나누는 신과의 대면이다. 그러나 지상의 예배에는 신의 임재와 부재라는 상반된 현상이 나타나며, 이미와 아직, 비전과 현실의 긴장과 고통이 존재한다.

2. 예배의 역사

아담으로부터 시작된 제사는 모세에 이르러 율법이 규정한 회막 제사로 확립되며, 그후 성전을 중심으로 제사 예배가 계속된다. 그러나 시편이 보여주는 대로 성전을 중심으로 한 찬양의 예배가 크게 발전한다. 그러나 성전의 파괴와 재건의 과정을 겪으며 구약 예배는 중단과 회복의 운명에 처한다.

바벨론 포로기에 시작된 회당 제도는 성전 중심의 제사 제도를 대치하게 된다. 찬양, 기도, 말씀의 3부분으로 구성되며 매일 진행되었다. 먼저 제1부 찬양을 드린 후에 예배에의 초청(느 9:5이하의 방식)이 있고 제2부 기도가 시작된다. 기도는 (1) 요체르와 아하바(창조와 사랑 감사), (2) 쉐마(신앙고백과 축복, 신 6:4-9, 11:13-21, 민 15:37-41), (3) 18기원 (대표기도). 제3부는 율법과 선지서 봉독, 그리고 강해로 구성되며, 축도로 마친다.

예수님과 제자들이 회당 예배에 참여하였으며, 이는 기독교 예배의 기초를 형성한다. 성도들의 모임으로서 교회의 회집이 장려되었지만 종합적 예배보다 기도회, 말씀의 봉독과 가르침, 구제 헌금, 찬송, 은사 모임 등이 개체적으로 혹은 결합되어 진행된 것으로 보인다. 그러나 보다 중심적인 명령은 성찬이었으며 세례는 필요시 집행되었다.

초대 교회는 세례, 말씀, 성찬의 3부로 구성되었다. 말씀 부분은 입례, 자비 기원, 영광송, 대표 기도, 성경봉독(율법과 예언서), 찬양, 설교, 신경의 순서로 진행되었으며, 성찬은 평화의 입맞춤으로 시작하였고 성찬 후에 헌금하였다. 그러나 4세기에 기독교가 공인

167

되고 교회가 대형화하면서 화려해지고 예배 의식이 연장되지만, 점차 성찬 중심의 미사로 집중되며 화체설에 근거하여 극화되고 희생 제사의 성격을 가지게 된다.

종교 개혁은 예배의 회복을 시도하였다. 그러나, 개신교회에도 견해 차이가 존재하였다. 영국 교회나 루터 교회와 같은 보수파는 전통적 예배를 최대한 보존한 반면에, 재침례파나 퀘이커와 같은 급진파는 전통적인 예배를 전면 부정하고 고린도전서 12-14장과 같은 자유 예배를 추구하였다. 개혁파는 중도적인 입장을 취하였는데, 즈빙글리가 주도하였다. 그는 말씀과 성찬의 2부로 예배를 구성하였으며, 성찬을 1년 4회로 제한함으로써 사실상 말씀 중심의 예배로 전환하였다. 그 순서는 성경봉독, 기도, 설교, 죄의 고백, 시편송, 축도로 단순화하였다. 그 후 칼빈은 이를 준용하여 1542년 "제네바 예식서"를 발표하였는데, 예배에의 부름(시편), 죄의 고백(초청과 기도), 시편송, 조명을 위한 기도, 성경봉독, 설교, 대표기도(주기도로 마침), 축도(민 6:24-25)로 구성되었다. 장로 교회 예배모범이 된 "웨스트민스터 예배모범"이 1644년에 발표되었는데, 예배에의 초청, (하나님의 임재와 수용, 임재를 위한) 기도, 구약봉독, 신약봉독, 시편송, (사죄와 중보, 조명을 위한) 대표기도, 설교, (감사와 중보)기도, 주기도, (성찬식), 시편송, 축도의 순서로 구성된다. 상대적으로 찬송과 성찬이 약화되고 말씀이 강화되었다.

3. 현대의 예배갱신 운동

기독교의 전통적 예배는 20세기에 접어들면서 변화의 도전에 직면하였다. 산업혁명으로 인한 현대 사회의 근본적 변화와 기독교의 세속화는 교회에 경각심을 불러 일으켰으며, 과연 기독교가 미래에 존속할 수 있을지에 대해 회의와 우려를 초래하였다. 기독교의 존속

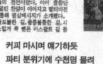

「열린예배」 인기 폭발

신세대 감각 접목 형식파괴

기존의 예배의식에 젖혀 구애받지 않고 현대적 감각의 문화를 예배에 접목시켜 감동을 끌어들이는 열린예배가 신세대들사이에서 폭발적 인기를 끌고 있다. 특히 이 깊은 인기에 힘입어 이를 준비하는 교회가 속출하고 있어 한국교회내에서 열린예배의 돌풍이 불 것으로 전문가들은 내다보고 있다. 지난 16~18일 서울 온누리교회(하용조 목사)에서 열린 3일동안의 열린예배에 무려 8천여명이 참석했다. 참석한 대부분의 사람들은 20, 30대가 주류를 이루고 있다.

예수촌교회(손종태목사)는 21일부터 매주 토요일 오후 7시 대치동에 걸려 한국교회 100주년기념관에서 열린예배를 드린다. 예수촌교회는 이번 열린예배에 컨티넨탈싱어즈 출신 그룹인 '나우 앤 덴', 주찬양선교단 출신 그룹인 '여호수아 제네레이션'과 그룹 기름 등을 투입한다. 「크리스마스 점심」, 「과거, 현재 그리고」, 「잘못된 서로홍어틴」 등의 주제가 말하듯 메시지도 신세대와 불신자를 겨냥하고 있다.

또 사랑의교회(옥한흠목사)도 금명간 열린예배를 갖기위해 찬양팀과 영상팀 그리고 장소 등을 물색하고 있다.

온누리교회의 열린예배는 교회 커피숍과 2백50석 규모의 순원홍에서 드려졌다. 4백l명으로 구성된 오케스트라의 성탄축하 찬양연주에서 참석자들은 예배의 시작을 알리는 서곡임을 쉽게 알아차린다. 마치 웅장한 음악홀에서 자신이 직접 연주에 참여한 것처럼 온몸이 빨려들어감을 느꼈다는 것이 참석자들의 전언이었다. 이어 찬양단의 열린 찬양이 이어지고 멀티비전을 통해 영상메시지가 소개됐다. 교불포물분한 길, 울퉁불퉁한 길, 시원스럽게 쭉 뻗은 아스팔트 길 등

커피 마시며 얘기하듯
파티 분위기에 수천명 몰려
온누리교회이어 잇달아 기획

깍가지 모습을 담은 길이 영상으로 상영됐다. 열린예배의 주제가 '길'이었기 때문이다.

그리고 하용조목사의 길에 대한 메시지가 평소보다 짧은 20여분간 진행했다. 메시지가 끝난 뒤 유럽댄싱(예배댄싱)이 진행될 때 참석자들은 커피와 샌드위치 피자 파일 그리고 각종 음료등을 즐기며 거룩

과 연인 친구들과 예배파티를 갖는다. 이번 아는 워심댄싱이 보조를 맞춰 홍을 주기도 했고 이번 아는 감동에 젖어 그 자리에서 두 물을 끌고 손을 치켜들며 감사의 기도를 하기도 했다.

열린예배란 기독교의 권투적 식을 뛰어넘어 '문화의 참여'를 통

해 성도에게는 감동을, 불신자에게는 복음의 자연스런 접근을 가져다 주는 새로운 예배형태를 의미한다.
(南炳坤)

40여명의 오케스트라가 18일 온누리교회에서 '크리스마스 페스티벌'이란 이름을 가진 열린교회에 참석한 성도들과 함께 감동을 나누고 있다(위). 예수촌교회가 준비하고 있는 열린교회 멤버들.

과 발전을 추구하는 다양한 운동들이 다양한 예배갱신 운동을 발생시켰다.

자유예배 운동 : 1901년의 오순절 운동, 60-70년대의 성령 운동에 이어, "제3의 물결"이라는 이름으로 일어난 은사 운동이 80년대에 발생하였는데, 빈야드 교회 존 윔버의 『능력전도』와 『능력치유』로 대표되며, 90년대에는 '토론토 블레싱'이 나타났다. 빈야드 운동이 주장한 은사개발을 통한 교회 성장론은 성령운동과 교회성장이라는 양대 열기에 휩싸인 한국 교회 목회자들에게 큰 호응을 받았는데, 그 방법론으로 예배갱신을 제시하였다. 그들은 고린도전서 12-14장의 자유예배를 주장하였으며, 현대적 찬양을 강조하고 무용, 연극 등을 도입하였다. 전통적 예배 순서를 부정하고, 성령이 인도하는 평신도 중심의 자유예배를 추구한다. 그리고 신유와 방언을 비롯한 신비적 은사들과 성령의 안식을 강조한다.

구도자예배 운동 : 세속화와 숫적 감소로 위기에 직면한 서구 교

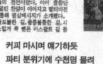

회에서 교회 성장학파가 발생하였다. 선교와 전도가 강조되었으며, 그러한 맥락에서 예배의 중요성이 인식되었다. 전근대적인 예배당 구조가 현대적이고 실용적인 건축 방식으로 변모되고, 새 신자들이 부담을 느끼지 않고 잘 적응할 수 있는 열린 예배 분위기와 예배 형식이 추구되었다. 빌 하이블스의 윌로우 크릭 교회가 대표적으로 92년에 시작한 이 형태는 4년 후 700교회로 확산되었으며, 한국 교회에도 상당한 영향을 미치고 있다. 예배의 기본적 패턴은 밴드의 전주, 환영 인사, 보컬 듀엣, 드라마, 보컬그룹의 연주, 드라마, 성경봉독, 밴드가 곁들여진 노래, 헌금(구도자 제외), 메시지, 토론 및 교제의 순이다. 이런 예배 순서나 분위기 조성은 과학적인 조사와 통계 분석을 통해 이루어진다.

예배 복고 운동 : 금세기 초 근본주의의 발생은 많은 교파의 분열을 초래하였으나 또 한편 교회의 위기 의식과 세계화는 다양한 연합 운동을 발생시켰다. 연합 운동이 직면한 문제의 하나는 예배 전통의 교파적 불일치로서, 예배의식의 일치를 위하여 예배의 역사에 대한 연구가 활발히 진행되었고, 그에 따른 일치가 제시됨에 따라 보다 초대 교회적이고 원형적인 복고적 예배가 회복되고 있다. 특히 WCC의 BEM(세례, 성찬, 그리고 목회) 문서는 1982년 리마에서 채택되어 리마 예식서라고도 불리는데, 개신교회가 초대 교회의 예배에 비추어볼 때 너무 성례전을 소홀히 하고 말씀에만 치우친 점을 반성하고 성례전의 회복을 일으키는 계기가 되었다. 또한 교회의 전통적 예배문과 교회력을 복원하여 예식서의 출판과 보완들이 이루어졌다.

예배언어 개혁운동: 해방신학을 비롯한 행동신학은 예배와 생활이 분리되어 있으며 예배언어가 기득권 중심의 전통적 가치를 반영하고 있다고 주장하고, 예배언어의 개혁을 시도하였다. 권위적이고 고답적인 언어를 서민적이고 일상적인 언어로, 남성 중심적 언어를 포괄적 언어로, 약자나 장애인을 비하하는 언어를 존중과 사랑의 언

어로 바꾸고, 예배언어를 환경 친화적이고 사회 변혁적인 언어로 변형시켜 예배가 단순히 형식과 의식에 치우치지 않고 공동체적 각성과 헌신의 계기가 되도록 만든다.

그 외에도 멀티미디어 예배(텔레비전 유선방송, 전자 교회, 위성 교회, 사이버 교회), 토착화 예배, 실험 예배 등 다양한 예배운동이 전개되고 있다.

[21세기의 효과적 예배] 예배는 그 자체에 목적이 있지 않고 본래의 목적을 위한 방편이다. 따라서 목적을 달성하지 못한다면 예배 순서는 무의미하고 형식에 불과할 뿐이다. 그러면 예배의 직접적 효과는 무엇인가? 예배는 하나님께 드리는 의식과 헌신이기 때문에 하나님이 그 예배를 기쁘게 받아야 한다. 그러면 우리는 어떻게 하나님의 열납을 확인할 수 있는가? 그것은 하나님의 축복과 은혜, 평화와 결실로서 예배자가 체험할 수 있다. 즉 신과 인간의 쌍방적 교제가 이루어질 때 예배가 완성된다. 그러면 우리가 어떻게 하나님이 열납할 수 있는 예배를 드릴 수 있는가? 요한복음 4장과 로마서 12장은 진정한 예배를 가르쳐 주는 중심 성구이다. 따라서, (1) 신령한 예배를 드려야 한다. (2) 진실한 예배를 드려야 한다. (3) 헌신된 예배를 드려야 한다.

다른 한편, 예배를 드리는 주체가 인간이며 인간의 표현 방식은 문화와 불가분리의 관계를 가지고 있으므로 그 공동체의 문화적 양식이 고려되어야 한다. 틸리히가 지적한 대로, "종교는 문화의 실체이며, 문화는 종교의 형식이다." 한국인은 한국인의 언어와 정서로 예배드릴 때 가장 효과적으로 예배드릴 수 있으며, 현대인은 현대적 방식으로 예배드릴 때 그의 마음을 가장 잘 표출할 수 있다. 그리고 한 교회 공동체 안에서 서로 다른 문화 방식이 공존한다면 예배에도 그러한 현실이 반영되어야 한다. 예배 공동체 구성원들의 문화가 무시되면 점차 예배는 적용성을 상실하고 활력과 역동성을 상실하게 된다. 특정한 민족 문화나 시대 문화를 이상적 예배 형식이라고 규정할 수 없다. 그러나 예배의 내용과 올바른 자세는 원리적으로 성경에 계시되고 지시되어 있으므로 불변적 요소와 가변적 요소, 즉 본질적 요소와 문화적 요소를 구별하여 효과적인 예배를 드리는 데 가장 적합한 효과적 배합이 필요하다.

[성경적 예배의 회복] 성경은 공동 예배를 권장하고 있으며, 성찬, 말씀, 기도, 찬송을 주된 내용으로 한다. 초대 교회는 그에 따라 성경적 예배를 유지하였으나 중세 교회와 개신교회는 편중된 강조를 통하여 예배의 균형을 상실하였다. 그러므로 성경적 가르침과 초대 교회의 전통을 중시한다면 예배의 균형 있는 회복이 필수적으로 요청된다. (1) 성찬의 회복: 종교개혁까지 교회는 매일, 혹은 최소한 매주 성찬을 거행하였다. 그러나 중세 가톨릭의 과도한 성찬 집중에 대한 반감으로 일부 개신교회가 성찬을 1년 1-2회로 축소시키고 그것도 형식화되었다. 칼빈은 그러한 축소를 "마귀의 간계"라고 비판하고 최소한 매주 1회 거행되어야 한다고 주장하였다(기독교 강요 IV.xvii.46). (2) 말씀의 회복: 설교는 개혁교회에서 강화되었으나, 말씀을 읽는 것은 약화되었다. *sola Scriptura*는 강조하지만, *tota Scriptura*는 중시되지 않고 기호에 맞는 성경을 교파주의적 방식으로 설교한다. 설교에 설교자의 주관적 주장이 하나님의 말씀을 대치하고, 설교자의 경건이 부족하여 성령의 조명과 인도가 약하다. (3) 기도의 회복: 기도회가 예배로 흡수됨에 따라 진정한 공동체적 기도가 약화되고, 성도들의 공동 기도가 성직자의 전유물로 집중되었다. 또한 기도자의 준비 부족과 대상 착오적인 연설식 기도가 등장하여 기도를 오염시키고 저질화하였다. 초대 교회적 연도와 기도문의 회복이 요청되며, 모든 예배자가 공감하고 공동 기도할 수 있는 공기

도의 인식이 필요하다. (4) 찬송의 회복: 시편과 바울 서신 등에서 보는 대로 찬송은 예배의 본질적 요소였으나 종교 개혁이후 개혁교회에서 약화되었다. 그에 따라 예배가 경화되고 찬양의 활력이 상실되었다. 더 열정적이고 즐거운 영적 찬양의 회복이 요청된다.

[효과적 예배 회복을 위한 실용적 제안] 예배의 구체적인 형식은 성경이 확정하지 않았지만 그 원리는 명시되어 있다. 성경으로부터 기원하는 예배의 전통이 역사적 변화를 거쳐 오늘에 이르렀지만 여전히 전통은 중시되어야 한다. 예배의 혼란을 초래한 고린도 교회에게 준 결론처럼 "모든 것을 적당하게 하고 질서대로 하라"(고전 14:40). 전통의 근본적 변화는 역사의 흐름 안에 있는 공동체가 수용할 능력이 없기 때문에 점진적인 회복이 필요하다. 21세기 한국의 보수적 장로교회가 수용할 수 있는 예배의 회복방안을 제시하자면, (1) 성찬의 확대, (2) 기도문을 포함한 예배문의 도입, (3) 찬양 사역

"I tried to tell him not to change the order of service."

9장
문화와 예배

의 확대, (4) 예배자의 참여 확대: 연도, 찬송 형태의 예배문, 헌신 서약 등, (5) 예배 형식의 현대화 및 대중화, (6) 예배 언어와 설교의 실천적 변혁, (7) 예배 인도자의 신전 의식(*coram Deo*) 강화와 성령 충만 등을 들 수 있다.

변덕스러운 침입[75]

도와주세요! 기기의 혁명이 있었어요.

현대 음악 운동이 교회에서 우리가 *어떻게* 음악을 만드는지 못지 않게 어떤 노래를 부르는지를 바꾸고 있다. 현대 음악을 사용하는 교회의 비율이 커지고 있고 또한 비전통적인 악기를 사용하는 교회의 수도 상승하고 있다.

최근에 Christianity Today International과 자매 출판물인 Your Church가 실행한 조사에 따르면 사용하는 음악 중 적어도 사분의 일이 현대 음악인 교회가 65%였다. 전체 교회 수의 절반 이상이 전자 키보드를 그리고 사분의 일 이상이 호른을 사용한다.

출석인원에 관하여: 현대 음악 교회들 (현대 음악을 주로 사용하는 교회들)은 평균적으로 혼합 음악 교회들(현대 음악과 전통적인 음악을 사용하는 교회들)보다 월등하게 크고 전통 음악 교회들 (전통 음악을 주로 사용하는 교회들)은 혼합 교회들보다 작다. 현대 음악 교회들은 일주일에 505명의 예배 참가자가 평균이고 혼합 음악 교회들은 282명, 전통 음악 교회들은 166명이 평균이다.

찬송가에 관하여: 혼합 음악 교회에서 사용하는 찬송 음악의 과반수 (61%)는 여전히 전통적인 음악이다. 혼합 음악 교회들의 90%는 아직 찬송가(책)을 사용하는 반면에 현대 음악 교회의 30%만이 찬송

---

75) 본 제목 하의 아래 내용은 Leadership, 2002년 1월호에서 따온 것이다.

가(책)을 사용한다. 혼합 음악 교회들의 25% 정도는 현대 곡들을 부를 때 합창단의 책을 이용한다.

화면에 관하여: 현대 음악 교회의 80%는 대형 화면과 영사기를 사용한다. 혼합 음악 교회들의 44%만이 화면을 사용한다. 전통 음악 교회들의 9%만이 비디오 영사를 예배에 이용한다.

교류에 관하여: *Up with Worship*(Broadman and Holman, 2000)의 저자 안느 오트런드(Anne Ortlund)는 음악 형태의 혼합은 모든 교회를 통틀은 부흥을 나타낸다고 주장한다. 그녀는 그녀의 사위 월트 하라(Walt Harrah)의 말을 인용한다: "전통적인 교회들이 부흥할 때 그들은 워십송들을 부른다. 현대적인 교회들이 부흥할 때 그들은 찬송가를 부르기 시작할 것이다."

오트런드는 그녀의 또 다른 사위가 목회하는 현대식 빈야드 교회의 음악에 감동을 받았다고 한다. "그들은 '면류관 가지고'(Crown Him with Many Crowns)의 네 절을 불렀다, 아주 느리게."

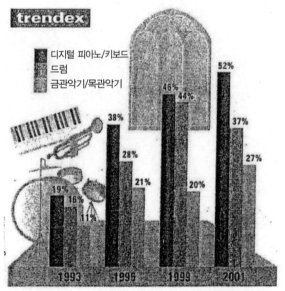

교회 음악 형식: 22% 현대, 35% 전통, 43% 혼합

제4부
종교 문화의 변혁

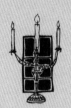

10장

포스트모던 시대의 종교 문화

1. 세속화란 무엇인가

세속화(世俗化, secularization)는 영속적이며 우주적인 현상이다. 그러나 이러한 과정이 우리 시대에서 극에 달하고 있기 때문에 현대를 "세속화의 시대"라고 부른다. 현대의 세속화는 매우 조직적이고 범세계적이어서 "1928년 국제선교대회에서는 세속주의를 힌두교, 이슬람교 등 기독교의 경쟁 세력들과 함께 나열하고, 그 중에 가장 위협적인 것이라고 평가하였다."[76] 레슬리 뉴비긴(Lesslie Newbigin)이 서술한 대로 "우리가 살고 있는 이 시대의 가장 심각한 사실은 세속화라는 하나의 운동이 모든 대륙의 사람들을 그 아래로 몰아가는

---

[76] L. Newbigin, *Honest Religion for Secular Man*, London 1966, 7; 그러나 이 입장은 멕시코 선교회의에서 다음과 같이 변경되었다: "우리는 세속화의 과정 자체에 대하여는 낙관적이지도 비관적이지도 않다... 세속화는 인간에게 새로운 자유와 새로운 속박이라는 두개의 가능성을 열어 준다." (19); 이 두 가능성에 대해서는 139-140페이지에서 논의되고 있는데, 하나는 그리스도안에 있는 자유의 새로운 삶인 반면, 다른 하나는 기존의 절대가치들을 폐기시킴으로서 혼란의 홍수에 수문을 열어 인간의 상실을 초래하는 것이다.

시대라는 점이다."[77] 그것은 "우리 주위의 공기와 같은" "보조 환경 (supporting atmosphere)"이 되어 버렸다.[78] 그것은 단순한 주관적인 판단이 아니라 하나의 분명한 "객관적인 과정"이며 "역사적인 문제"이다.[79]

최근에 출판된 연구 보고서 『화란의 세속화 1966-1991』는 1909년에 화란 인구의 95%가 기독교인이었으나[80] 1991년에는 불과 43%로 격감하였음을 보여 준다.[81] 그리고 이 보고서의 예측에 의하면 이러한 감소 추세는 앞으로도 계속되어 2020년에는 화란 국민의 24%만이 기독교인으로 남을 것이다.[82] 교회적 관점에서 볼 때, 우리 시대는 의심할 여지없이 세속화의 시대이다. 현재 서구 교회는 전반적으로 측정과 조절의 한계를 넘어 교인들을 잃고 있다. 비록 교회의 세속화와 감소가 일차적으로는 서구적 현상이지만, 이 지구촌 시대에 서구와 비서구 교회가 함께 세속화라는 공동적인 문제에 직면하고 있다. 발베르트 뷜만(Walbert Bühlmann)이 올바로 지적한 대로, "만일 어떤 사람이 세속화는 유럽의 문제이며 아프리카와 아시아는 전혀 무관하다고 생각한다면, 그는 자신을 속이고 있는 것이다."[83] 대부분의 비서구 교회가 증가하고 있는 것이 사실이지만, 그들 또한 세속화와 직면해 있다는 것도 부인할 수 없는 사실이다.

---

77) *Ibid.*, 11.
78) L. E. Loemker, "The Nature of Secularism," in: J. R. Spann, ed., *The Christian Faith and Secularism*, New York 1948, 11.
79) O. Chadwick, *The Secularization of the European Mind in the Nineteenth Century*, Cambridge 1975, 264; "단순히 말하자면… (세속화는) 지난 200여년 동안 유럽사회에서 일어난 모종의 현상에 대한 서술(이다)."(266)
80) Cf. J. W. Becker and R. Vink, *Secularisatie in Nederland 1966-1991: De verandering van opvattingen en enkele gedragingen*, Sociale en Culturele Studies 19, Sociaal en Cultureel Planbureau, Rijswijk 1994, 46.
81) Cf. *ibid.*, 182: "…단지 인구의 16%만이 교회에 정기적으로 출석한다."
82) Cf. *ibid.*, 189; "1958년부터 2020년의 60여년의 기간을 분석해 보면, 이 시기의 초에는 국민의 75%정도가 기독교인이었고 25%정도만이 아니었으나, 이 시기의 말에는 그 수치가 거꾸로 전도되었다. 현재는 이 과정의 중간에 있어서, 교인과 비교인의 비율은 대략 50대 50이다." (192)
83) W. Buhlmann, *The Coming of the Third Church*, New York 1978, 303f.

문화신학

1988년 한국을 방문하여 약 10개월 동안 급성장한 한국 교회를 면밀히 분석하며 연구한 레오 오스터롬(Leo Oosterom)은 "한국의 모든 교회가 가까운 미래에 직면하게 될 최대의 이슈는 세속화의 문제가 될 것이다"고 결론 내렸다.[84] 실로 유럽과 한국을 포함한 전세계 기독교의 존속과 발전은 우리가 어떻게 이 현대 세속화의 강력한 흐름을 성공적으로 극복할 수 있느냐 하는 질문과 그 대답에 달려있다. 그러므로 교회의 모든 신학자들과 지도자들은 이 문제의 해결을 요청 받고 있다. 본고는 이러한 질문에 응답하려는 시도 특히 한국 교회에서 부상하는 세속화의 문제를 해결하려는 하나의 시도로서 먼저 혼란된 세속화의 개념을 신학적으로 정리하는 서설적 작업이다.

[세속화란 무엇인가] 우리의 출발점은 한국 교회의 세속화가 서구의 세속화와 어떤 연결을 가지고 있느냐 하는 질문이다. 왜냐하면 "세속화"라는 용어로 의미되는 바가 상황에 따라 심각하게 다르기 때문이다. 서구 교회는 세속화를 일차적으로 "비기독교화(de-christianization)"와 그 사회적 결과로 이해하는 반면, 한국 교회들은 이 용어를 한결같이 현대의 이데올로기들, 유행하는 풍조들, 또는 종교적 혼합주의와 같은 세상 정신의 유입과 관용을 통한 교회의 영적 타락을 서술하는데 사용한다. 이것은 로마서 12장 2절에 나오는 "세상을 본받는 것" 즉 "세상화(verwereldijking)"의 개념과 거의 동일하다. 서구적 이해가 사회적이며 현상적인 측면에 관심을 가지는데 비해, 한국적 견해는 영적이며 교회적인 측면을 강조한다. 이 연구는 특별히 한국교회의 세속

---

84) L. Oosterom, *Contemporary Thought in the Republic of Korea: Three case-studies on the missionary thought of Presbyterian churches in Korea*, IIMO Research Publication 28, Utrecht-Leiden 1990, 115.

화를 다루는데 그 목적이 있기 때문에 한국적 정의가 사용될 것이지만 그것이 서구의 것과 상당히 연결되어 있다고 가정하기 때문에 우리는 먼저 서구의 세속화 개념을 살펴보려고 한다.

서구에서 세속화는 사회학과 신학 분야에서 대대적으로 논의되어 왔다. 그 결과 서구의 세속화 이해는 이 현상에 대해 심오한 분석과 관조하는 통찰력을 제시해 준다. 그러나 그것은 또한 세속화의 주제와 무수한 정의들에 대한 혼미한 논쟁들로 인하여 심각한 혼란을 야기시켰다.[85] 그러므로 우리의 이해를 분명히 하기 위해서는 세속화에 대한 사회학과 신학의 논의가 거친 개발 과정을 추적해 보는 것이 필요할 것이다. 세속화는 현대의 서구에서 중요한 사회적 현상이므로 많은 사회학자들이 그것을 정의하려고 시도하여 수많은 정의들을 산출하였다. 래리 샤이너(Larry Shiner)는 이러한 정의들을 5개의 범주로 요약하였다. (1) 종교의 사회적 감소(decline), (2) 종교집단의 세상에 대한 모방(conformity), (3) 세계의 비신성화(desacralization), (4) 종교의 사유화(privatization), 그리고 (5) 신앙내용과 행동방식의 "종교적" 영역에서 "세속적" 영역으로의 전이(transposition).[86] 이 포괄적 정의는 일반적으로 동의되지만 문제는 "종교"라는 말의 이해에 놓여 있다. 왜냐하면 그 주제는 단지 현상을 서술하는 사회학에 속하지 않기 때문이다.[87] 사회학자는 다양한 종교관에서 개인적 선택을 해야 하는데, 그것은 필연적으로 그 자신의 "해석"을 수반하기 때

---

85) 세속화에 관한 가장 총괄적인 참고문헌목록은 다음에서 발견된다: K. Dobbelaere, "Secularization: A Multi-Dimensional Concept," *Current Sociology, The Journal of the International Sociological Association*(1981), 29:2, 161-213.

86) Cf. L. Shiner, "The Meanings of Secularization," *Secularization and the Protestant Prospect*, Philadelphia 1970, 31-40; G. Dekker, "Secularisatie in de westerse samenleving," in: G. Dekker and K. U. Goebler, ed., *Secularisatie in theologisch perspectief*, Kampen 1990, 32: 그는 세속화라는 말을 3가지 방식으로 사용한다: (1) "종교의 감소로서의 세속화", (2) "종교 영역의 감축으로서의 세속화", 그리고 (3) "종교의 (세속적) 적응으로서의 세속화".

87) G. Dekker and J. Tennekes, "What do we mean by secularization?" in: D. C. Mulder, ed., *Secularization in Global Perspective*, Amsterdam 1981, 11, 15, 19-21.

문에,[88] 무엇이 종교적이고 무엇이 세속적인지에 대한 그들의 정의는 객관성을 결여하고 있다. 나아가 사회학은 종교적 중립을 주장하기 때문에 과학적이고 객관적인 것처럼 보일지라도 사실은 너무나 추상적이어서 한 종교에서 다른 종교로의 개종과 같이 실제적인 경우 그들은 세속화를 규정할 능력이 없다. 한국에서 일어나는 실제 상황을 예로 들어 본다면 금세기에 전통 종교로부터 기독교로의 거대한 개종이 발생하였다. 이 경우에 종교 중립적인 사회학적 정의에 따른다면 전통 종교의 입장에서는 그것이 심각한 세속화이지만 기독교의 입장에서는 전혀 그렇지 않다. 이 예증은 세속화와 종교의 개념은 상호 분리할 수 없으며, 따라서 종교 중립적인 사회학은 실제적이고 진정한 의미에서 이 문제를 논하는 데 결정적인 제한성을 가지고 있다는 사실을 보여 준다. 그 결과 어떤 사회학자는 "세속화"라는 단어의 사용 자체를 포기하자고 제안하기도 하였다.[89] 그러나 "보편적으로 사용되는 용어의 폐기는 단지 환상에 불과하다."[90] 따라서 "누구든지 이 용어를 사용하는 사람은 먼저 자기가 그 단어의 의미하는 바를 정확하게 천명하고 그 특정한 의미에 충실하도록"[91] 제안되기도 한다.

[세속화 이해의 신학적 변화] 이 세속화의 문제에 대해 서구 교회들은 과연 어떻게 이해하고 다루어 왔을까? 첫번째 반응은 강하게

---

88) A. van Egmond, "De gevolgen van het secularisatieproces: Reacties in de theologie," in: Secularisatie in theologisch perspectief, 116.
89) Cf. A. J. Nijk, Secularisatie: Over het gebruik van een woord, Rotterdam 1968, 343: "세속화라는 용어는 극도로 혼란을 야기하며 어느 모로도 현대의 종교 연구를 명료하게 하는데 도움을 주지 못한다."; Dekker and Tennekes, "What do we mean by secularization?" 11: "정의들 간의 차이가 너무 커서 쉽사리 세속화라는 용어를 더 이상 사용하지 말자는 요구를 일어나게 한다."; "이 문제에 관심을 기울였던 많은 사람들이 이 세속화라는 단어의 '과학적'(즉 사회과학에서) 사용에 대해 심각한 반론을 가져왔다."(19)
90) Ibid., 11.
91) Ibid.

부정적이었는데, 이는 1928년 세속주의(secularism)를 기독교의 최대 적수로 규정한 사실을 보면 잘 알 수 있다.[92] 헨드릭 크래머(Hendrik Kraemer)는 서구 세속주의가 인간 자율의 복음을 전세계에 전파하는 사이비 종교라고 보고, 문화적 서구화와 기독교 선교의 근본적인 분리를 요구했다:

비록 인간이 과학과 창조적 비판을 통하여 모든 인간 활동의 조직화에 의한 삶의 통달에 대단한 진보를 가져왔으나, 인생의 내적 구조는 알아차리지 못하게 그러나 점진적으로 붕괴와 분해의 세력들에 의해 훼손되어 왔다. 서구에서 이것은 지난 몇 세기 동안에 일어난 서구 문화의 내적 동향들의 개발에 그 뿌리를 두고 있다. 한편 동양인들에게는 그것이 서구인들의 영향에 의한 결과로 발생했다.[93]

기독교와 진보주의적 서구 문화와의 그릇된 동일시의 마술이 깨어지고 있다... 기독교가 경제적 참상과 사회적 혼란을 일소해 준다고 약속하는 것은 환멸을 자초하는 행위이다... 사회적, 경제적 및 정치적 질서를 "기독교화"하는 것은 비록 다양한 선교적 표현의 생동적인 행위에 필수적으로 포함되지만, 그것이 결코 (선교의) 진정한 동기와 궁극적인 목적이 될 수는 없다.[94]

그는 또한 비기독교 종교들의 세속화도 그것이 신앙과 실생활의 분리를 조장하기 때문에 기독교 선교에도 부정적인 결과를 유발시킬 수 있다는 사실을 지적하였다.[95]

---

92) 1페이지를 보라.

93) H. Kraemer, *The Christian Message in a Non-Christian World*, Edinburgh 1938, 4f.

94) *Ibid.*, 59f.

95) Cf. *ibid.*, 438f: "이것이 반드시 필요한 종교의 정화로 해석되는 것은 정당하지만, 그 두 원인들이 또한 철저한 삶의 세속화를 통하여 기독교회에 불안한 결과를 도모할 수도 있다는 사실을 결코 잊지 말아야 한다. 이 단순한 시골 환경이라 할지라도 기독교가 실생활과는 별 연관 없이 주일에 교

그러나 2차 대전 이후 두번째 반응이 유럽 신학에서 개발되었다. 프리드리히 고가르텐(Friedrich Gogarten)은 세속화가 기독교의 궁극적인 목적이며 마지막 발전 단계라고 주창하였다. 화란에서도 아렌드 반 레우벤(Arend Th. van Leeuwen)은 세속화에 대해 가장 충격적이며 극도로 긍정적인 견해를 제시하였다. 서구 식민 통치의 황혼에서 그는 서구 문명의 확장이 끝나지 않았으며 오히려 이제 "과거보다 훨씬 더 위대한 정복"을 성취할 것이라고 주장하면서,[96] "누구든지 한 번 서구 문명의 열매를 먹은 사람은 다시 돌아설 수 없다"는 판결을 선언했다.[97] 인류 역사의 운명은 배타적으로 이스라엘에서 서구로, 서구에서 전세계로 나아가는 역사 선상에 고정되어 있다는 그 자신의 견해에 기초하여, 그는 기독교화란 서구화이며 세속화라고 주장하였다.[98] 그리하여 반 레우벤은 서구의 "기독교 문명"을 퍼뜨리는 서구 선교의 문화적 형태를 "새로운 채널의 진보"로 인정하라고 주장하였는데,[99] 그러기 위해서는 먼저 "기독교의 세속화"가 일어나야 한다.[100] 이러한 급진적 세속화 이해는 또한 미국의 세속화 신학과 사신신학에서도 발견되는데, 그러한 신학은 교회들에게 "불충분한 호소력과 미약한 설득력"을 가졌을 뿐이었다.[101] 그러나

회 가는 일이 되어 버릴 위험성은 유럽이나 미국의 도시생활에서만큼 크다...서구 문화의 일부인 선교가 공헌한 현대생활과 그 발명품, 그리고 태도의 비신성화하고 세속화하는 영향에 의해서, 모든 삶의 영역을 신앙과 연결시키는 오래된 유대는 파괴되고 있다. 이것은 위대한 수확이지만 동시에 막대한 손실이다."

96) A. Th. van Leeuwen, *Christianity in World History: The Meeting of the Faiths of East and West*, tr. H. Hoskins, Edinburgh 1964, 13.

97) *Ibid.*, 14.

98) Cf. *ibid.*, 420: "우리 시대에서 '기독교화'란 오로지 사람들이 기독교역사를 향한 전향적 운동에 연루된다는 것을 의미할 뿐이다."; "흔히 '세속화'라고 불리는 종교적 억압으로부터의 해방 과정 자체가 서구 기독교 문명의 산물이 아니며, 그것이 기독교 역사의 진행 과정에서 양성된 힘에 의해 가동되지 않았는가?"(16)

99) *Ibid.*, 19.

100) *Ibid.*, 414: 그는 서구의 현대 기술 문화가 예수님이 요 14:12에서 그가 한 일보다 "더 큰 일"로 "넌지시 언급한" 것이라고 생각한 바이젝커(Carl Friedrich von Weizsaecker)와 동의한다.

101) W. Hudson, *Religion in America: An Historical Account of the Development of American Religious Life*, New York 1973², 414.

그것은 1960년대의 신학적 논의와 연합 운동에 적지 않은 영향을 미쳤는데, 이는 비록 그것이 대부분의 신학자들에게는 과거의 부정적이고 내세주의적인 세계관에 대한 반동적 표현이었지만, 이 긍정적인 견해가 유럽 신학계에서 당시에 지배적이었기 때문이다.

그러나 오늘날 새로운 변화가 일어나고 있다. 롭 반더 즈반(Rob van der Zwan)에 의하면 거부(1928-1950)와 수용(1950-1975)의 시기를 지나서, "신학자들이 세속화로 야기된 교회적 및 종교적 붕괴를 의식하게 되면서 전 시기의 특징이었던 모종의 도취감이 서구 기독교의 입장과 가능성에 대한 현실적인 고려로 대치되고 있다."[102] 이 현실론은 유럽 신학에서 일어나고 있는 일종의 "위기"의식을 반영하는데, 유럽에서 기독교의 주변화는 지금 심각한 단계에 돌입하고 있다. 첫째로, 세속화에 대한 긍정적 지지가 유럽 신학에 일종의 공허감을 가져다 주었다. 왜냐하면 그것이 교회나 사회에 아무런 긍정적 공헌도 하지 못하고 도리어 부정적이고 자기 파괴적인 결과를 가져와 교회가 사회에서 영향력과 준거를 상실하고 소수로 전락해 버렸기 때문이다. 둘째로, 종교 사회학이 더 이상 종교적 중립성을 유지하지 못하고 이제 조심스럽게 사회적 책임을 감당하려고 한다. "종교 사회학에서 어떤 형태이든 종교가 없이는 사회가 존속할 수 없다는 주장이 자주 제기되어 왔다"고 언급하면서, 데커(G. Dekker)는 세속화가 결코 사회를 위해서 바람직한 개발이 아니라고 말하는데, 왜냐하면 그것이 건전한 사회에 불가결한 "의미부여 체계"(zingevingssysteem)와 "가치 체계"(waardensysteem)를 파괴하기 때문이다.[103] 이러한 사회학적 방향 전환은 그 동안 세속화 논의에서 상

---

102) R. van der Zwan, "Searching for Indian Secularization: An unassuming Quest for Secularization in the Indian Christian Context since 1947," *Exchange* 19(1990): 99-104. 그는 세속화에 대한 유비적 접근방법에 따라 먼저 서구에서의 세속화를 분석하고, 서구 교회와 신학에서 세속화에 대한 태도의 변화를 시기별로 분류하였다.

103) Cf. Dekker, "Secularisatie in de westerse samenleving," 42-46.

당히 종교 사회학에 의존해 왔던 신학자들을 일깨우고 있다. 나아가 앞에서 지적한 대로 사회학이 드디어 세속화에 관한 확정된 정의가 없다고 고백하였다. 실로 세속화 신학자들은 사회학에 의해 너무 혼돈되어 심지어 전통적으로 "성화"에 포함시켰던 세상의 우상들을 신이 아니라고 선언한다든지 그로부터 영적으로 속박된 사람들을 해방시키는 일을 "세속화"라고 불렀던 것이다. 이제 그들은 교인의 감소나 세상과의 타협이라는 용어의 일차적이며 본질적인 의미로 다시 돌아가고 있으며, 한편 혼란된 개념들은 적당한 새 용어들을 사용하여 분명하게 정리하고 있다. 셋째로, 종교 이후 사회(post-religious society)라는 신화가 무너져 가고 있는데, 이는 새로운 종교들이 기독교를 대치하고 있기 때문이다. 안톤 베셀스(Anton Wessels)가 지적하듯이, "우리 시대에 이슬람을 포함한 종교들의 부흥 현상은 모든 세속화 이론들에게는 유감이지만, 우리로 하여금 다른 경향을 보게 만든다."[104] 토머스 몰나(Thomas Molnar)는 기독교의 공백에서 일어날 대규모의 재이교화 운동(repaganization movement)은 기독교의 부흥 운동으로 예방되지 않는다면 그 가능성이 높다고 설득력 있게 설명한다.[105] 한스 큉(Hans Küng)도 "종교가 아니라 그 사멸이 큰 환상이었다"고 비판하면서,[106] "하나님(God)을 기다리느냐 아니면 허무하고 의미 없는 고도(Godot)를 기다리느냐가 오늘날에 주어진 선택이다"라는 결론을 제시하였다.[107] 넷째로, 신학자들은 유럽에서 기독교가 소수로 전락하자 그들 자신을 교회와 더 밀접하게 일치시키고 함께 세속화의 문제와 투쟁하고 있다. 실로 신학자들은 과거 교회에 대해 비판적인 경향을 가지고 있었으므로 세속화에 대해 지배적으로 부

---

104) A. Wessels, *Kerstening en Ontkerstening van Europa*, Baarn 1994, 231.
105) Cf. T. Molnar, *The Pagan Temptation*, Grand Rapids 1987.
106) H. Kung, *Theology for the Third Millenium*, tr. P. Heinegg, New York 1988, 7.
107) *Ibid.*, 8.

정적인 교회의 태도에 동정적일 수 없었다.[108]

훼인호프(J. Veenhof)가 지적한 대로 "모든 세속화의 와중에서도 그들의 신앙에 이끌려 나아갔던 개혁교인들은 그 해답을 추구하는 데 있어서 매우 다른 방향으로 나아갔다."[109] 신학은 교회의 "내적 성찰"로서 교회를 섬겨야 하므로,[110] 세속화의 문제를 효과적으로 다루기 위하여 교회와 신학자들이 연합하여 세속화를 평가하고, 성경적이며 신학적으로 정의하는 노력이 지금 필요하다. 반 에그몬드(A. van Egmond)가 제시하는 대로 기독교적 정의는 단순히 현상적 "결과들"에 대한 분석에 머무르지 말고 좀더 깊은 "근원"을 다루는 영적이고 신학적인 것이어야 한다.[111] 그러면 세속화에 대한 서구와 한국의 이해 사이의 연속성도 훨씬 더 분명해질 것이다. 왜냐하면 두 교회 다 결국은 그리스도의 교회들이기 때문이다.

[세속화의 신학적 정의] 사회학에서 "세속화"라는 말을 사용하기 오래 전부터 교회는 이미 그 개념을 잘 알고 있었는데, 이는 "세상"에 대한 성경의 가르침이 그러한 경향성에 대하여 강한 경고를 주고 있었기 때문이다. 그것은 분명히 사회학적 이해보다 훨씬 더 종합적이고 예리하였다. 실천적인 이유에서도, 우리가 교회 안에서 이 문제를 논의하고자 의도한다면, 그 말이 교회에서 사용되는 대로 실용적인 정의(working definition)를 시도할 수밖에 없다. 기독교회들은 모든 종교의 세속화라는 중립적 정의가 아니라 오로지 기독교의 세속

108) Cf. Van Meuleman, "Het begrip secularisatie," in: Secularisatie in theologisch perspectief, 27.

109) J. Veenhof, "Geschiedenis van theologie en spiritualiteit in de gereformeerde kerken," in: M. E. Brinkman, ed., 100 jaar theologie: Aspecten van een eeuw theologie in de gereformeerde kerken in nederland (1892-1992), Kampen 1992, 81.

110) Van Egmond, "De gevolgen van het secularisatieprocess," 116.

111) Cf. ibid., 117.

화에 관심을 가진다.

바우더베인 리트휄드(Boudewijn Rietveld)는 그의 학위 논문 『신학적 윤리 문제로서의 세속화(Saecularisatie als Probleem der Theologische Ethiek)』에서 교회 내에 실재하는 부정적인 견해를 반영함으로 세 가지 면에서 세속화에 대한 기독교적이며 신학적인 이해를 수립하는 데 공헌하였다. 첫째로, 그는 세속화를 비기독교화와 구별하였다. 본질적으로 세속화는 교회나 기독교 자체보다는 하나님과의 관계가 문제의 핵심이다. 교회의 감소는 하나님과의 관계가 파괴된 결과로 나타나는 2차적이며 외형적인 현상에 불과하다. 그러므로 세속화를 단지 비기독교화로 이해하는 것은 결과를 사건 자체와 혼돈하여 교회로 하여금 올바른 조망과 전략을 수립하지 못하도록 오도하는 일이다.[112] 둘째로, 그는 "세속화의 주체가 세상에 사는 사람들의 삶이며, 따라서 그 중심인 마음과 연결된 모든 면에 작용한다"고 이해하였다.[113] 인간과 그의 영혼은 하나님으로부터 분리되었기 때문에 세속화된다.[114] 그래서 그 결과는 필연적으로 그리고 자연히 그의 삶의 모든 영역, 즉 그의 영성과 도덕성에서부터 심지어 그의 정치, 경제, 그리고 문화 생활에까지 나타난다.[115] 셋째로, 그는 세속화를 귀신화(demonization) 즉 이 세상의 힘들에 대한 복속과 연관시켰다. 하나님의 나라와 사탄의 지배 사이의 "중립 지대"란 없기 때문에,[116] 비록 양자를 직접적으로 동일시해서는 안되지만 세속화는 "귀신화로 가는 길"이다.[117] 이것은 분명히 사회과학자들에게는 감추어진 면

---

112) Cf. B. Rietveld, Saecularisatie als Probleem der Theologische Ethiek: Inzonderheid in Verband met Gedachten van Dietrich Bonhoeffer en Friedrich Gogarten, 화란 자유대학교 박사학위논문, 's-Gravenhage 1957, 21f.
113) Ibid., 22.
114) Cf. ibid.: "세속화는 (우리) 마음과 하나님의 뜻 사이에 유대가 손상되면서 발생한다."
115) Cf. ibid., 23.
116) Ibid.
117) Ibid., 24.

인데, 이 영적인 견해가 세계에서 인류의 영적 역사를 조명해 준다. 따라서 리트휄드는 "타락의 역사(창3)가 세속화 시작의 역사이다"라고 말했다.[118] 그 이후로 전세계는 세속화의 과정 안에 있지만, 반면에 하나님은 성화라는 역과정(counter-process)을 출범시켰다. 이 두 개의 거대한 과정 사이에서 "하나의 안정된 연속적 과정"이란 불가능하며 이 "위치 전쟁" 사이에는 계속적인 "생사의 투쟁"이 있을 뿐이다.[119] 이와 같은 우주적이며 역사적인 세속화 구도에서, 그것이 서구이든 한국의 세속화이든, 그 진정하고 객관적인 이해가 가능할 것이다. 무엇보다도 세속화가 영적인 운동이라는 이해가 결정적이다. 그래서 그는 "세속화를 세상이 스스로 주인이 되어 존재하기 위한 삼위 하나님으로부터의 이탈"이라고 정의하였다.[120]

실로 "세속화(secularization)"라는 말은 기독교 세계에서 발생하였으며, 그 어원학적 기원은 라틴어 "saeculum" 및 그 파생어들과 관련되어 있다. 특히 교회 라틴어에서 saeculum은 성경의 용어들, 즉 히브리어 עוֹלָם과 헬라어 αἰών에 상응하는 번역인데, 그 말들은 일반적으로 한 세대로부터 심지어 영원까지를 언급하는 긴 기간을 가리키는데 사용되었다.[121] 그런데 이 세계가 시간적으로 시작과 끝으로 제한되어 있다는 성경적인 관념은 자연스럽게 이 단어에 연장된 의미, 즉 "오는 세상"이나 "내세"와 대조되는 "이 세상" 또는 "금세"라는 의미를 개발하였다(막 10:30, 눅 18:30, 엡 1:21 참조).[122] 그리하여 교회는 자

---

118) Ibid., 174.

119) Ibid., 24.

120) Ibid.; cf. J. S. Weiland, *Romeins Schetsboek: Over de metamorfose van het geloven*, Baarn 1980, 47: "세속화는 모든 '고등한' 세계들을 탈락시킴으로 오로지 역사적이고 인간적이며 유한한 세계만이 남게되는 과정이다."

121) Cf. C. T. Lewis and C. Short, "*saeculum*," *A Latin Dictionary*, Oxford 1879, 1613f; W. Gesenius, F. Brown, S. Driver and C. Briggs, "עוֹלָם,"*A Hebrew and English Lexicon of the Old Testament*, Oxford 1953, 761-3; W. Bauer, W. Arndt, F. Gingrich and W. Danker, "αἰών," *A Greek-English Lexicon of the New Testament and Other Early Christian Literature*, Chicago 1979, 27f.

122) Cf. H. Sasse, "αιων," Theological Dictionary of the New Testament, ed. G. Kittel, tr. G. Bromiley, Grand Rapids 1964, I: 202-7.

주 *saeculum*을 "세상", "세속성", 또는 "이 시대의 영" 등 부정적인 의미로 사용해 왔으며, 그 파생어인 *saecularis*는 "세상적", *saecularia*는 "세속적인 문제", *saeculariter*는 "세상적 방식으로"를 의미하였다. 그러므로 "세속-화"라는 말이 의미하는 바는 교회에게 상당히 명백하였다.

  성경에서 "세상"은 긍정적인 의미와 부정적인 의미를 가지고 있다. 구약에서 이 세상은 일차적으로 하나님이 창조하신 그의 소유물이다. 히브리어에는 세상이나 우주를 가리키는 단어가 없다. 70인경에서 κόσμος라고 번역된 히브리어는 "하늘과 땅", 혹은 "만물" 등이다.123) 이러한 긍정적 견해는 신약에도 계속되는데, 거기에는 "세상"이 대부분 서로 교체 가능한 두 헬라어 단어인 αἰών과 κόσμος로 표현된다. 그러나 부정적인 견해가 신약에서 개발되었다. 1차적인 의미로서의 세상은 우주 또는 동식물이 사는 지구를 가리킨다.그러나 하나님과의 관계에서 인간이 이 세계의 중심적 존재이기 때문에 이 말의 2차적인 의미는 인간의 세계 공동체와 그 환경을 말한다. 그런데 타락과 함께 "죄가 세상에 들어왔으며"(롬 5:12) 사탄이 "이 세상 임금"(요 12:31, 16:11)과 "이 세상 신"(고후 4:4)으로서 통치하게 되었다. 그리하여 이 세상에 속한 사람들은 "이 세상의 초등학문 아래 있어서 종 노릇 하게"(갈 4:3) 되었고, 따라서 선한 세계가 "악한 세상"

---

123) H. Sasse, "κόσμος," Theological Dictionary of the New Testament, III: 880f.

(갈 1:4)으로 전락하였다. 바로 이 3차적 의미로 이 세상에는 그 자체의 영적 및 인격적 정체성이 주어졌다. 그와 같이 타락하여 반역적인 세계는 그 자체의 영인 "이 세상의 영"(고전 2:12)과 그 자체의 지혜인 "이 세상의 지혜"(고전 1:20, 2:6, 3:19)를 가지고 있다. 이제 악한 세상은 심지어 신자도 세상을 사랑하고 관심을 가지도록 유인하며, 세상과 연합하지 않는 자들을 미워하고 핍박한다(요 7:7, 15:18f, 17:14, 요일 3:13). 한편 "하나님은 세상을 사랑하사" "세상을 구원하기 위하여" 그의 독생자를 보내셨다(요 3:16f). 세상에 예수님을 보내신 하나님의 목적은 "세상을 자기와 화목하게"(고후 5:19) 하는 일이었다.

그러므로 누구든지 그를 믿는 사람은 "세상의 더러움"(벧후 2:20)과 "세속의 오염"(약 1:27)으로부터 자기를 지켜야 하는데, 이는 "세상이 나를 대하여 십자가에 못 박히고 내가 또한 세상을 대하여 그러하기" 때문이다(갈 6:14, 골 2:20). 나아가 그는 하나님의 나라를 위하여 세상의 주관자들과 싸우도록 부름 받았다(엡 6:10-18, 딤전 1:18-20, 딤후 2:3f). 이 일생의 투쟁에는 분명한 반정립의 법칙이 설정되어 있다. "세상과 벗된 것이 하나님의 원수"이다(약 4:4). 그래서 "이 세상의 아들들"과 대치되는 "빛의 아들들"(눅 16:8)은 "세상을 사랑하지 말고" (요일 2:15) "이 세상을 본받지 말도록"(롬 12:2) 지시되었다. 기독교 공동체의 주님이신 예수님이 "세상을 이기었으므로"(요 16:33), 그의 교회도 세상을 이길수 있고 이겨야 한다(요일 5:4f). 그의 세상에 대한 승리는 이 세상의 존재에 시간적 제한을 설정하였으며, 이 세상에 살지만 새로운 세계에 속한 기독교 공동체는 남아 있는 시간인 종말 (eschaton)에 성령의 도움으로 이 악한 세상에 대한 싸움에서 승리하도록 부름 받았다(엡 6:12). 이러한 성경적 구도에서 "세상과 벗됨"은 교회에 대해 가장 바람직하지 않고 위험한 위협이며, 특히 그것이 집단적이고 계속적인 풍조일 때 더욱 그러하다. 그러므로 교회는 세상으로 향하는 이러한 경향성을 항상 경계하여 왔는데, 이러한 현상이 오늘날 "세속화"라는 말로 알려지게 된 것이다.

그러나 성경에 나와 있는 "세상"의 부정적인 사용은 순전히 영적이며, 결코 이 보이는 우주적인 세계를 의미하지 않는다. 그럼에도 불구하고 그것은 수도원적인 또는 경건주의적인 "세상의 포기(world-renunciation)"를 북돋우는 데 오용되어 왔다. 그러나 이러한 부정적 세계관은 특히 1960년대에 상당히 수정되었다. 안톤 하우테펜(Anton Houtepen)은 이 기간에 작성된 제2차 바티칸 회의와 세계교회협의회의 문서들을 심도있게 분석함으로 이러한 변화를 추적하였다. 그에 의하면 로마 가톨릭과 개신교회가 1960년대까지는 부정적인 세계관을 가졌으나, "하나님의 계속적인 구속 활동에 관한 견해와 교회의 사명과 존재에 관한 견해가 연결되어 긍정적인 세계관을 인출함"에 따라 "차세적"에서 "현세적"으로, 대결에서 연대로 변화되었다.[124] 그의 설명에는 상당한 설득력이 있는데 세상의 화해를 위한 교회의 "사명"감이 그리스도인의 세상에 대한 사랑을 생성할 수 있기 때문이다. 나아가 그는 능동적인 하나님과 책임있는 인간들이 함께 성취하는 구원의 "역사"로서의 역동적인 세계 이해가 역사적 유토피아 사상과 종말론적 비관론을 둘 다 극복하고 연합된 기독교의 세계관을 수립할 수 있으리라고 제안했다.[125] 어거스틴이 강조한 대로 이 세계(saeculum)는 두 개의 종말론적 도시가 공존하는 장으로서, 이 둘은 보이지 않게 서로 얽혀 있어서 오로지 종말에야 분리가 가능하다.[126] 그러므로 기독교의 세계관은 중립적이 아니라 긍정적이면서 동시에 부정적인 양면성을 가지고 있으며, 이 두 면사이의 "긴

---

124) A. Houtepen, *Theology of the 'Saeculum': A Study of the Concepts of 'Saeculum' in the Documents of Vatican II and of the World Council of Churches 1961-1972*, tr. M. Goosen-Mallory, Kampen n.d., 142.

125) Cf. *ibid.*, 161-8.

126) Cf. R. A. Markus, *Saeculum: History and Society in the Theology of St. Augustine*, Cambridge 1970, 62f, 71, 101f, 151: "역사적인 실체내에 현존하는 종말론적 범주들의 불가시성이 어거스틴의 saeculum신학의 기초이다."

장"이 세계에 대한 기독교적 접근에 불가피하며 필수적이다.[127] 이러한 맥락에서 세속화는 영적인 긴장의 부정과 세상의 부정적 차원을 향한 영적 운동을 의미한다. 여기서 우리는 세속화 이해에서 서구 교회와 한국 교회 사이의 영적인 연속성을 발견한다.

그러므로 나는 세속화가 우주적이며 영적이고 반정립적이라고 결론 내린다. 세속화는 두 차원 즉 개인적 및 집단적으로 일어나는데, 우리 시대의 보편적 용례는 구체적으로 후자 즉 대규모의 세속화를 의미하며, 이는 하나님으로부터의 영적 이탈에서 시작하여 그의 교회로부터의 외형적 이탈로 끝난다. 이 마지막 단계의 세속화가 서구 교회에서 일어나고 있는 반면에, 비서구 교회에서는 그 첫 단계가 작동하고 있다. 세속화는 죄악의 영향력이 작용하는 모든 분야에서 일어나고 있으며, 서구에서뿐 아니라 비서구 교회에서도 강력하게 일어나고 있다.

식민주의 시대가 종식되고 난 후에, 비서구 교회들은 서구 교회에 대해 과연 그것이 진정한 기독교와 동일한지, 그리고 서구 문화가 참으로 기독교적인지를 성찰하기 시작했다. 대부분의 결론은 다소 부정적이었다. 예를 들자면 중국 신학자 송찬성은 서구 기독교가 기독교와 서구 문화의 불행한 혼인에서 태어났으며, 그 이혼은 현대 세속화의 압력 때문에 불가피하게 보인다고 주장하였다.[128] 만일 그것이 사실이라면 서구 선교사들은 스스로 깨닫지 못한 채 불순하고 세속화된 기독교를 비서구 세계에 가져왔다는 것을 의미한다. 그러나 그것이 사실인가? 이 질문에 대한 답변은 어렵고 고통스러운 작업이지만 서구와 비서구의 신학자들이 상대방을 비방하고 자기를 변호하기보다는 범지구적인 세속화라는 현대의 위기를 타개하기 위

---

127) Cf. *ibid.*, 63, 83, 154f.

128) Cf. C. S. Song, *Third-Eye Theology: Theology in Formation in Asian Settings*, New York 1979, 17f.

하여 공동 작업이 절실히 요청된다. 레슬리 뉴비긴은 "아시아와 아프리카에서 활동한 선교사들이 비록 그것을 깨닫지는 못했지만 사실상 세속화의 요원들이 되어 왔다"고[129] 인정함으로써 논의의 길을 열었다. 그러나 서구 선교사들이 현대화와 서구화의 요원들이 되어 왔던 점은 매우 자연스럽고 심지어 치하할 일이다. 단순한 동정심에서 서구 선교사들은 서구 문명을 수입함으로 물질적으로 처참한 상황을 개선해 보려고 노력하였다. 단지 문제는 그들이 올바른 문화관을 결여하였다는 점으로, 그들은 사실 현대 서구 문화 안에 잠재해 있는 중요한 문제점들을 인식하지 못하고 있었다.[130]

현대의 세속화가 "지난 몇 세기 동안 서구 세계에서 일어난 현대화 과정과 연결되어 있으며, 또는 심지어 그러한 과정의 내재적 요소"라는 생각이 보편적인 동의를 얻고 있으며, 따라서 세속화가 "현대화 과정이 진행되고 있는 모든 사회에서 일어나리라고 자동적으로 예상된다".[131] 그런데 비서구 세계에서 현대화(modernization)는 대개 서구화(westernization)를 의미한다. 그러므로 서구의 현대 문화가 비서구 교회에서 세속화의 근원이라고 추정할 수 있는데, 이는 그것이 서구 교회에서 현대 세속화의 주된 원인으로 대개 인정되기 때문이다. 서구의 현대화 개념은 단순히 과학적이고 기술적인 문화의 추구가 아니라, 또한 전통의 권위를 부인하는 미래지향적 경향성

---

129) Newbigin, *Honest Religion for Secular Man*, 18.

130) Cf. J. D. Gort, "Syncretism and Dialogue: Christian Historical and Earlier Ecumenical Perceptions," in: Idem et al, ed., *Dialogue and Syncretism: An Interdisciplinary Approach*, Grand Rapids 1989, 39f: "오늘날 모종의 새로운 변화가 일어나고 있다: 서구의 망상과 지배의 시대에 축적되었던 어둠의 먼지 구름이 서서히 걷히고 공기가 맑아지고 있다. 가상적인 서구 기독교 문화의 추정적 우월성이 대다수에게 더 이상 인정되지 않는다는 사실이 1975년 WCC 나이로비 총회의 보고서에 나오는 단순하고도 강력한 언어 속에 반영되어 있다: '어떤 문화도 다른 문화보다 예수 그리스도에게 더 가깝지 않다(No culture is closer to Jesus Christ than any other culture)'."; "서구 교회가 복음과 그 조직적 해석 및 선교적 의사전달에 마치 소유권이라도 가진 듯이 행동했던 과거와는 대조적으로, 오늘날의 상황은 세계 기독교 공동체의 자각이 자라나고 있다는 분명한 증거를 보여준다."(48)

131) Dekker and Tennekes, "What do we mean by secularization?" 9.

과 그에 따른 전통 종교의 세속화를 의미한다.[132] 이와 같은 사상이
서구와 전세계에 퍼져 범지구적 세속화를 유발하였기 때문에, "현대
문화"는 서구와 한국 교회의 세속화를 이해하는 데 불가결한 문화적
연속성이라고 할 수 있다.

그러나 기독교적 통찰력은 세속화의 근원을 특정 문화에 한정시
키지 않는다. 오히려 우리가 앞서 기독교적 세속화 이해에서 살펴
보았듯이 세속화는 우주적이다. 그 기원은 보다 더 오래 되어 인류
역사의 시작에까지 이르고, 그 범위는 보다 더 넓어서 전세계에까
지 확대된다. 그러므로, 그 속에 세속화의 씨앗을 가지고 있다고 서
구의, 그리고 현대의 문화만을 탓하는 것은 옳지 않다. 세계의 모든
지역문화들은 다소의 차이는 있어도 모두 세상의 영적 힘에 종속되
어 있다. 그러므로, 나는 비서구교회들이 그들의 세속화 문제를 완
전히 이해하기 위하여, 한편으로는 서구의 현대 문화를 비판적으로
분석하고, 또 한편으로는 그들 자신의 문화, 특히 종교문화를 비판
적으로 성찰하라고 제안한다. 왜냐하면 비서구교회의 세속화는 서
구 현대문화와 자기 문화의 세속성이라는 두 개의 근원을 가지고 있
기 때문이다.

[칼 바르트의 세속화 분석] 유럽교회의 세속화는 신학계에 커다
란 책임과 과제를 안겨 주었으며 이 문제에 대해 종교사회학, 세속
화신학 등 여러 방향에서 접근이 시도되었으나, 이를 진지하게 복
음적으로 분석한 신학자는 그리 많지 않다. 칼 바르트(Karl Barth)는
세속화를 신학적 주제로 삼고 연구한 대표적 신학자의 한 사람이
다.[133] 그러므로, 그의 세속화 분석이론을 간단히 소개함으로서[134]

---

132) Cf. Van der Zwan, "Searching for Indian Secularization," 97f: "전통이 약화되는 상황에서 종교
의 위치도 취약해지는데, 이는 단순히 종교가 전통에 의존하고 있기 때문이다."
133) Van Egmond, "De gevolgen van het secularisatieprocess: Reacties in de theologie," 118-120.
134) 자세한 논의는 필자의 학위논문 J.S.Rhee, *Seculariation and Sanctification: A Study of Karl Barth*

본고를 끝맺고저 한다.

바르트는 교회가 구속과 화해의 결실이라는 인식에서 세속화를 교회론적으로 접근하여 교회의 성장과 감소라는 현실적인 문제를 분석한다. 그의 출발점은 성령이 이 세상 안에 그리스도 공동체를 건설하신다는 명제이다. 교회가 사람들을 부르고 세상으로부터 성별하는, 즉 성화하는 하나님의 행동의 결과로 형성되기 때문에, "그리스도 공동체의 건설"은 종합적인 의미에서 성화의 결과라고 할 수 있다. 그는 이 공동체의 건설을 설명하는데 교회를 "건물"로 비유한 성경의 은유를 사용한다: 건설 "재료"는 사람들이며, 그들은 건축자에 의해 그 설계와 목적에 따라서 일정한 순서대로 연결되고 통합된다. 교회의 목적과 목표는 하나님의 놀라운 은총인 화해, 특히 "예수 그리스도 안에서 객관적으로 이미 일어난 모든 인간성과 인간생활의 성화의 계시"를 증거하는 것이다.[135] 이는 교회가 이 세상에서 그의 초림과 재림 사이에 "살아있는 주 예수의 구원하는 기관"이 되도록[136] 선택받았기 때문이다. 이 공동체의 구성원들에게는 서로 적응하는데 "필요한 자질"이 주어져[137] 성공적으로 자유와 사랑을 가진 "형제의 연합"이 가능하도록 통합되어 있는데, 이는 "이 세상 안에서 그를 섬길 수 있는 하나의 유기체가 되기" 위함이다.[138] 이 건축물은 물질적인 건물과 근본적으로 다르기 때문에, 그는 "양육"과 "교육"을 의미하기도 하는 *Erbauung*이라는 용어를 사용한다.[139] 그러면 누가 건축자인

's Doctrine of Sanctification and Its Contextual Application to the Korean Church, Amsterdam 1995, 210-220을 참조하라.

135) CD IV/2, 620.
136) CD IV/2, 620f.
137) CD IV/2, 622f.
138) CD IV/2, 635f.
139) Cf. CD IV/2, 627.

가? 물론 예수 그리스도의 자기 증거로서의 성령, 혹은 성령의 능력을 통한 예수 그리스도이다. 그러나 그는 그리스도의 몸으로서 "단순히 이 건축의 수동적인 대상이나 방관자가 될 수 없는" 공동체 자체도 이 건축에 참여한다고 주장한다.[140] 그러므로 건축자는 종합적으로 그의 몸과 머리를 포함하는 *totus Christus*라고 할 수 있다. 그런데 이러한 건축자의 이원성은 문제를 복잡하게 만든다. 왜냐하면 이 몸의 순종은 건설에 필수적인 절차이지만 그 불순종은 반대의 결과, 즉 그 와해와 파괴를 가져오기 때문이다. 바르트는 교회가 성도이면서도 동시에 죄인들의 공동체이기 때문에 그리스도 공동체를 *communicatio sanctorum*이며 동시에 *communicatio peccatorum*이라고 정의한다.[141] 그의 분석에 의하면 성화자와 성화된 죄인 사이의 상호 작용이 교회의 성장과 감소의 역동성을 창조한다.

교회 성장의 과정을 일시적으로 혹은 부분적으로 방해하는 것은 배타적으로 그의 주인이며 머리에게만 드려져야 하는 순종의 결여이며, 이는 그 성장에 대한 내적 및 외적 위협에 올바로 대응하지 못하는 실패를 가져온다. 디트리히 본회퍼(Dietrich Bonhoeffer)는 성도의 공동체에서 "성화는 세상으로부터의 분명한 분리에 의해서 유지된다"고[142] 지적하였다:

> 교회는 성령의 인에 의하여 거룩하게 되었으므로 교회는 항상 이 인을 파괴하려는 내외의 공격에 대항하여 싸우며 세상이 교회가 되려한다든지 교회가 세상이 되려 하는 것을 방지하기 위해서 투쟁하는 전투장에 있다. 실로 교회의 성화는 지상에서 그리스도의 몸에게 부여된 영토를 지키기 위한 방어적 전쟁이다. 교회와 세상의 상호 분리

---

140) *CD* IV/2, 634.
141) Cf. *CD* IV/2, 643.
142) D. Bonhoeffer, *The Cost of Discipleship*, New York 1963, 314.

는 교회가 지상에서 하나님의 성소를 확보하기 위한 십자군 전쟁이다. [143]

바르트는 교회에 그 성화 즉 세상으로부터의 성별을 부정하며 세상이 되고자 하는 직간접적인 위협과 유혹의 위험이 항존한다는 본회퍼의 생각에 동의한다. 포괄적인 서술로 그는 교회가 세상이 되는 것을 "세속화(Saekularisierung)"라고 불렀다.

> 세속화란 결국 교회가 세상의 다른 모든 부분들 중에서 오로지 하나의 부분이 되며, 세상이 그 완전함을 위해서 필요하다고는 인정하지만 그 생활 양식과 행동 방식에는 전혀 아무 실천적인 의미도 없는 종교 영역의 하나로 전락하는 과정이다. 세속화는 소금이 그 맛을 잃어 가는 과정이다(마 5:13). [144]

교회의 세속화가 일어나는 네 가지의 가능한 형태로서, 바르트는 두 가지의 외적인 위협인 핍박과 관용, 그리고 내적인 유혹인 소외 혹은 자기 적응과 자기 영화를 들었다. 그러나 교회의 세속화란 세상과 같이 되라는 직접적이거나 간접적인, 포악하거나 친절한 압력의 외적 위협이 수용되지 않을 때는 일어나지 않기 때문에 그것이 발생하지 않도록 하는 일은 결국 그리스도 공동체의 책임이다. 바르트에 의하면 진정한 위험은 교회 내부에 존재한다. 교회가 "그 선한 목자 대신에 세상의 소리에 귀를 기울이며 그 모양을 본받고(롬 12:2), 그리하여 세상에 속할 때," [145] "세상에 대해 이러한 존경심과 귀 기울임과 동경하는 마음과 두려움이 있고 세상과 구별됨을 원치 않을

---

143) Ibid., 315.
144) CD IV/2, 668.
145) CD IV/2, 667.

때, 그것은 항상 이 공동체의 세속화를 의미한다."[146]

그러나 교회는 살아 계신 주 예수의 몸이며 성령이 보호하고 보존하시기 때문에 결코 완전히 파괴되지 않는다. 비록 인간의 연약성이 교회를 세속화시키고 와해하지만, 성령은 이러한 연약성에 상관하지 않고 교회를 보존하고 계속적으로 성장하게 만든다.[147] 그러면 성령이 어떻게 와해에서 보존으로, 감소에서 성장으로, 세속화에서 성화로 전환시키는가? 바르트는 성령이 남은 자들 가운데서 "갑작스러운 혹은 점진적인 대응 운동(counter-movement)"을 일으킴으로써 그리스도 공동체로 하여금 이 문제를 극복하게 한다고 주장한다. 그런데 이러한 일은 전통의 부활이나 보수 운동이 아니라 "성경으로의 복귀"와 예수 그리스도를 증거하며 구체적으로 성령의 인도를 계시하는 하나님의 말씀을 새롭게 읽음으로서 일어난다.[148] 이러한 순종이 있을 때, 교회는 질서를 회복하고 보존함으로 그리스도 공동체를 건설해 나가는 성령의 성화의 결과로 부흥되고 계속적인 성장의 과정을 지속한다.

2. 세속화 극복 방안

교회가 그리스도의 몸이기 때문에 망하지 않는다는 생각은 환상에 불과하다. 물론 그리스도의 우주적인 교회는 망하지 않지만 개교회나 교회들의 집단은 감소하고 몰락하고 멸절할 수 있음을 역사가 증거한다. 초대 교회의 중심이었던 소아시아의 교회들이 이슬람의

---

146) CD IV/2, 668.
147) Cf. CD IV/2, 661.
148) CD IV/2, 673f; "이 공동체가 교회 내에 조장된 무법성과 무질서와의 충돌 상황에서 법과 질서의 질문에 대해 귀를 기울여야 하는 곳은 구체적으로 성경이다. 교회는 성경으로부터 그 처방을 받아야 한다 … 성경은 그분의 처방이다."(683); "성경이 이 공동체를 유지한다는 말은 그리스도인들이 그들 스스로의 성경강해나 성경공부나 심지어는 성경 원리에 의하여 제작할 수 있는 어떤 것이 아니라, 성경이 스스로 성취하는 어떤 것이다."(674)

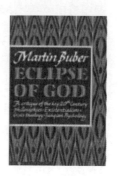

침략으로 없어졌고, 한국 교회의 중심이었던 북한의 교회들이 공산화로 사라졌다. 이와 같은 외부적 요인은 불가피했다 할지라도, 내부적 요인에 의해 쇠망해가고 있는 유럽 교회는 매우 가슴 아픈 현실이 아닐 수 없다. 유럽 교회는 지난 2천 년 동안 기독교의 중심이었으며 지금도 그 유산이 세계 교회의 바탕이 되고 있다. 그럼에도 불구하고 유럽 교회가 20세기를 거치면서 내적 세속화로 인해 급격한 몰락의 길을 걸었으며, 많은 연구 보고서들은 아무런 회생의 희망도 발견하지 못하고 있다. 거대한 교회당들과 위대한 전통에도 불구하고 세속화된 교회에는 미래가 없다.

세계 2차 대전 후 유럽 교회가 급격히 몰락하자 유럽 교회는 당황하기 시작하였으며, '신의 일식(eclipse of God)'이 유럽대륙을 뒤덮고 '신의 장례식(God's funeral)'이 확산됨에 따라 신학계를 비롯하여 사회학, 역사학, 철학 등에서 대대적으로 그 원인을 탐구하기 시작하였다. 역사적으로는 그 원인을 르네상스, 계몽주의, 진화론, 산업혁명, 그리고 포스트모더니즘에 이르는 일련의 탈기독교적 운동들에서 찾았으며, 심지어 콘스탄틴 대제의 기독교 국교화와 중세 로마 가톨릭 교회의 타락을 지적하기도 하였다. 물론 그와 같은 원인들이 일조한 것은 부인할 수 없으며, 유럽 교회의 몰락과 연관된 거대한 메가 트렌드를 무시할 수 없지만, 어려운 외적 상황 속에서도 순수하고 힘차게 발전한 초대 교회를 고려한다면, 칼 바르트의 분석처럼 보다 내적인 원인이 더 결정적이었다고 할 수 있다. 그는 세속화를 소금이 그 맛을 잃어가는 과정이라고 정의하고, 그런 교회는 세상에게 짓밟혀 마땅하다고 탄식하였다.

유럽 교회는 종교개혁자들이 회복하고자 그토록 노력했던 복음을 상실한 것이다. 그리스도의 사랑을 전하기보다 세계의 약소국들을 침

략하여 4백 년 이상 식민통치를 자행하고 교만이 극에 달하면서 기독교 신앙의 혼을 상실하게 되었으며, 이제 기독교란 유럽인들의 이기적 욕망을 정당화하고 신성화하는 종교 문화로 전락한 것이다. 그래서 디트리히 본회퍼는 하나님께서 촛대를 옮기리라는 사실을 직감하면서, 유럽 교회가 십자가의 복음을 상실하였다고 울부짖었다. 유럽 교회가 기독교를 철저히 문화화하고 종교화하였기 때문에, 그는 기독교의 비종교화를 주장하였다. 종교란 일반 은총이지만, 특별 은총에 기초한 기독교가 종교로 전락하는 것은 복음을 포기하는 타락이 아닐 수 없다. 종교는 아직도 죄악을 극복하지 못하고 있기 때문에 외형적으로는 신 중심적인 것 같지만, 사실은 자기 중심적이며 자신의 행복과 안전을 위해 신을 이용하려는 경건한 위선이기 때문이다. 복음은 하나님을 위해 자기를 포기하도록 초청하는 부름이다. 종교개혁자들이 구호처럼 외쳤던 '오로지 하나님께 영광을(soli Deo gloria)'이 의미하는 바는 신앙을 빌미로 우리의 영광을 추구하지 않겠다는 양심 선언이었다.

기독교가 종교화되고 세속화되는 제1단계에서는 교회가 흥왕하고 교인도 증가하지만, 점차 그 허구성이 드러나면서 제2단계에서는 급격한 탈교회화 현상이 발생하게 된다. 실로, 기독교가 복음을 상실하면 아무 능력도 실체도 없다. 바울 사도가 지적한 것처럼, 그리스도의 육체적 부활을 믿지 않는다면 기독교는 허구에 불과하다. 그러나 유럽 교회는 반기독교적 계몽주의 운동을 극복하지 못하고 오히려 거기에 휩쓸려 자유주의가 횡행함으로서 복음을 포기하고 만 것이다. 아무리 지성적인 언어로 포장되어 있다 할지라도 그리스도의 십자가 대속과 육체적 부활의 소망을 불신한다면 교회를 유지해야 할 아무 이유도 없다. 사신신학, 세속화 신학, 종교 다원주의를 주장하면서도 여전히 기독교 신학자로 행세하려는 것은 이해할 수 없는 행태가 아닐 수 없다. 그리스도 중심성이나 그리스도의 유일성을 거부하고 어떻게 해서든지 기독교를 종교의 하나로 끌어내리고 그리스도를 감추려고 노력하는 종교 다원주의자들과 오로지 일신의 심리적 평안과 세속적 축복에만 관심을 가지고 자기의 끝없는 욕심을 포기할 줄 모르는 기복 종교적 신자들이 서로 매우 달라보여도 사실은 둘 다 복음이 아니라 종교를 추구하는 종교인들에 불과하며 참된 기독교인이라고 볼 수 없다. 그리스도가 복음이기 때문에 복음의 상실은 그리스도의 상실을 의미하며, 그리스도는 하나의 상징이나 개념으로 전락하고 그리스도와의 인격적 관계가 인생의 중심적 동인이 되지 못한다.

필립 얀시(Philip Yancey)는 최근 유럽을 방문하여 유럽 교회의 비극적 상황을 목도하고 미국 교회도 유럽 교회의 전철을 밟지 않을까 염려하면서, 그러지 않기 위해서는 중국 교회와 한국 교회에서 배워야 한다고 주장하였다.[149] 실로 한국 교회는 비서구 세계에서 가장 활력적인 교회로서, 세계 교회로부터 찬사와 기대를 받고 있다. 따라서 한국 교회가 급격히 몰락하리라는 비관적 전망은 비현실적이지만 장기적으로는 한국 교회가 유럽 교회의 전철을 밟지 않으리라는 보장도 없다. 앞서 언급했듯이, 레오 오스터롬(Leo Oosterom)은 한국 교회에도 세속화가 심각하게 진행되고 있음을 발견하고, "한국의 모든 교회가 가까운 미래에 직면하게 될 최대의 이슈는 세속화의 문제가 될 것이다"고 결론 내렸다. 그러므로 우리가 철저한 자기 성찰과 자체 개혁을 수행하지 않는다면, 한국 교회의 미래도 그리 밝다고 할 수 없다.

---

149) Philip Yancey, "God's Funeral", *Christianity Today* 2002년 9월 9일자.

[그리스도의 주권 반환] 한국 교회의 미래를 가장 위협하는 것은 교권 투쟁이다. 과거에는 교권 쟁탈전이 총회 차원에 제한되었으나, 이제 한국의 민주화 이후 모든 개교회로 확산되었다. 거의 모든 교회들에서 목사와 장로들의 주도권 대립이 심화되고 있으며, 많은 교회들은 극한적인 투쟁과 분열을 경험하고 있다. 서로 교회의 주인이라고 생각하며 주인 의식을 강조하고 있다. 목사는 목사대로, 장로는 장로대로, 평신도는 평신도대로, 모두 교회의 주인임을 자부하고 있다. 실로 교회의 실제 주인인 그리스도는 소외되고 밀려나고 있으며, 이는 교회의 근본적 세속화를 초래한다. 그리스도가 주인이 아니라면 그런 교회는 더 이상 그리스도의 교회가 아니다.

도스또예프스키의 소설 『카라마조프가의 형제들』에 보면, 종교재판이 기승을 부리던 중세에 예수님이 스페인의 세빌을 방문하여 대재판관인 추기경과 만나는 유명한 이야기가 있다.[150] 추기경은 예수님을 알아보고 기겁하여 즉시 그를 깊은 감옥에 가두고 처형하려다가 어두운 밤에 풀어주며 다시 교회를 찾아오지 말라고 경고한다. 왜냐하면 이제 이미 인간들의 체제로 안정된 교회에 예수님의 개입이 대혼란을 야기하기 때문이라는 것이다. 이는 포도원 농부의 비유를 연상시킨다. 주인이 보낸 종들과 아들을 죽이고 포도원을 차지하려다가 진멸 당하는 비극적 운명에 처하게 된다(마 21:33-41).

한국 교회가 자본주의적 논리를 받아들여 세속화하고 있다. 모두가 대형화를 추진하며 수단 방법을 가리지 않고 맹목적인 교회 성장을 추구하고 있다. 현대 문화의 해악인 허영과 광기를 조장하고 군중 심리를 이용하여 대형교회가 되는 것으로 만족하지 않고, 나아가 위성 교회를 만들고 자기 브랜드의 교회를 확산시키고 있다. 그리스도인이라는 자부심보다 특정 교회의 일원이라는 프라이드가 더 강

---

150) 5장 5절 대재판관.

하도록 유도한다. 이런 상황에서 더 이상 교회의 주인은 그리스도가 아니다. 목사가 주인이 되어 절대 교권을 휘두르며 교회 인사권과 재산권을 자기 마음대로 사용하고 특권적인 당회장직을 세습하는가 하면, 정치적인 장로들이 교권을 장악하고 목사들을 마음대로 갈아치우면서 자기의 목자를 피고용인 취급하여 목회를 힘들게 하기도 한다. 한국 교회가 그리스도의 주권을 반환하고 모두 그의 충성된 손발이 되어 섬기는 공동체로 변화되지 않는다면, 한국 교회의 미래는 비극적인 심판에 직면하게 될 것이다.

[교회의 파벌 철폐와 다양성의 수용] 유럽의 세속화와 교회의 몰락을 다각도에서 분석한 결과 한 가지 의견으로 집중되었는데, 그것은 교회의 분열에 그 궁극적인 원인이 있다는 것이다. 교회가 분열되지 않았을 때에는 정부와 함께 사회의 양대 중심이었으나, 교회가 분열되면서 세력이 약화되어 하나의 정부와 여러 교회가 관계하게 되었고, 그 결과 자연히 주도권이 국가로 편중되면서 교회는 무시와 소외를 당하게 되었다는 분석이다.

분열하는 집단이 무시를 받게 되는 것은 당연한 귀결이다. 뭉치면 살고 헤어지면 죽는다는 말은 교회에도 적용된다. 하나님의 나라를 도모하는 하나님의 군대가 내분을 겪고 자체 전투에 임한다면, 교회의 적으로부터 웃음거리가 되며 내분을 이용하여 공격한다면 적의 승리는 당연하다. 교회의 분리가 결국 그리스도와 성경이 아닌 제3의 이데올로기나 정치적 주도권에 의해 발생한 것이기 때문에, 이는 교회의 세속화를 의미한다.

또한 교회의 분열과 이전투구는 교회의

윤리적 우위를 기대하는 사회로부터 비방의 대상이 되며, 그 결과 전도의 문이 막히게 되고 교회에 대한 실망은 기독교의 약화와 소외를 결과한다. 이 점은 이미 성경에서 지적되었다. 예수님은 대제사장적 기도에서 교회의 하나 됨을 위해 간절히 기도하였으며, 교회의 하나 됨이 효과적 전도에 결정적 영향을 미치게 된다고 말씀하였다 (요 17:21). 한국 교회의 정체와 사회적 반감은 다분히 한국 교회의 심각한 분열과 자체 투쟁에 기인하고 있기 때문에, 다시 사회적 소외를 극복하기 위해서는 교회가 하나 되는 화해와 연합의 노력이 절실히 요청되며, 이 과정에서 제기되는 교파주의 이데올로기와 교권 정치가 극복되어야 한다.

그리스도의 주권이 확립될 때 교회는 하나가 된다. 이 말은 역으로 교회가 하나 되지 못하고 파벌적 대립과 분리가 존재한다면 그리스도의 주권적 보좌를 파벌의 보스들이 차지하고 있다는 뜻이다. 교회의 주인이 한 분이기 때문에, 교회는 하나여야 한다. 따라서 교회에 분리가 발생하였다면 그것은 전혀 그리스도와 관련이 없는 인간들의 독자적 행위일 뿐이다. 초대 교회도 하나였고, 천상의 완성된 교회도 하나일 것이다. 그러나 교권주의자들은 교회를 수많은 교파와 교단으로 분리하고 백가쟁명(百家爭鳴)을 벌이며 한결같이 자기 교파와 자기 교단의 우월성과 정통성을 주장하고 있다. 유럽 교회의 세속화와 몰락의 원인을 추구하던 학자들은 종교 개혁 이후에 발생한 교회 분열이 국가와 교회의 균형을 와해시켰으며, 그 결과 교회가 국가 아래 복속되는 정치적 세속화가 발생하였고 교회의 약화로 이어졌다는 사실을 발견하였다.[151] 분열된 교회는 힘이 약화되고, 결국 국가와 사회로부터 무시와 소외를 당하게 된다. 예수님은 그

---

151) David Martin, *A General Theory of Secularization*(Oxford: Blackwell), 278-305; J. T. McNeill, " Historical Introduction to Secularism", in Spann, ed. *The Christian Faith and Secularization*(New York: Abingdon-Cokesbury), 34; Wolfhart Pannenberg, *Christianity in a Secularized World*(London: SCM), 12-14.

당위성을 이렇게 말씀하였다. "스스로 분쟁하는 나라마다 황폐하여질 것이요, 스스로 분쟁하는 동네나 집마다 서지 못하리라."(마 12:25) 그래서 그는 교회의 미래를 걱정하며 이렇게 기도하였다. "아버지께서 내 안에, 내가 아버지 안에 있는 것같이 저희도 다 하나가 되어 우리 안에 있게 하사, 세상으로 아버지께서 나를 보내신 것을 믿게 하옵소서!"(요 17:21) 즉 세상이 그리스도의 구원을 믿도록 하기 위해서는 먼저 교회가 하나 되어야 하며, 분열된 교회는 이 거룩한 소명을 성취할 수 없다.

바울 사도는 교회가 하나 됨을 유지하기 위해서는 온유와 겸손의 미덕이 있어야 한다고 가르친다(엡 4:2-3). 즉 과격하고 교만해지면 분열된다는 말이다. 기독교는 어떤 인간도 계시의 담지자로 보지 않으며 예배하거나 숭배하지 않는다. 예수님의 후계자는 아무도 없으며 인간 후계자가 가능하지도 않다. 사도의 권위는 존중하지만 12명이나 되는 사도를 인정하며 4권이나 되는 복음서를 수용함으로써 신앙 형태의 다양성을 인정한다. 바울이나 베드로를 절대화하거나 특정 복음서의 우월성을 주장하는 것은 이단적 발상이다. 고린도교회에 파벌이 존재하였으나 바울은 자기를 추종하는 파벌을 책망하며 해체를 요구하였다. "그리스도께서 어찌 나뉘었느뇨! 바울이 너희를 위하여 십자가에 못박혔으며, 바울의 이름으로 너희가 세례를 받았느뇨!"(고전 1:13) 실로 초대교회에 다양한 형태의 기독교 신앙이 존재하였으나 그것 때문에 분리를 허용하지 않았다. 복음의 본질에 대해서는 철저하였으나 그 이외의 이슈나 제도에 대해서는 양심의 자유를 수용하

고 아디아포라(adiaphora)의 영역으로 관용하였다(롬 14장). 교회가 하나 됨을 유지하기 위해서는 비본질인 사안에 대해서 다양성을 인정하고 존중해야 한다. 예를 들어 미국 교회가 한국 교회를 비판하거

나 한국 교회가 미국 교회를 비판하는 것은 잘못이다. 서로 문화와 정서가 다르고 상황과 역사가 다른데 어떻게 모든 면에서 일치할 수 있겠는가! 하물며 아프리카 교회나 정교회와 같이 우리와 별 문화적 교류가 없는 교회들은 더욱 그러할 것이다.

그럼에도 불구하고 수많은 교파와 교단이 분열하여 난립하게 된 데에는 다양성을 수용하지 못하는 독선주의 때문이었다. 지성적인 장로교회는 감성적인 오순절교회를 관용하지 못하고, 사회적 관심이 많은 진보 교회는 내면적 관심이 많은 보수 교회를 이해하지 못하였다. 인종이 달라도 모두 한 몸이듯이 신앙의 성향이 달라도 그리스도를 주로 고백하고 중생하였다면 모두 하나님의 자녀들이다. 그런데도 교회가 분열되고 분열이 영속화되는 이유는 무엇인가? 교권 정치가들은 정적으로부터 자기의 주도권을 확보하기 위해 선동적으로 교회를 분열하였고, 그 후에는 어용 신학자들이 분리주의(separatism)를 미화하며 그러한 파벌을 정당화하는 논리와 신학 체계를 개발하고 강화하였기 때문이다. 한국 교회는 기원도 잘 모르는 수많은 외국의 교파와 파벌들의 각축장으로 전락하였고, 끝없이 허무한 대리전을 벌이고 있다. 교회 정치가들은 자기 집단의 강화를 위해 무조건 자기 교파와 교단의 전통을 강조하고, 신학자들은 미리 파벌적으로 선택된 학교에 유학하여 자기 모교 신학의 노예가 되고 자기 지도 교수의 학파를 섬기고 대리전을 하는데 일생을 바친다. 초기의 선교사들이 성령의 인도 아래 교파의 차이에도 불구하고 한국에 오로지 하나의 교회만을 세우자고 합의하였으나, 모국 선교부의 교파주의로 말미암아 그 숭고한 뜻이 이루어지지 못한 것이 애통하다.[152] 이제라도 한국 교회가 서구 교회 파벌의 맹목적 추종에서 벗어나 모든 전통과 교파 신조를 상대화하고 하나의 교회를 건설한

---

152) 민경배, 한국기독교회사, 269-275.

다면 한국 교회는 세계 교회의 지도적 위치를 점하게 될 것이며, 한국 교회의 미래는 하나님의 축복 가운데 그야말로 찬란할 것이다.

한국 교회는 전통과 신학의 이데올로기로부터 어서 해방되어 성경으로 돌아가야 한다. 성경 이외에 어떤 것에도 심판권을 부여하지 않는 '오로지 성경(sola Scriptura)'의 사도적 전통으로 돌아가야 한다. 예수님이 만난 이스라엘 교회는 전 민족이 신앙을 고백하고 성경을 암송하며 철저한 종교 생활을 하는 집단으로서, 외형적으로는 강력한 교회였으나 내면적으로는 자기들의 종교적 전통에 사로잡혀 하나님을 떠나버린 죽은 교회였다. 하나님이 보낸 그의 독생자도 배척하고 그토록 기다린 메시야도 알아보지 못하는 자아 도취적이고 자기 숭배적인 종교 집단으로 전락해 있었다. 그래서 심지어 예수님의 신앙이 의심스럽다고 비판하는 그들에게 "너희는 어찌하여 너희 유전으로 하나님의 계명을 범하느뇨!"하고 지적하면서, "이 백성이 입술로는 나를 존경하되 마음은 내게서 멀도다. 사람의 계명으로 교훈을 삼아 가르치니 나를 헛되이 경배하는도다!"라고 탄식하였다(마 15:3, 8-9). 한국 교회가 파벌적 신조와 전통을 절대시하면서 그 기준으로 정죄하고 징계하는 범죄를 중단하고, 성경 안에서 하나가 되지 않는다면 이스라엘 교회와 같은 비극적 운명에 처하게 될 것이다.

[이웃 사랑의 실천과 기복신앙의 극복] 이스라엘 교회는 하나님의 은혜에 감사하고 겸손하기보다 선민 사상에 젖어 교회 외부에 있는 불신자들을 철저히 무시하고 그들에 대한 선교적 의무를 외면했기 때문에, 그 존재 가치를 상실하게 된 것이다. 교회는 하나님의 사랑을 세상에 전할 사명을 가지고 있다. 한국 교회는 대부분 선교와 전도에는 열정이 많지만 사랑의 실천에는 별 관심이 없다. 그러나 선교와 전도가 이웃 사랑의 부속 개념이며, 말씀과 행동(word and deed)이 병행될 때 진정한 선교가 가능하다. 사랑이 결여된 선교나

전도는 자기 집단의 세력을 확장하려는 집단 이기주의적 사업으로 전락한다. 한국 교회는 교회 성장주의에 사로잡혀 모든 것을 수단화하는 결정적 오류를 범하였다. 전도도 심방도 예배도, 그리고 심지어 구제도 한결같이 사람에 대한 인격적 관심이나 사랑보다 교회 성장의 도구로 이용되고 있다. 그러나 성경의 모든 가르침이 하나님 사랑과 이웃 사랑으로 집약되며 이웃 사랑 없는 하나님 사랑이 불가능하기 때문에, 교회가 이웃 사랑에 실패하면 모든 것에 실패하는 것이다. 한국 교회가 교회 안에만 칩거하면서 교인들끼리의 교제와 프로그램 확장으로 만족하고 외부로 나가서 이웃 사랑을 실천하는 데 게으르다면, 사회로부터의 비판이 심화되어 결국 배척을 받게 될 것이다.

현대의 개인주의적 사고는 이웃에 대한 인격적 관심이나 사랑을 외면하게 만들며, 이는 결과적으로 교회의 도덕적 수준을 하락시킨다. 더욱이 한국 교회가 교회 성장을 최고의 목표로 삼고 경쟁하면서 타파를 제압하려는 정치적 징계를 제외하고는 건전한 권징이 거의 사라져 버렸다. 교인들이 어떤 죄를 범하든지 개입하지 않으며 방관과 관용 일변도로 교회가 운영된다. 심지어 교회 지도자들 중에도 도덕적 불감증이 횡행하고 있으며 심각한 죄악을 범하고서도 별로 죄의식을 느끼지 않는 실정이다. 이혼이 관용되면서 한국의 이혼율이 40퍼센트에 이르렀으며, 가정이 파괴되고 출산율이 급감하고 있다. 이는 한국의 도덕적 보루가 되어야 할 교회가 도덕적으로 와해되고 있기 때문이며, 그 결과는 한국 사회의 몰락으로 이어질 것이다. 유럽 교회가 세속화되고 도덕적 구속력에 실패하면서 이혼이 증가하고 출산율이 모두 1.4명 이하로 급락하여 유럽이 심각하게 약화되고 있다. 1950년에 유럽 인구가 세계의 20퍼센트를 점하였으나, 2000년에는 10퍼센트로 감소하였고, 2050년에는 5퍼센트로 축소되리라 전망되고 있다.[153] 결국 도덕적 실패는 자멸을 초래하게 만든다. 유럽이 경제적으로는 선진국이지만, 신앙과 도덕의 실패로 인해 세계의 중심에서 밀려나고 외국인들이 범람하면서 점차 이슬람화 되어가고 있다. 구원의 일차적 목적이 성화에 있으며 진정한 사랑의 실현에 있기 때문에, 한국 교회의 미래가 위로부터 보장받기 위해서는 하나님의 계명에 대한 전적 순종을 통한 영적 성장과 성화가 절실히 요청된다.

무엇보다도 한국 교회가 기복 신앙을 극복하지 않는다면 세속화를 극복할 수 없다. 이는 자연 종교(natural religion)의 문제로서 모든 종교에 공통적인 종교적 본능과 절대자에 대한 의존 감정이다. 어려움을 당한 사람이 힘이 있는 자에게 도움을 요청하는 것은 자연스러운 일이며, 자연 종교를 모두 정죄할 필요는 없다. 그러나 기독교는 자연 종교에 머물지 않고 한 걸음 더 나아가 하나님에 대한 절대 헌신과 자기 부인을 요청하며, 여기에 기독교의 독특한 의미가 있다. 그런데 자연 종교에만 머물러 자기의 이익과 평안만을 추구한다면 죄악의 본질인 자기 중심성(ego-centricity)을 극복하지 못하게 되며, 따라서 하나님의 나라에 대한 추구는 약화되게 된다. 자연 종교는 자력 종교이며 회개하지 않는 죄인들의 종교로서 언제나 인류의 사랑을 받아 왔지만, 기독교가 이와 같은 이기적 요구와 타협하면서 자본주의나 물량주의에 편승하여 일시적으로 수가 증가하고 번창한다 할지라도 그것은 본질상 세속화를 의미한다. 칼 바르트는 세속화를 정의하여, "소금이 맛을 잃어가는 과정"이라고 지적하였거니와, 기독교 복음과 구원의 독특성을 상실하지 않는 것이 진정으로 기독교가 발전하는 길이다.

---

153) UN Population Division, *World Population Prospects: The 2000 Revision*, 1.

[적극적 전도운동과 차세대로의 신앙 전수] 교회의 감소를 막고 성장하기 위해서는 무엇보다 직접적으로 전도의 열기가 확산되어야 한다. 최근 한국 교회는 돈만으로 진행되는 해외 선교에는 열심이지만, 직접 자신이 노력해야 하는 전도에는 소극적이다. 전도자의 노력 없이는 신앙에 이를 수 없기 때문에(롬 10:13-15), 전도는 교회의 흥망을 결정하는 관건이다. 한국 교회가 아직 민족의 소수밖에 구원받지 못한 상황에서 교만해져서 자기 만족을 느끼고 있다면 영적으로 심각한 문제를 안고 있는 것이다. 한민족의 완전 복음화가 이루어질 때까지 고삐를 늦추지 말고 전진해야 한다. 타종교에도 구원이 있다는 종교 다원주의나 개인 전도를 비하하는 체면주의를 거부하고 영혼구원에 전력해야 한다.

특히 새로 자라나는 후세를 복음화하는 일이 한국 교회의 미래를 좌우하는 중대사이며, 따라서 주일학교에 대한 집중적인 투자와 문화적 수용이 필요하다. 많은 교회들은 기성세대의 문화적 안정감을 위해 청년 문화를 정죄하고, 그 결과 주일학교가 급격히 약화되고 있다. 더 근본적인 문제는 기성세대나 신세대나 문화적 이기주의에 젖어 서로 문화적으로 양보하려고 하지 않는 세대간의 분열과 대립 양상이다. 이 문제가 상호의 양보와 적응으로 해소되고 대예배의 문화가 모든 세대의 참여가 가능하도록 개선되지 않는다면, 세대간의 단절과 신세대의 무시로 교회의 미래가 더 어두워지고 세속화가 가속화될 수 있는 위험을 안고 있다.

한국 교회는 70년대와 80년대에 10년마다 2-3배의 획기적 성장을 이룩하였는데, 이는 주일학교의 성공에 힘입은 바 크다. 그 당시에는 주일학교가 장년 수보다 많은 교회들이 대다수였으나, 오

늘날은 그런 교회를 거의 찾아볼 수 없다. 이미 한국인의 20퍼센트 이상이 복음화되었기 때문에, 기독교인의 자녀에게만 성공적인 신앙 전수가 이루어진다면 한국 교회의 미래는 지속될 것이며, 기독교인이 불신자보다 더 출산율이 높다면 자연적 성장만으로도 한국 교회는 성장할 것이다. 그러나 현실은 비관적이다. 심지어 목사와 장로의 자녀들 가운데도 교회를 떠나는 사례들이 속출하고 있으며, 주일학교는 약화일로에 있다. 물론 여기에는 시대적 요인이 있으며 세계적 현상이지만, 한국 교회가 이를 극복하지 못한다면 미래가 비관적이다.

따라서 미국의 경우 성공적인 교회들은 세대간의 관계 개선에 최대의 관심을 가지고 세대간 목회 (inter-generational ministry) 혹은 다세대 목회 (multi-generational ministry)라는 새로운 패러다임으로 전환하고 있다.[154] 이는 과거의 장년 중심 목회를 탈피하여 차세대를 교회의 중심으로 영입하는 혁신적 방법이다. 열린 예배가 본래 불신자의 문화적 적응을 위해 시작되었으나, 이제 차세대가 적극적으로 예배할 수 있는 문화적 적응으로 발전되고 있다. 기성세대가 문화적 주도권을 가지고 차세대의 문화를 소외시킨다면 차세대가 교회를 이탈할 수밖에 없다. 문화적 주도권을 한 세대가 독점하지 않고 서로의 문화를 존중하며 조화를 추구할 때 세대간의 문화적 갈등이 해소되고 교회의 미래가 보장될 수 있을 것이다. 한국 교회가 계속 발전하면서 한국의 완전 복음화를 실현하기 위해서는 차세대의 교육과 양육을 위해 전폭적인 후원과 헌신적인 노력이 필요할 뿐 아니라, 차세대를 존중하고 그들을 교회의 중심으로 환영하는 열린 자세가 필요하다.

---

154) Cf. Gary L. McIntosh, *One Church, Four Generations: Understanding and Reaching All Ages in Your Church* (Baker, 2002); Jackson W. Carroll, *Bridging Divided Worlds: Generational Cultures in Congregation* (Jossey-Bass, 2002); Bob Whitesel and Kent R. Hunter, *A House Divided: bridging the generational gaps in your church* (Abingdon, 2000); Randy Freeze, *The Connecting Church* (Zondervan 2001); Anthony B. Robinson, *Transforming Congregational Culture* (Eerdmans, 2003).

[정치적 주도권의 회복] 세속화는 국교의 폐지(disestablishment)와 깊은 관련을 가지고 있다. 초대 교회는 핍박을 받았으나 기독교가 로마 제국의 국교로 선포되면서 사회의 중심으로 진입하여 정치적 배경을 가지고 유럽을 완전 복음화하는 데 성공하였다. 그러나 반기독교적인 계몽주의 운동은 국교의 폐지와 종교의 자유를 주장하였고, 그 영향에 의해 유럽의 모든 기독교 국가들이 국교를 폐지하게 됨으로 기독교는 정치적 소외를 당하기 시작하였다. 미국의 경우에도 1776년 연방국가의 탄생 이전에는 13개 주 모두가 기독교를 공식적 종교로 규정하였으나, 하룻밤에 연방헌법은 국교를 폐지하고 종교의 자유를 채택하게 되었는데, 이것은 당시 지도자들에게 영향을 미친 계몽주의와 자연신론(deism)에 의한 것이었다. 사실상 전인구가 기독교인인데 종교의 자유를 선포하는 것은 교회로부터의 이탈을 부추기는 결과를 초래할 뿐이다. 그 결과 청교도 정신에 기초한 미국도 점점 기독교의 정치적 입지가 약화되어, 급기야는 오늘날 정부의 재정으로 크리스마스 트리 하나도 세우지 못하는 지경에 처하게 된 것이다.

정종분리(政宗分離)란 결코 기독교 사상이 아니다. 기독교는 염세적인 불교와 달리 이 세계를 하나님의 창조와 소유로 믿으며, 따라서 국가의 권력이나 정치도 하나님의 영광을 도모해야 한다고 생각한다. 모든 정치 권력의 근원이 하나님에게 있으며, 따라서 모든 정치 지도자들은 하나님의 뜻을 따라야 한다. 종교 개혁자들은 정부의 중요한 존재 근거가 복음의 진보를 돕는 것이라고 강조하였으며, 교회는 정부를 지도해야 할 선지자적 책임이 있다. 초대 교회가 유대나 로마 정권과 충돌을 빚은 것도 하나님의 나라 사상 때문이었다. 기독교인은 불사이군(不事二君)의 정신으로 하나님만을 절대적인 왕으로 섬기며, 지상의 권력은 아무리 막강하다 할지라도 하나님을 무시하고 하나님의 뜻을 거스리는 명령을 발할 때에는 거부하고 저항

한다.

물론 하나님의 나라는 보이지 않는 영적 국가이지만, 왕과 백성과 군대와 시민이 있다는 점에서 정치적 성격을 배제할 수 없다. 하나님의 나라는 지상에서 교회로 대표되며, 따라서 교회의 발전과 확장이 중심적이다. 정치는 교회의 증감에 심각한 영향을 미칠 수 있다. 소아시아나 북한, 소련과 중국 등에서 보는 대로 비기독교적 정권의 지배는 교회의 몰락과 소멸을 가져오는 반면, 남미나 필리핀 등에서 보는 대로 친기독교적 정권의 지배는 기독교의 급격한 확장을 초래한다. 현대는 식민주의가 종식된 이래 그와 같은 전면적 영향은 감소하고 있지만, 지금도 이슬람 정권의 침략과 지배로 기독교가 위협을 받고 있다.

국교가 폐지된 이래 기독교권뿐 아니라 타종교권에서도 종교는 더 이상 우리 생활의 필수적인 요소가 아니라 선택의 문제로 격하되었으며, 점차 무종교가 선호되고 있다. 이런 상황에서 다시 국교 제도를 회복하는 것은 바람직하지 않으나, 기독교가 정치적 주도권을 회복하는 것이 세속화 즉 기독교의 정치적 소외를 극복하는 데 매우 중요하다. 한국 개신교회는 수에 비해 매우 연약한 정치적 영향력을 가지고 있으며, 그 결과 정치적 소외를 당하고 있다. 오히려 기독교보다 소수를 가진 종교들이 더 큰 정치적 영향력을 행사한다. 또한 기독교 정치인들이 다수 있지만, 선거철에 교회를 이용만 할 뿐 하나님의 영광과 교회의 발전에 기여하는 정치를 하지 못하고 있다. 수많은 이익 단체들이 자기 집단의 정치적 이익을 위해 많은 노력을 기울이고 있는 오늘의 정치 현실에서 정권의 주인이신 하나님의 백성들이 소외당하지 않도록 적극적인 정치 참여가 요청된다.

[적극적인 문화창조] 사회의 방향을 움직이는데 정치 못지 않게 중요한 것이 바로 문화이며, 특별히 현대는 문화의 거대한 영향력

때문에 문화의 시대라고도 불린다. 종교와 문화의 관계는 분리하기 어렵다. 종교의 존재는 종교 문화를 산출하며, 그 문화는 종교의 존속을 도와준다. 종교와 문화가 충돌하면 종교의 발전에 부정적 장애가 되며, 종교와 문화가 일치하면 종교의 발전에 기여한다. 신기형 교수의 연구에 의하면 한국 교회가 조선 말기 그리고 일제하에서 신문화의 주도권을 행사하였으며, 그 결과 한국 문화가 서구 문화로 변화하면서 한국 교회는 사회적 호감을 받으며 급격히 발전하였다. 그러나 1970년대 이후 점차 문화적 주도권을 상실하면서 한국 교회는 사회적 반감의 대상이 되어 교회가 정체되는 결과를 초래하였다.

유럽에서는 오랜 동안 기독교가 존재하면서 미술과 음악과 문학과 건축을 비롯하여 모든 분야에서 우수한 기독교 문화를 건설하였으며, 이는 서구화의 바람과 함께 전세계로 확산되었다. 그러나 르네상스와 계몽주의의 영향으로 형성된 반기독교적 문화가 공존하면서 문화적 투쟁이 계속되고 있는 실정이다. 더욱이 한국과 같은 비서구 세계에서는 식민주의 시대 이후 발생한 민족주의와 전통 문화의 재흥으로 기독교 문화는 위축되고 있다.

그런데 이런 상황에서 문제를 더욱 어렵게 만드는 것은 현대 교회가 문화의 중요성을 이해하지 못하고 교회의 울타리 안에서 자체 부흥만을 중시하면서 문화적 사명을 망각하고 있다는 사실이다. 한국의 초대 교회는 비록 소수였지만 교육과 의료, 그리고 문화의 전영역에서 주도적인 공헌을 하였으며, 그것을 교회의 중요한 선교적 사명으로 인식하였다. 그러나 개교회주의가 부상한 오늘날 교회가 소유한 문화적 자산들도 처분하고 사회와의 관련을 단절해 버렸다. 그 결과 이러한 기독교의 문화적 공백에 반기독교적 문화가 진입하여 문화적 주도권을 장악해 버렸다. 현대 문화의 중심인 매스컴이 기독교나 기독교인을 냉소적으로 묘사하는 반면, 불교와 같은 타종교에는 한결같이 긍정적으로 묘사하고 있는 현실은 기독교의 문화적 실패를 증거한다. 또한 일부 기독교의 문화적 노력이 있으나, 대부분이 비판적이고 반감을 조성하는 부정적 노력이라는 점이 아쉽다. 오히려 한국 교회는 적극적으로 기념비적 문화를 창조하며 문화계에 참여하고 많은 기독교 문화인들을 양성하고 후원해야 한다. 물론 문화란 단시간에 이루어지지 않지만 계속적인 관심과 노력을 기울인다면 수많은 문화적 자원이 있기 때문에 또다시 문화적 주도권을 회복하고 대중문화의 호감을 창출할 수 있을 것이다.

3. 포스트모던 시대의 종교 현상

지금 우리는 주후 2천 년대를 마감하고 제3천 년대(Third Millenium)로 진입한 시점에서 종교적으로 모종의 심각한 변화가 일어나고 있음을 실감할 수 있다.[155] 이러한 변화는 세기말적 불안감을 조성하면서 종말론적 혼란을 야기시키기도 하였지만, 문제는 더 심층적인 인류 문화의 양태가 근본적인 전환기를 맞고 있다는 데 있다. 지난 2천 년 동안 기독교의 중심적 위치를 차지해왔던 서구가 종교 중심적 문화를 뒤로하고 과학적인 기술 문화(technological culture)로 탈바꿈하면서 기독교의 위기 의식이 점증하였으며, 기독교의 존속을 위하여 과학적 세계관에 대한 적응과 변신의 노력이 필요하다는 세속화 신학이 제기되기도 하였다. 서구 교회는 이제 소수 집단으로 전락하였으며, 그 영적 지도력과 호소력을 상실해가고 있는 처참한 상황이 발생하였다. 종교 없는 시대의 도래라는 과학주의적 예언은 일시적으로 정당한 것처럼 보였으나, 종교적 공백으로 인한 비인간화와 가치관의 몰락은 다시 새로운 종교 추구현상을 보여주고 있다. 그러나 이러한 종교회복이 기독교의 부흥이 아니라 동양 신비종교나 원시

---

155) Hans Küng, *Theology for the Third Millenium: An Ecumenical View* (New York: Doubleday, 1988), 1-11.

종교에 대한 관심으로 나타남에 따라 기독교는 위기감에 직면하고 있다.

이러한 종교 현상은 단순히 서구만의 문제가 아니라 한국 사회에도 나타나고 있기 때문에, 우리는 좀더 세계적인 관점에서 우리시대의 종교적 변화를 이해할 필요가 있다. 한국에서의 전통 종교에 대한 관심과 부흥은 실로 괄목할 만하다. 조선조 말 제국주의 세력의 위협 앞에서 한국의 전통 종교들은 너무나 무력하여 그 종교적 생명을 다했다는 의식이 팽배하였으며, 그 대신 기독교가 새로운 시대를 위한 새로운 종교로 각광을 받기 시작했다. 그야말로 20세기는 전반적으로 전통 종교의 몰락과 기독교의 신흥이 분명히 나타났으나, 20세기 말에 이르러서는 이러한 추세가 반전되는 현실에 직면하고 있다. 급성장을 구가하던 기독교는 정체 상태를 보이고, 그 대신 불교를 비롯한 전통 종교가 부흥하는 당혹스러운 현실을 보고 있다. 더욱이 그 동안 미신으로 억압되어 왔던 무속 신앙과 기 철학 등이 사회적인 인정을 받으면서 정착되어 가는가 하면, 서구의 신흥 종교인 뉴에이지 종교가 여러 형태로 수입되어 우리 사회에 침투하고 있다.

그러면 기독교는 이를 어떻게 대처해야 할 것인가? 나는 우리 시대에 새롭게 일어나고 있는 신관(神觀)의 변화를 분석함으로써 문제의 본질을 규명하고, 그에 대한 기독교적 대안을 제시하려고 한다. 이러한 작업을 위하여, (1) 지금 일어나고 있는 종교 현상의 발생 원인을 포스트모더니즘과 연관하여 규명하고, (2) 최근에 우리 사회에 일어나고 있는 무속신앙, 환생 신드롬, 그리고 뉴에이지와 같은 신흥 종교들의 신관을 분석한 다음, (3) 기독교적 대안을 제시할 것이다.

[포스트모더니즘의 발생] 포스트모더니즘(post-modernism)이란 근대의 이성주의 신앙을 해체하자는 사상 운동으로서, 사고방식의 근

본적인 대전환을 요구한다. 이러한 풍조는 철학뿐 아니라 제반 문화 활동과 종교 생활을 포함한 생활의 전영역에서의 변화를 요구한다. 물론 이러한 사상 운동이 전인류나 학계의 전폭적인 수용을 받고 있는 것은 아니지만, 어떤 면에서 그것은 이제 일으키고자 하는 노력이라기보다는 이미 일어나고 있는 거대한 변화를 서술하는 것이라고 할 수 있다.

이와 같은 변화는 획일적인 사고나 문화를 지양하고 다양한 문화 창조를 고무하기 때문에, 자연히 문화 생활에서 다양성이 강조되는 경향이 일어났다. 또한 산업혁명으로 인한 테크놀로지 의존적 문화의 발생은 탈자연과 도시화, 비인간화와 정보화를 유발시키고, 이는 건전한 문화의 몰락과 가치 파괴적인 반문화의 폭발적 범람을 초래하였다. 그러한 원인들은 종합적으로 포스트모더니즘이라는 경향을 발생시켰고, 이 사상은 획일적인 절대주의를 부정하고 다원주의 (pluralism) 사고를 권장한다.

이러한 사상적 변화는 종교적인 면에도 중요한 변화를 요청하고 유발시켰는데, 이는 크게 원시신앙의 부흥과 소위 고등 종교들의 자기적응으로 나타나고 있다. 근대의 과학적 세계관의 등장과 함께 미신으로 비판되고 억압되어 왔던 원시신앙들이 민족주의의 부상에 힘입어 과거의 자리를 회복하고 있으며, 이는 문화와 종교가 불가분의 관계에 있기 때문이다. 더욱이 물질문명과 기술문화가 야기한 문제들이 인간의 종교성을 부정하고 억압한 일에 기인하였다는 반성과 함께, 더 원시적이고 본능적인 신앙의 가치를 인정하려는 대중적인 공감대가 형성되고 있다. 한편 소위 고등 종교들이 근대적인 합리성의 척도에 적응한 결과 그 가치가 인정되어 왔으나, 합리화된 종교가 종교의 세속화를 불러왔다는 반성과 함께 종교의 신비성을 회복하여 새로운 인류의 필요에 부응하려는 경향을 보이고 있다. 기독교에서도 20세기에 오순절 운동이라는 신비주의의 부상이 모든 교파에 나타나고 있다. 또한 현대의 다원주의적인 분위기에 적응하여 대중의 호응을 얻고 존속하기 위하여 종교간의 대화와 평화를 도모하는 관용과 타협의 길을 모색하고 있다. 이는 종교 다원주의(religious pluralism)의 형태로 나타나기도 하며, 신학적 독선주의나 교파주의의 극복과 정치적 연합 운동의 추구 등으로도 표출된다. 우리는 오늘날 한국에서 일어나고 있는 종교적 변화가 바로 이러한 포스트모더니즘의 추세를 반영하고 있기 때문에, 전체적으로 포스트모던 시대의 종교 현상이라고 규정하는 것이다.

[무속, 환생 신드롬, 그리고 뉴에이지 종교] 오늘날 포스트모던 시대를 맞으면서 한국 사회에서 최근 일어나고 있는 새로운 종교 현상 가운데, 전통적인 무속 신앙의 대중적 수용과 생활화, 그리고 뉴에이지 종교로 대표되는 포스트모던 종교의 수입과 그로 인한 환생 신드롬 등의 새로운 종교 문화현상의 발생을 들 수 있다. 그러면 이러한 신흥 종교현상의 본질이 무엇인지를 분석해 보기로 한다.

무속(巫俗) 신앙이란 우리 민족의 역사와 함께 하는 오랜 전통을 가지고 있으며, 국가 종교로 공인된 불교나 유교와 같은 고등종교와 달리 민간신앙으로서 공적으로는 억압의 대상이 되어 왔으나 대중의 신앙 습속으로 존속해온 문화화된 종교라고 할 수 있다. 구체적으로는 무교(巫敎, Shamanism) 신앙이 대표적으로서 무당의 굿을 통한 살풀이가 중심이지만, 그 외에도 점술, 역학, 풍수지리설, 칠성 신앙, 고사, 부적, 선약, 자연숭배 등 여러 형태로 유포되어 왔으며, 도교(道敎)를 비롯한 타 종교들의 미신적 관행이 혼합되었다고 볼 수 있는데, 무속신앙은 여성을 중심으로 대중에게 널리 생활화되었기 때문에 고등종교의 신앙과 함께 신봉되어 종교 혼합현상을 야기하였다. 이러한 민속신앙이 합리성의 규범에 위배되었기 때문에 공식적으로 억압되거나 금지되었다는 사실은 모더니즘(modernism)과 배치

됨을 의미하며, 따라서 포스트모던 시대의 도래는 이러한 신앙의 해방과 자유를 구가하는 시대가 도래하였음을 의미한다. 한국 상황에서는 민주화 운동의 일환으로서 주체적인 반외세 운동과 연관하여 전통 문화를 회복하고 존중하자는 각성으로 무속 신앙의 재평가와 대중적 수용이 일어났는데, 신학적으로는 같은 맥락에서 발생한 민중신학의 문화신학이 이를 고무시켰다. 그 결과 민족 철학으로서 서민적인 기(氣) 철학이 부각되었으며, 이어서 모든 무속 신앙이 유행하게 되었다. 그리고 공적인 기관도 기우제나 고사 등을 자연스럽게 실행하는가 하면, 지성을 추구하는 대학가에서도 살풀이나 노제, 그리고 점술이나 무속이 존중되는 풍토로 변하였다. 그런가 하면 환경운동이나 자연보호운동을 도교적 자연관과 연결시키는 경향도 일어나고 있다. 무속신앙은 매우 다양하지만 무교의 신관은 일반적으로 다신론(polytheism) 내지 범신론(pantheism)으로 알려져 있다.[156] 본래는 오히려 다신론적이었으나 범신론에 기초한 도교적 요소와의 혼합 과정에서 범신론화하였다고 볼 수 있다. 포스트모던 시대가 추구하는 다원주의적 사고에 가장 상응하는 신관은 물론 다신론이라고 할 수 있으며, 범신론도 그러하다. 절대 진리를 추구하던 과거에는 오히려 유일신론(monotheism)이 더 합리적인 신앙으로 인정되었기 때문에 다신론 혹은 범신론 종교가 모던 시대에 억압되었음은 당연하다고 할 수 있다. 그러나 이제는 포스트모던 시대의 도래와 함께 종교적 상황은 근본적으로 전도되고 있다고 말할 수 있다. 왜냐하면 가치관은 신관과 불가분리의 관계에 있기 때문이다. 물론 절대 진리의 부정은 그것 자체가 모순이며 인간성에 위배되는 것으로서, 이러

---

156) 김태곤, 『한국무속연구』(서울: 집문당, 1981), 279-99. "형태적인 면에서 볼 때 무속의 신관은 다신적 자연신관이란 입장에서 말할 수 있다. 신앙대상 신이 자연신과 인간신의 두 계통으로 대별되고 있는데, 이들 신은 대체로 인격을 갖추고 인격적으로 표현되지만, 자연신의 경우는 간혹 자연 그대로의 정령으로 보는 경우도 있다." 그는 조사를 통하여 한국에 최소한 273종의 무신(巫神)이 있음을 확인하였다.

한 상황이 반동적일 뿐 영원히 지속될 수는 없을 것이지만, 포스트모던 시대가 지속되는 한 유일신관을 가진 기독교는 다소 어려움을 겪게 될 것으로 예상된다.

한편 뉴에이지(New Age) 종교는 합리성에 대한 회의와 함께 도래한 포스트모던 시대에 신비 종교의 본산인 인도 종교가 서구에 정착하면서 형성된 대표적인 포스트모던 종교이다. 이 종교는 지상에 존재하는 모든 미신적 신비 신앙을 종합하고 혼합하여 포스트모던 시대의 유일한 종교로 군림하기 위하여, 모든 고등 종교 특히 기독교의 몰락을 열망하고 있다. 뉴에이지 종교는 또한 음악, 영화, 문학 등 모든 문화영역에서 적극적인 활동을 벌이고 있어서 포교의 방법을 다변화하고 있기 때문에, 사람들은 무의식적으로 뉴에이지 종교와 접촉하게 된다. 한국에 조직적인 뉴에이지 종교는 아직 규모가 적지만, 문화운동으로서는 적지 않은 세력으로 성장하고 있다. 무엇보다도 정신세계사의 출판 활동은 대중의 크나큰 호응을 받았으며, 그를 통한 대중적 지지 기반을 확보하였다. 소위 환생 신드롬이라고 불리는 현상도 정신세계사의 출판물들에 의해 일어났다. 본래 환생 교리는 우리나라에서 불교 신앙과 연관되어 있지만, 최근의 현상은 오히려 뉴에이지와 관련이 있다. 인도 종교가 뉴에이지 종교의 중심이기 때문에 불교의 원형인 힌두교의 환생 신앙을 가르치고 있다.

정신과 의사 전영우의 『전생여행』이나 환생 영화도 한결같이 뉴에이지 종교의 소산이며 불교와는 직접적인 관계가 없다. 뉴에이지 종교의 신관은 전반적으로 범신론 내지 다신론이라고 할 수 있다.[157] 만물은 모두 신성을 가지고 있으

---

157) Douglas R. Groothuis, *Unmasking the New Age* (Downers Grove: IVP, 1986), 13-36; David K. Clark and Norman L. Geisler, *Apologetics in the New Age: A Christian Critique of Pantheism* (Grand Rapids: Baker, 1990); David L. Miller, *The New Polytheism: Rebirth of the gods and goddesses* (New York: Harper & Row, 1974).

며, 만인은 그러한 신성을 회복하여 신이 될 수 있다는 교리가 그 기본 사상이다. 그러므로 뉴에이지 종교는 포스트모던 시대의 가치관과 조화되는 범신론에 기초할 뿐 아니라 합리성보다는 신비성을 추구하며, 모든 세계의 원시 신비종교들을 통합하여 세계 종교를 이룩하겠다는 혼합주의적 경향에서도 가히 포스트모던 시대의 대표적 종교라고 할 수 있다. 더욱이 과학적 세계관을 수용하며 또한 그것이 결여하고 있는 신비성과 종교적 차원을 보완하면서 UFO나 신과학 등에 적극적인 후원과 지지를 표명하는 점도 시대적 호응을 얻기에 충분하며, 과학 공상소설이나 심령 과학의 종교적 기반을 제공하기도 한다. 실로 과학과 종교의 조화는 근대에 하나의 난제로 제기되었으나, 뉴에이지 종교는 정신세계의 신비성이라는 방식으로 포스트모던 시대에 종교의 독자적인 영역을 확보하고 과학과 원만한 관계를 유지하고 있다. 왜냐하면 창조 신앙이나 종말 신앙과 같은 교리를 가르치는 역사적 종교는 과학적 사고와 영역 분쟁을 일으키지만, 현상세계에 대한 과학의 권위를 인정하면서 초월적인 신비성만을 추구하는 종교는 과학과 충돌할 필요가 없기 때문이다.

지금까지 우리는 무속 신앙과 뉴에이지 종교를 그 신관을 중심으로 분석하였는데, 공통적으로 다신론 내지 범신론적 신관을 가지고 있다. 신관의 중요성은 그것이 가치관과 윤리, 그리고 세계관과 인생관을 결정하는 기초가 되기 때문이며, 상호 불가분의 상관성을 가지고 있다는데 있다. 절대주의에 대한 염증에서 유발한 다원주의와 근대의 지나친 자연의 비신성화로 인한 폐해에서 반동적으로 일어난 동양 철학, 특히 도교와 인도 종교에 대한 관심은 자연히 모던 시대에 합리성의 기준으로 정죄하였던 다신론과 범신론을 재고하는 시대적 풍조를 불러 일으키게 된 것이라고 볼 수 있다.

[기독교적 대안] 이러한 포스트모던 종교 현상의 발생으로 기독

교는 역사상 최대의 위기에 직면하고 있는데, 과연 기독교는 어떻게 대처해야 할까? 이러한 위협에 대한 대안을 마련하기 위하여 신학계는 분주히 논의를 진행하고 있다. 1994년 미국 휘튼 대학에서 열린 전략적인 신학 회의에서 발표된 논문들이 『포스트모던 세계에서의 기독교 변증학』이라는 논문집으로 출판되었는데, 거기에서 세 가지 의견이 대립되었다. 비록 반이성적인 시대에도 기독교의 진리성을 위해서는 이성에 호소해야 한다는 "모더니티의 변증론"과 시대적 접촉점을 위해서는 포스트모던적인 화두를 수용하고 합리성에 호소해야 한다는 "모더니티와 포스트모더니티 사이의 변증론", 그리고 기독교의 존속을 위해서는 불가피하게 포스트모더니티를 수용할 수밖에 없다는 "포스트모더니티의 변증론"이었다.[158] 지금까지 발표된 신학적 대안들은 크게 다음 세 가지로 정리될 수 있다. 첫째로, 다원주의 시대에 기독교가 존속하기 위해서는 그에 적응해야 한다는 현실론이다. 이러한 방안은 기독교가 전통적인 독선주의를 포기하고 그리스도의 유일성을 주장하는 대신 타종교를 인정하고 대화하며 수용하는 종교 다원주의 입장을 취해야 한다고 주장한다.[159] 한국에서의 종교 다원주의는 특히 과정신학(process theology)에 영향을 받은 신학자들에 의하여 주장되었는데,[160] 과정신학은 신관의 변화를 요

---

158) Timothy R. Phillips & Dennis L. Okholm, ed., *Christian Apologetics in the Postmodern World* (Downers Grove: IVP, 1995).

159) David Ray Griffin, *God & Religion in the Postmodern World* (Albany, NY: State University of New York Press, 1989). 그리핀은 모던시대에 가능했던 정통주의신학과 자유주의신학의 시대는 이미 지나갔고 이제 "제3의 신학 형태"가 필요하다고 주장하면서, 그 신학은 포스트모던 시대에 이해할 수 없는 초자연적 신관을 버리고 "새로운 정령신앙(new animism)"을 도입하여 "자연주의적 유신론(naturalistic theism)"에 기초해야 한다고 말한다. 이는 자연신론 내지 범신론을 의미하며, 인격적 신관을 부정하고 과정신학을 따라 종교들의 진화와 그 과정상의 종교다원주의를 추구한다.

160) 한국의 종교 다원주의는 재래종교에 대하여 관용적인 전통을 가진 감리교 신학에서 발생하였다. 1960년대에 윤성범, 유동식에 의해 토착화 신학이 제기되었고, 그후 1980년대에 변선환, 김경재에 의해 종교 다원주의가 주장되었다. 본래는 윤성범, 변선환이 유학한 바젤 대학교의 좌파인 칼 야스퍼스와 후리츠 뷰리의 영향하에 시작되었고, 그 후에는 과정신학의 창시자인 존 콥과 그의 과정 신학 연구소가 있는 미국의 감리교계 클레어몬트 신학교에 유학한 감리교 신학자들에 의해 과격

청하여 초자연적인 신관을 버리고 이 세계와 함께 변화되어 가는 범재신관(panentheism)을 수용함으로써 포스트모던 시대에 적응해야 한다고 생각하면서, 특히 기독교 신학이 불교를 수용함으로 변모해야 한다는 대승 기독교(Mahayana Christianity)를 주창한다.[161] 그러나 이와 같이 시대 상황에 적응하기 위하여 종교 다원주의를 주장하는 것은 올바른 대응 방안이라기보다는 타협과 세속화라고 생각된다. 왜냐하면 그들은 예수 그리스도의 유일성과 기독교 복음의 절대성에 대한 신앙을 포기하고 스스로 정통성을 부정하여 기독교의 본질적 변질을 공개적으로 주장하는 이단적 분파로 전락하였기 때문이다.[162]

한 종교 다원주의가 도입되었다. 김경재는 장로교 신학자이지만, 토착화신학, 민중신학의 문화신학에 영향을 받았고 또한 클레어몬트 신학교에 유학하여 종교 다원주의에 합세하였다.

161) John B. Cobb, Jr.는 *God and the World* (Philadelphia: Westminster, 1969)에서 신관의 중요성을 강조하고(19) 현대에 전통적인 "창조자-역사의 주율법 부여자-심판자"로서의 신관을 버리고 "열려진 미래로 우리를 부르는 존재"로서의 신관으로 전환해야 한다고 주장하면서(63), "범신론과 유신론의 종합으로서의 범재신론(panentheism)"을 주창하였다(80). *Christ in a Pluralistic Age* (Philadelphia: Westminster, 1975)에서는 기독교가 전통과 단절해야 존속이 가능하며(51), 따라서 다른 종교에 부담을 주는 그리스도의 이미지를 제거하고(19-20) 비인격화하고 로고스로 개념화하여야 미래적 그리스도가 가능하다고 말하고(54, 59, 71), 기독교와 불교의 일치를 추구해야 한다고 주장하였다(201-20). 나아가 *Beyond Dialogue* (Philadelphia: Fortress, 1982, 번역판 『과정신학과 불교: 대화를 넘어선 기독교와 불교의 창조적 변혁 모색』, 김상일 역 (서울: 대한기독교출판사, 1988)에서는, 기독교의 불교화가 현재 기독교인들을 향한 그리스도의 부르심이라고 말했다(166). 에에 따라 변선환은 불교에도 구원이 있다고 주장하였으며, 김경재는 대승 기독교의 신론, 인간론, 구원론 등 일련의 논문들을 발표하여 대승 기독교 조직신학을 시도하였다.

162) *Ibid.*, 157. 존 콥의 신관은 분명히 이단적이다: "하나님은 완전히 실체성을 결하고 있는 분으로 받아들여지지 않으면 안된다... 하나님은 연기의 영원한, 아직 자격이 다 갖추어져 있지 않은 완전한 사실과 그 자체이다. 부처와 같이 하나님도 충만하게 가득 차질 때, 그는 완전한 무의 상태에 이르게 된다."; 변선환, "현대화냐, 보수화냐," 『사목』 100(1985.9): 12-3. "필자는 정통적인 개신교 신학자는 아니라는 것을 먼저 밝혀두겠다... 타종교와의 대화에서 전통적인 개신교의 배타주의를 배격하고 개종이 아니라 대화만이 오늘의 선교라고 보기 때문이다." 변선환은 1984년을 전환점으로 타종교의 포괄주의에서 다원주의로 전향하였다.; 김경재, "한국문화사의 측면에서 본 궁극적 관심의 성격과 한국신학의 과제," 『한국문화신학』 (서울: 한국신학연구소, 1983), 140-1. "복음의 본질이 정통주의 보수신학의 내용만이라고 생각하지 않는 사람들도 토착화문제를 논할 때 예외 없이 복음의 불변성 곧 영원 불변한 복음의 내용이라도 있는 듯이 전제하고 논리를 전개시킨다. 복음과 문화의 관계를 씨와 토양에 비유하고 그 씨의 불변성을 전제하는 것이다. 그러나 그런 고정된 불변한 복음의 내용이란 관념이거나 전통의 산물일 뿐이다." 또한 그는 『해석학과 종교신학: 복음과 한국종교와의 만남』 (천안: 한국신학연구소, 1994)에서 기독교의 우월성을 부정하고(217) 그리스도의 유일성은 실존적으로만 인정하면서(238-9), 타종교들과의 지평 융합을 추구한다(262-4).

오히려 기독교는 이 시대에 유행하는 대중적 사고 방식의 차이로부터 오는 불이익과 어려운 상황 가운데서도 불확실성의 시대에 인류가 반동적으로 절대 가치와 유일신관을 상실하고 혼동할 때, 사상적으로 빛과 소금의 역할을 발휘하여 유일신관에 기초한 절대 진리에 대한 확신과 올바른 가치관을 회복하도록 인류를 돕는 노력에 힘써야 할 것이다. 실로 다신론이나 범신론은 기독교적 입장에서 분명히 그릇된 신관이 아닐 수 없기 때문에, 그러한 이교적 신관과 타협하는 것은 기독교의 본질을 변질시키는 자기 파괴 행위가 아닐 수 없다.

둘째로, 포스트모더니즘을 긍정적으로 평가하여 모던 시대에 약화되었던 기독교의 초자연적 종교성을 강조하여야 한다는 반성론이다. 기독교는 초자연적인 세계와 인격적 하나님에 대한 신앙에서 출발하였으나, 서구 기독교는 이성주의적 합리성에 복속하여 점차 종교적 신비성과 초월성에 회의를 표명하고 스스로 신학적 세속화의 길을 걸음으로써 신비성을 상실하고 이성주의적인 종교로 전락하였으며, 이는 서구 교회의 감소와 몰락을 초래하였고 포스트모던 시대의 도래를 유발시켰다. 따라서 기독교는 다시 이적이나 초월적인 세계에 대한 신앙을 회복함으로써 기술 문화에 지쳐 다시 종교를 추구하는 현대인에게 진정한 종교로 나타나야 한다는 것이다.[163) 소위

---

163) Thomas Molnar, *The Pagan Temptation* (Grand Rapids: Eerdmans, 1987). 몰나는 기독교가 모던 시대에 너무 과다한 이성주의에 희생되었다고 보고(177), 영적 공백상태에 있는 포스트모던 시대에 경건과 상징성, 신비성과 종교성의 회복을 주장한다.; Anthony C. Thiselton, *Interpreting God and the Postmodern Self: On Meaning, Manipulation and Promise* (Edinburgh: T. & T. Clark, 1995). 티셀톤은 힘의 추구를 진리로 위장한 기만이 모던 시대의 이성주의를 초래하였으며, 이에 반발한 포스트모던 시대에는 진리에 대한 불신을 가지고 진리를 힘과 정치의 문제로 해석하는 위기에 있다고 보고, 기독교는 힘의 추구를 버리고 사랑과 소망을 회복하여야 한다고 주장한다.; 김영한, "21세기, 포스트모더니즘과 기독교", 『21세기, 포스트모더니즘과 기독교』, 제4회 숭실 대학교 국제학술 심포지엄 강연집, (서울: 숭실대 한국기독교문화연구소, 1995), 49. "포스트모던 정신은 기독교 신앙을 위해서는 하나의 큰 기회이다. 이 기회란 계몽주의적 이성적 전통이 비판하고 유래했던 기독교적 전통의 보고에서 다가오는 후기현대를 향한 새로운 착상을 배우는 것이다. 새로운 착상이란 현대가 합리성과 실증성이라는 모토 아래 상실한 현실의 깊이 차원인 거룩성과 종교성의 차원을 다시 발견하는 것이다. 그것은 인간 이성 이전에 존재하는 존재의

신화나 비합리적 신앙으로 제거했던 요소들을 회복하고, 문자성 대신 상징성을 부활시켜 현대인의 종교적 필요를 충족시켜야 하며, 이는 성경적인 기독교의 회복을 의미한다는 생각이다.[164] 기독교가 이 작업을 실패하면, 현대인은 결국 뉴에이지와 같이 신비성과 종교성을 강조하는 포스트모던 종교로 몰릴 수밖에 없다고 본다. 이러한 대안은 신비주의의 부흥을 불러오기도 한다. 20세기에 들어서 전반적으로 성령에 대한 강조와 성령운동을 적절히 수용하는 교회가 성장한다는 사실은 이러한 대안이 가능할 뿐 아니라 필요하다는 반증이 되기도 한다. 또한, 영성의 추구와 영성신학의 발생도 같은 맥락에서 이해할 수 있다.

셋째로, 포스트모더니즘을 부정적으로 평가하여 탈이성적인 풍조를 치유하기 위하여 기독교의 합리성을 더 강조하여야 한다는 강경론이다.[165] 진리는 절대적이며 인간은 본질상 이성적 존재로서, 비록 현대인들이 근대성의 기술 문화에 지친 나머지 일시적으로 탈이성적인 반동성을 보이지만, 이러한 풍조는 결코 오래 지속될 수 없으며 인류에 도움도 되지 않는다는 판단에 근거하여, 기독교가 유일신관에 근거한 절대 진리와 절대 윤리를 회복할 책임이 있다고 생

거룩한 질서를 향하여 열리는 것이다."

164) Molnar, *The Pagan Temptation*., 185-96; Anton Wessels, *Kerstening en Ontkerstening van Europa: wisselwerking tussen evangelie en cultuur* (Baarn: Ten Have, 1994), 211-57. 화란의 선교학자인 베셀스는 이제 세계문화가 문자시대에서 영상시대로 전환됨에 따라 기독교는 계몽주의로 인해 상실된 풍요한 상징성을 회복해야 호소력을 가진다고 주장한다.

165) Diogenes Allen, *Christian Belief in a Postmodern World: The Full Wealth of Conviction* (Louisville: Westminster/John Knox, 1989). 알렌은 포스트모던 시대가 그릇된 이성주의에 종속되었던 모던 시대에 비해 기독교에는 훨씬 더 좋은 시기라고 판단하면서(2), 올바른 이성의 사용으로 기독교 신앙의 합리성을 입증할 수 있다고 강조한다(128-48, 213-6); Edith Wyschograd, *Saints and Postmodernism* (Chicago: The University of Chicago Press, 1990) 거룩한 삶을 추구하는 절대 윤리가 이성에 근거하여 확립될 수 있다고 주장한다.; H. Richard Niebuhr, *Radical Monotheism and Western Culture*, New York: Harper & Row, 1970); David K. Clark & Norman L. Geisler, *Apologetics in the New Age: A Christian Critique of Pantheism* (Grand Rapids: Baker, 1990). 범신론은 신의 본질이 없는 텅빈 플라스틱 봉투와 같아서 허구적인 자기 모순을 가지고 있기 때문에(142-3, 155-8), 이성적인 비판을 통해 극복할 수 있다고 생각한다(223-35).

각한다. 물론 이러한 대안이 이성주의적 자유주의로의 복귀를 의미하는 것이 아니라, 인간의 이성과 기독교 신앙의 조화 가운데 성경적인 기독교를 합리적으로 제시하자는 것이다. 기독교 윤리운동이나 문화운동, 사회운동, 또는 기독교 학문운동 등은 성경적이며 합리적인 절대이론을 추구하고 수호한다는 점에 있어서 이러한 대안과 연관되어 있다고 볼 수 있다.

결론적으로 우리는 오늘날 일어나고 있는 새로운 종교 및 문화현상에 대한 올바른 이해를 가지고 대처할 필요가 있다. 한국 교회는 시대의 변화와 영적 분위기를 파악하는 데 둔감하여 안일한 자세로 구태의연한 관행만을 계속해서는 안 된다. 우리는 지금 하나의 새로운 시대에 진입하고 있으며, 새로운 사상적, 문화적, 종교적 변화와 직면하고 있다. 이러한 포스트모던 시대가 얼마나 지속될지는 의문이지만, 단기간에 사라지지는 않을 것이며, 그 동안 유일신관과 절대 진리를 신봉하는 기독교는 시대적 어려움에 직면하게 될 것이다. 위에 제시된 세 가지 대처 방안 중에서 종교 다원주의의 현실론은 정통적인 기독교에서 수용할 수 없으나, 그 외의 두 가지 방안 즉 기독교의 종교성과 합리성의 회복은 선택의 문제가 아니라 둘 다 보완적으로 필요하다고 생각된다. 기독교 신앙은 하나님의 말씀에 기초하고 있으며 인간성과 신성의 양면을 포함하고 있기 때문에, 어느 한 면만 강조되거나 어느 한 면의 결여는 불완전한 복음으로 호소력의 약화를 가져온다. 한편 포스트모던 시대라 할지라도 종교 다원주의는 배격되어야 하지만, 한국과 같은 다종교 사회에서 타종교와의 적대적 관계를 지양하고 선교적인 차원에서뿐 아니라 신학적인 차원에서도 완전한 무시와 무지보다는 충분한 연구와 적절한 관계가 필요하다고 생각된다.[166] 기독교는 역사적으로 다양한 시대정신과

---

166) 김성곤, "종교다원화 현상에 대한 세 가지 태도의 분석과 그 문제점", 『종교다원주의와 한국적 신학』, 변선환 학장 은퇴기념 논문집 (천안: 한국신학연구소, 1992), 186-203. 그는 타종교와의

직면하였으며, 그럴 때마다 성령의 인도 아래 적절한 대처 방안을 확보하고 존속 발전하여 왔다. 우리가 지금 직면하고 있는 포스트모던 시대에도 교회의 순종 가운데 성공적인 대응과 발전이 이룩되리라 전망한다.

관계 유형에 배타주의, 포괄주의, 다원주의의 3방식이 있다고 보았으나, 포괄주의는 외형적인 유연성은 있지만 결국은 자기 종교의 우월성을 전제하여 사실상 배타주의와 본질적 차이가 없고, 다원주의는 절대진리를 추구하는 종교의 본질에 모순되어 허구적이며 비현실적이라고 비판하였다. 신을 포함한 모든 것이 변하는 과정에 있다고 주장하는 과정신학도 "과정이라는 불변하는 원리(unchanging principles of process)"를 인정하듯이(John B. Cobb, Jr. & David Ray Griffin, *Process Theology* (Philadelphia: Westminster, 1976), 14), 절대원리가 없는 완전한 상대주의나 다원론은 불가능하기 때문에, 종교다원주의는 사실상 자기종교를 중심으로 한 형식적 포용주의든지, 종교적 진화이념을 추종하여 미래의 통합종교를 추구하는 새로운 종교운동일 뿐이다. 기독교 신앙은 타종교인을 포함한 모든 인류가 죄인이며 구원의 대상으로서, 그들에 대한 사랑과 관심을 가지고 그들을 이해하며 전도해야 한다. 그러기 위해서는 그들의 종교를 연구하고 이해하는 일이 필요하다. 더욱이 일반은총과 일반계시의 교리는 타종교에 대한 이해에서 반드시 고려되어야 한다; 이문균, "종교다원주의와 그리스도교", 『종교연구』10(1994): 87-109. 그는 종교다원주의의 상대주의적인 주장들이 모두 가정에 불과할 뿐이며, 사상 구조에서 실상 포스트모던적인 것이 아니라 모던 시대의 자유주의 신학의 흐름 안에 있다고 판단하고, 기독교인은 종교다원주의의 현실에서도 복음의 절대성에 대한 확신과 헌신을 견지해야 하며, 한편으로 타종교에 대한 올바른 이해와 진실한 대화, 그리고 공동목표를 위한 협력이 필요하다고 말한다.

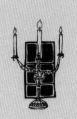

11장

포스트모던 시대의 목회 원리

오늘날 우리는 포스트모던 시대를 살고 있다. 종교와 계시가 지배하던 중세의 전근대성(pre-modernity)을 전복하고자 시도했던 계몽주의 운동은 서구 사회에서 새로운 시대를 열었다. 그러나 근대라고 불리는 시대의 사회적 특징인 모더니티(modernity)가 점차 사라지고 탈근대화가 모든 면에서 진행되면서 포스트모더니티(post-modernity)가 대세로 정착하는 시대를 살고 있다. 근대성이 이성주의에 기초하여 절대 진리와 절대 윤리를 숭배했다면, 탈근대성 혹은 현대성은 절대성에 대한 신앙이 몰락하고 상대주의적이며 다원주의적인 사고가 지배하고 있다. 따라서 이혼이나 혼외정사나 동성애와 같은 과거의 죄악들이 더 이상 정죄되지 않고 관용되는 윤리적 상대주의로부터 시작하여 절대 이성에 근거한 보편적 진리가 부정되고, 한 종교에만 구원이 있다는 절대 종교도 부정되는 시대가 된 것

post modern ism

231

이다.

따라서 절대적인 복음과 진리를 주장하고 전파하는 기독교는 매우 힘든 시기에 진입하고 있는 것이다. 바울이 "너는 말씀을 전파하라. 때를 얻든지 못 얻든지 항상 힘쓰라"(딤후 4.2)고 말했을 때, 복음 전도에는 하나님의 '때(카이로스)'가 있다는 사실이 전제된다. 교회의 역사를 살펴볼 때 복음이 대대적으로 수용되는 때도 있었고 왕의 개종이나 기독교 국가의 정복으로 인해 쉽사리 많은 신자를 얻은 때도 있지만, 고난의 시기에는 있는 신자마저도 잃어버리는 때도 있었다. 우리는 때를 분별하는 지혜가 필요하며, 이 어려운 시대를 현명하게 대처해 나가야 할 것이다.

모든 시대에는 사상적 흐름을 주도하는 시대정신(Zeitgeist)이 있는데, 이성주의와 실존주의에 이어 1960년대에 프랑스를 중심으로 포스트모더니즘 즉 탈근대화 운동이 발생하였다. 포스트모더니즘(post-modernism)이란 근대의 이성주의 신앙을 해체하자는 사상 운동으로서, 사고 방식의 근본적인 대전환을 요구한다. 이러한 풍조는 철학뿐 아니라 제반 문화활동과 종교생활을 포함한 생활의 전 영역에서의 변화를 요구한다. 물론 이러한 사상운동이 전인류나 학계의 전폭적인 수용을 받고 있는 것은 아니지만, 어떤 면에서 그것은 이제 일으키고자 하는 노력이라기보다는 이미 일어나고 있는 거대한 변화를 서술하는 것이라고 할 수 있다. 포스트모더니즘이라고 불리는 급진적 철학은 소수만이 따르고 있으나, 탈근대적 경향으로서의 포스트모더니즘은 오늘날 이미 모든 분야에서 대세로 정착하고 있다.

포스트모더니즘이 발생하여 인류의 호응을 받고 있는 데는 여러 가지 이유가 있다. 첫째로, 서구 사상사에서 근대에 일어난 인간 중심의 이성주의는 기독교 신앙을 대체 혹은 수정하고 최고의 권위로 등장하여 과학 시대를 열었는데, 종교와의 분리를 진행하면서 점차 종교적 기반을 상실한 절대 진리의 주장은 그 근거와 설득력이 약해지기 시작했으며, 급기야는 절대적인 합리성과 윤리에 대한 신앙이 더 이상 인정되지 않는 상황에 이르게 되었다. 이러한 현상은 종교의 약화와 세속화라는 문제와 깊이 연관되어 있는데, 절대 진리의 몰락은 자연히 상대주의적 사고 혹은 다원주의적 경향을 불러 일으켰다.

둘째로, 근대에 발생한 이성주의적 낙관론은 역사적 유토피아를 추구하였으나 두 차례의 세계대전과 한국 전쟁, 베트남 전쟁, 중동 전쟁, 보스니아 전쟁 등의 발생으로 인하여 크게 위축되었으며, 전쟁에 대한 전인류적 회의는 평화주의(pacifism)를 불러 일으켰다. 평화주의는 일부 집단이 그들의 진리성과 정당성에 근거하여 타집단을 억압 혹은 제거하려는 일체의  이데올로기적 혹은 사상적 및 종교적 절대주의를 정죄하게 만들었다. 즉 절대주의가 전쟁과 분쟁의 원인이 된다고 보고, 절대 진리를 부르짖는 종교에 대한 강한 회의가 제기되었다. 그러므로 현대인들은 종교 간의 대화나 연합, 혹은 종교 간의 평화를 강력히 요구한다.

셋째로, 20세기에 식민주의 통치가 종언을 고함으로 그 동안 서구 백인의 우월성이라는 신화가 여지없이 무너져 내리고, 독립하여 주권을 회복한 국가와 민족들에서는 강력한 민족주의와 전통 문화 및 종교에 대한 부흥 운동이 일어났다. 비록 대부분의 비서구 세계가 근대화와 연관하여 서구화를 추구하는 상황에서 서구 문화의 영향과 우월성이 완전히 무시될 수 없는 현실이지만, 반식민주의적인 민족주의 입장에서 어느 특정 민족문화나 민족종교의 우월성을 주장할 수 없는 상황이 된 것이다. 따라서 다원주의적인 사고가 국제 사회에서 수용되며, 특히 문화에 있어서는 더욱 그러하다.

넷째로, 20세기에 인류가 자본주의와 공산주의라는 경제주의적 사고에 익숙해지면서 경제 논리가 중심적으로 작용하게 되었다. 경제 논리는 과거의 모든 권위로부터 탈피하여 경제적인 것이 가치 있는 것이 되었다. 본질적인 가치와 권위가 부정되는 추세에서 문화 활동도 경제 논리에 지배를 받게 되었으며, 따라서 경제적인 가치를 창출하는 새로운 문화상품이 권위에 우선한다. 이와 같은 현대의 문화 이론은 획일적인 사고나 문화를 지양하고 다양한 문화 창조를 고무하기 때문에, 자연히 문화 생활에서 다양성이 강조되는 경향이 일어났다. 그러한 원인들은 종합적으로 포스트모더니즘이라는 반동적 운동을 발생시켰고, 이러한 사조는 획일적인 절대주의를 부정하고 다원주의(pluralism) 사고를 요구한다.

끝없이 변화하는 세계 속에서 영원히 변하지 않는 복음을 전파하는 기독교는 교회 역사상 다양한 도전에 직면하였으나, 성령님은 항상 교회로 하여금 이를 성공적으로 극복하고 계속 발전하도록 이끌었다. 우리가 감당할 수 없는 시험을 주지 않는다는 말씀은 포스트모더니즘도 교회가 극복할 수 있다는 하나님의 약속과 보장이다. 노련한 선장은 바람을 탓하지 않는다. 순풍만이 아니라 역풍을 이용해서도 항해할 수 있다. 탈근대 운동은 기독교의 신앙과 하나님의 계시를 부정하고 인간 이성을 숭배한 근대의 전복이라는 점에서 적의 적은 친구일 수도 있다는 긍정적 측면을 가지고 있다. 그뿐 아니라 이성주의로 인해 손상된 기독교의 풍요한 복음을 회복할 수 있는 시

대적 여건이 형성되었다는 점에 있어서도 하나님의 은총일 수 있다. 앞으로 우리는 포스트모던 시대의 기독교가 어떻게 시대적 역풍을 이용하여 하나님의 나라를 발전시키고 위기를 기회로 전환할 수 있는지 그 방법들을 하나하나 살펴보게 될 것이다.

1. 다양성의 수용과 아디아포라의 회복

세계는 타락 이후 힘의 각축장으로 전락하였으며, 인류는 끝없이 약육강식의 정글 논리에 시달려왔다. 전쟁에 능하고 힘이 강한 자가 약자를 지배하고 착취하며 자기 영토를 확장하고 무력을 강화하여 왕과 국가가 발생하였다. 그리하여 평등하게 창조된 인류는 지배자와 피지배자로 분리되었다. 왕을 중심으로 한 소수의 지배자들이 호의호식하며 힘 없는 다수를 천대하고 혹사하는 불평등한 죄악적 체제가 그리스도의 복음이 문화를 변혁시킨 서구에서 서서히 무너져 내리기 시작하였으며, 하나님이 창조한 모든 인간의 평등에 기초한 민주적 정치체제가 전세계로 확산되고 있다.

포스트모던 시대는 만인의 평등을 실현하려는 열망이 세계를 지배하는 시대라고 할 수 있다. 따라서 오랜 세월 인류를 지배했던 절대 왕권이나 독재자를 거부하고 권위주의적인 지도자를 환영하지 않는다. 열강 제국들의 식민통치 시대가  끝나고 모든 나라들이 주권국가로 독립하여 국제연합(UN)을 결성한 현대에 어느 한 나라의 문화나 전통을 추종할 필요도 없으며, 히틀러와 같이 한 인종의 우월성을 주장하는 인종주의(racism)나 한 민족과 국가를 절대시하는 민족주의(nationalism)는 모두에 의해 정죄되고 있다. 그뿐 아니라 하나의 학파나 사조나 체제를 절대적으로 추종하면서 모든 인류에게 강요하는 이데올로기의 시대는 종언을 고하고 있다. 이러한 변화는 모두 이성을 이용하여 자기 집단의 영광을 추구하는 집단적 이기주의를 정당화하고 타집단에게 피해와 희생을 강요한 이성주의적 모던 시대로부터의 해방과 자유를 의미한다.

이러한 역사적 변화는 구조적으로 그리스도의 구원을 통해 세계를 변화시키고 화해와 통일을 추구하는 구속사의 진행과 일치한다. 따라서 교회도 과거의 교파 분열과 투쟁을 반성하고 현대에 교회연합 운동이 대대적으로 전개되고 있다. 1947년 세계의 수많은 교파와 교단들이 세계교회협의회(WCC)를 결성하였으며, 그 외에도 각종 연합단체들을 형성하고 모든 교회의 하나 됨을 확인하며 자기 교파나 교단의 독선과 절대화를 회개하고 타교파들에 대한 정죄를 철회하면서 상호 인정과 협조와 일치를 추구하고 있다. 한국에서도 극한적인 좌우대립과 끝없는 교단분열을 종식하고자 각종 연합운동이 전개되고 있다. 그뿐 아니라 획일적이던 교단주의가 점점 쇠퇴하고 다양성이 인정되며 전통주의가 약화되고 새로운 변화들이 허용되고 있는데, 이는 심지어 탈교파 시대(post-denominational era)를 예고하고 있다. 이러한 변화는 다양성과 통일성의 조화를 추구하는 포스트모던적 유연성으로서 자기 문화나 전통에 대한 겸손과 상대화를 의미한다.

그러나 우리는 다원주의와 다양성을 구별해야 한다. 다원주의(多元主義, pluralism)란 진리나 절대 체계가 하나가 아니라 여러 개라는 복수성(plurality)을 주장하는 다신론적 현대 사상인데, 이는 내부에 논리적 모순을 포함하고 있는 무책임한 생각이다. 왜냐하면 진리가 여러 개라고 주장하면서 동시에 다원주의만이 절대적이라고 주장하는 모순을 범하고 있기 때문이다. 그리스 종교의 다신론과 같이 다수의 신들이 있지만 모두 제우스라는 최고 신의 지배 하에 있듯이, 결국 다원주의도 논리적 일관성을 가지려면 다수의 진리들이 하나의 절대적 체계로 연결되고 포용되는 일원론의 변형일 수밖에 없다. 그런데 그리스도의 유일성 신앙을 상실한 일단의 자유주의 신학자들이 바로 이와 같은 무책임하고 무반성적인 정치적 다원주의에 희생되어 종교적 다원주의를 주장하게 되었다. 산을 오르는 길이 여럿이듯이 여러 종교를 통하여 구원이 가능하다고 생각하는데, 과연 무슨 근거로 그런 주장을 하는 것인가?

포스트모던 시대의 진정한 긍정적 정신은 무책임한 다원주의나 방임적 상대주의가 아니라 다양성을 수용하는 포용성이다. 다양성(多樣性, diversity)이란 하나의 진리나 실체에 다양한 측면이 있으며 다양한 방식으로 표현될 수 있다는 현실적 사고로서, 인간 이해의 제한성과 상황적 적용성을 수용하는 겸손한 인간의 모습이다. 동일한 물체를 어느 관점(viewpoint) 혹은 어느 입장(standpoint)에 서서 보느냐에 따라 다른 면모를 보게 된다는 자기 견해(view)의 제한성을 솔직히 인정하면서 타인이 다른 위치에서 다른 모습을 볼 수도 있다는 것을 이해하여 주는 객관적이고 과학적인 태도이다.

이런 자세야말로 기독교의 원칙에 부합한다. 동일한 예수 그리스도의 말씀과 생애를 네 사람의 증인이 각기 자기 관점에서 보고 이해하면서 사복음서를 작성하게 되었으며, 초대 교회는 서로 상당한 차이가 있음에도 불구하고 모든 관점과 이해를 수용하는 포용성에서 출발하였다. 이것은 하나님의 진리를 인간이 전체로 수용할 수 없으며 계시의 인간 이해와 문자적 표현이 근본적인 제한성과 부분성을 가지고 있다는 겸손한 고백이기도 하다. 그러나 점차 교회가 제도화되고 경쟁적으로 교권화되자 자기 견해와 관점의 전통만을 절대화하고 신성화하는 교만과 오류에 빠지게 되면서 교회는 각자의 전통에 따라 분열되고 상호 정죄하는 안타까운 상황으로 전락하게 된 것이다. 포스  트모던 시대는 우리에게 자파의 전통주의를 버리고 다시 초대 교회의 겸손으로 돌아가서 다양성을 수용하고 상호 존중함으로써 하나됨을 회복하도록 권유하고 있다.

초대 교회가 방대한 지역에 확산되었고 핍박을 받아 지하교회로 존재함으로써 상호교류가 원활하지 못했으면서도 분열되지 않고 하

나 됨을 유지할 수 있었던 비결은 여러 지역에 있는 여러 교회들의 여러 전통을 상호 존중하는 포용성 때문이었으며, 이는 예수님의 가르침에 따라 사도 시대에 정착되었던 아디아포라 시스템 덕분이었다. 아디아포라(a-diaphora)란 in-difference, 즉 다른 견해를 가져도 관계 없다는 뜻으로, 교회에서 의견 차이가 있을 때 그 동기가 주를 위한 것이라면 "각각 자기 마음에 확정한 대로" 하라는 신앙 양심의 자유에 근거한다. 로마서 14장에서는 주일이나 안식일 같은 날에 대한 견해나 음식 문제를 다루고 있으나, 그 외에도 본질적인 문제가 아닌 한 모두 다양성을 인정하는 아디아포라 시스템이 교회 분열과 독선을 방지하였다. 물론 초대 교회 안에 이를 거부하는 율법주의(legalism)가 크게 발생하여 일치를 위협하였으나 사도들은 율법으로부터의 자유를 선포하며 율법의 완성인 사랑의 원리를 강조하였다. 사도들 자신도 자기의 견해를 절대화하지 않고 다른 사도들의 견해를 존중하는 모범을 보였다.

그러나 이러한 원칙은 교권주의와 독선주의에 빠진 로마 가톨릭 교회에 의해 파괴되기 시작하였으며, 개신교회도 모든 전통의 절대성을 부정하고 오로지 성경(sola Scriptura)이라는 원리로 종교 개혁을 감행하였으나 결국 분열되면서 다시 자기 전통만을 절대화하는 오류를 범하고 있다. 아디아포라에 속하는 정치 체제 문제로 장로교회와 감리교회와 회중교회로 분리되고 각자 자기 체제만이 성경적이라고 주장하는가 하면, 성찬과 세례의 사소한 방법론 때문에 루터교회와 개혁교회와 침례교회로 분리되어 상호를 정죄하는 죄악을 범하여 왔다. 다양성을 수용하는 포스트모던 시대에 우리 교회는 다시 아디아포라 시스템을 회복함으로 교회의 분열을 극복하고 하나 됨을 회복해야 한다.

구원을 위해 필수적인 신앙 조목은 그리 많지 않으며, 무엇보다 중요한 것은 성령의 능력으로 중생을 통해 자기 중심성과 정욕으로부터 해방되어 하나님의 나라를 추구하며 하나님과 이웃을 위해 사는 존재로 거듭나는 것이다. 사소한 아디아포라의 문제로 싸우고 정죄하고 교만해져서 교회를 분열시키고도 자랑스러워하는 죄악에서 해방되지 못한다면 그것은 구원에 이를 수 없고 오히려 교회를 파괴하려는 사탄의 도구가 될 수 있다. 아브라함 카이퍼는 긴 신조를 반대하면서 "오로지 순교자들이 피흘려 지키고자 했던 단순한 신앙"만으로 제한할 것을 호소하였다. 수많은 교단들이 제각기 신조와 정치로 구성된 두꺼운 헌법책을 만들고 성경과 동등하거나 사실상 그 상위로 숭배하면서 분열을 영속화시키는 것은 중대한 잘못이며, 그리스도인의 자유를 모두 빼앗아 버리고 교단이 세세한 것까지 획일적으로 규정해 주는 것은 사도들이 그토록 반대하였던 율법주의로의 복귀를 의미하는 것이다.

칼빈은 아디아포라의 중요성을 매우 강조하면서 "이 그리스도인의 자유를 제대로 이해하지 못한다면 그리스도도 복음 진리도 영혼의 내적 평화도 올바로 이해할 수 없다"고 경고하였다. 어거스틴이 말한 대로, "본질적인 것에는 통일을, 비본질적인 것에는 자유를, 그리고 모든 것에서 사랑을" 추구해야 할 것이다. 존 스토트는 "교파 간의 교리적 차이들을 형제 사랑의 바다에 빠뜨려 버리자"고 호소하였으며, 루엣키횔터는 "무엇이든지 비본질적인 것이 본질적인 영역에 들어오려고 하면, 모든 교회가 연합하여 가로막고 추방시키자"고 제안하였다. 이런 면에서 포스트모던 시대의 도래는 우리에게 주시는 하나님의 책망이면서 동시에 놀라운 은총일 수 있다.

2. 평신도의 재발견

　　모든 인간은 평등하게 창조되었으며 모두 아담과 하와의 후손이다. 따라서 인종이나 민족의 절대적 구분이나 노예 제도를 비롯한 모든 신분 제도는 모두 죄악의 산물이다. 그리스도의 세계 구속이 누룩과 같이 파급되면서 모든 죄악적 차별과 장벽이 서서히 무너져 내리고 악령의 끈질긴 저항에도 불구하고 화해의 위대한 역사가 힘차게 확산되어 왔다. 노예 해방과 왕정 폐지로 실현된 민주 평등 제도의 정착이야말로 인류 역사에서 위대한 창조 질서의 회복이 아닐 수 없다. 아직도 왕정이나 독재가 지배하는 나라들이 상당수 남아 있으나, 현대에는 민주주의가 대세로 정착하였고 이러한 추세는 앞으로도 계속 확산될 것이다. 따라서 평등성의 회복은 포스트모던 시대에 하나님이 주시는 고귀한 선물이다.

　　그러나 형식적인 민주구조를 넘어서 모든 인간의 진정한 평등을 상호 인정하고 실현하는 것은 교만한 이기적 인간들이 그리스도 안에 들어와야 비로소 가능하며, 구속된 성도들의 공동체인 교회야말로 진정으로 모든 구성원의 평등이 실현되는 모범적 인간 공동체이다. 영국의 인권장전이 발표되기 벌써 오래 전에 그리스도의 마그나 카르타가 이미 갈라디아서 3장 28절에 선포되었다. "너희는 유대인이나 헬라인이나 종이나 자주자나 남자나 여자 없이 다 그리스도 예수 안에서 하나이니라." 따라서 초대 교회는 성령의 능력으로 모든 차별 구조를 철폐하고 서로를 섬기는 사랑과 겸손의 공동체를 건설하였다.

　　로마 가톨릭 교회의 출현은 이러한 인류의 화해와 평등의 회복을 좌절시키고 로마 제국의 정치 계급제도(hierarchy system)를 도입하여

교회를 계급화하는 반 구속사적 죄악을 범하고 말았다. 그 결과 수많은 평신도들은 철저히 소외되고 무시되었으며, 오로지 교황을 중심으로 철저히 계급화된 소수의 성직자들이 교회를 지배하게 되었다. 첫째로, 성직자들은 평신도들의 직분을 모두 빼앗아 전유함으로써 평신도들의 교회 봉사를 차단하였다. 사도로부터 시작된 교회는 평신도 중에서 임명한 집사와 장로 혹은 감독의 직분 제도를 도입하여 사역을 분담하여 왔으나, 로마 교회의 전횡적 성직자주의(clericalism)가 시행되면서 평신도를 배제하고 집사와 장로도 성직자들이 차지하여 성직자를 3구분하고 집사 사제, 장로 사제, 감독 사제로 모두 담당해 버렸다. 이제 평신도는 교회에서 제도적으로 아무 사역도 할 수 없게 되었다. 둘째로, 성직자들은 평신도들에 대해 우민화 정책을 사용하고 교회 일에 간섭하지 못하도록 금지하였다. 라틴어 성경만을 사용하고 평신도들의 모국어나 서민적 언어로 성경을 번역하지 못하도록 하면서, 미사 때에는 오로지 라틴어 성경만을 사용하고 라틴어로만 찬송을 부르는 등 성직자들만 이해하는 언어를 사용함으로 평신도들은 이해하지 못하는 말을 들으며 지루한 미사에 무력하게 참석해야 했으며, 하나님의 말씀을 읽거나 배울 수 없어 무지한 회중으로 전락하였다. 따라서 교회가 어떻게 운영되고 사역하는지에 대해 알 수도 없었고 관여할 수도 없어 무조건적으로 복종하는 길밖에 없었다. 바로 이런 부조리 때문에 로마 교회가 심각하게 부패해 가고 있었음에도 불구하고 천 년이나 아무런 반발 없이 지배할 수 있었던 것이다. 실로 평신도들은 종교적인 노예로 전락하였고, 로마 교회 성직자들은 절대 교권을 향유하였다.

종교 개혁은 이러한 구조적 부조리를 개혁하고 초대 교회의 순수한 성경적 제도를 회복하려는 운동이었다. 성경을 평신도들이 이해할 수 있는 자국어로 번역하고 예배를 평신도들에게 돌려주었으며, 교회를 더 이상 성직자 중심으로 규정하지 않고 사도신경에 나타난 초대 교회의 정의를 따라 교회를 "성도의 교제(fellowship of the saints)"로 선포하였다. 또한 마르틴 루터는 유명한 "만인 제사장설(priesthood of all believers)"을 주장하여 교회에서 평신도의 중심성과 평등성을 회복하고 목회자도 교인의 하나라는 일체성을 재확립하였다. 그러나 교인들이 너무 오랜 동안 로마 교회 하에서 성직자에게 묵종하도록 훈련되었을 뿐 아니라 아직 정치적으로도 왕정 하에 있어서 평등 의식이 쉽사리 실현되지 못하였다. 그러나 점차 평신도들의 각성이 일어나 17세기부터 네덜란드와 독일을 중심으로 경건주의(Pietism) 운동이 확산되었고, 정치에서도 민주주의가 태동함으로 양대 운동의 상호 작용으로 탈근대화(post-modernization)에 성공하여 평등성이 실현되는 현대가 가능하게 되었다.

교회의 탈근대화는 평신도의 재발견과 모든 교인의 평등성에 근거한 교회론의 재정립으로 이루어졌다. 이러한 운동의 신학적 선구자인 네덜란드의 헨드릭 크램머는 1958년에 발표한 『평신도의 신학 Theology of the Laity』에서 드디어 교회의 성경적 이상이 실현되는 평신도의 시대가 도래했다고 선포하였다. "하나님의 은총으로 우리

는 드디어 교회와 그 전체성을 재발견하는 시대에 살고 있다… 교회의 모든 구성원들은 원칙상 동일한 소명과 동일한 책임과 동일한 존엄성을 가지고 있다." 이러한 변화는 과거에 성직자들에게 부여되었던 지나친 권위가 비신성화되고 평신도들의 민주의식이 신장되면서 가능하게 되었으며, 세속화 사회 속에서 교회가 더 이상 성직자의 힘만으로는 발전할 수 없다는 위기 의식의 소산이기도 하였다.

현대와 같이 경쟁적인 사회 속에서 교회가 다수의 평신도를 활용

하지 않고 방치하는 것은 심각한 실책이 아닐 수 없다. 크램머가 지적한 대로, "엄청난 능력과 가능성들이 실로 교회 내부에 존재하지만, 그것들이 연금되어 동결된 신용이나 사장된 자산으로 남아 있었다." 현대 교회는 이와 같이 놀라운 자산을 재발견하고 평신도를 개발하고 교회의 주체로 회복하는 데 열중하고 있다. 평신도를 훈련시켜 능동적인 주체로 만드는 제자훈련 등 각종 훈련 프로그램들과 소그룹, 셀 그룹, 가정교회와 목장, 팀 사역 등을 통해 평신도를 깨우고 회복시키는 노력들을 경주하고, 성직자 혼자서 전유하였던 예배와 교회 운영을 공유하고 분담하려는 시도들이 여러 모양으로 나타나고 있다.

지난 2천 년 동안 교회가 그리스도의 몸을 기념하고 나누는 성찬식을 반복적으로 시행하면서도 깨닫지 못하였던 교회의 본질, 즉 교회가 그리스도의 몸이라는 진리를 이제야 실제로 이해하기 시작하였다. 교회의 머리는 그리스도밖에 없고 성직자를 포함한 모든 교회 구성원들은 평등한 지체들이라는 단순한 진리가 교회의 참된 모습을 회복하는 열쇠인 것이다. 어떤 지체도 천하거나 무시의 대상이 될 수 없고 모든 지체가 고귀하며 평등하다는 성경적 이해와 모든 구성원에게 교회를 건설하는 데 불가결한 은사들을 부여하였기 때문에 누구도 소외되거나 배제되어서는 안 되고 모두가 참여하고 자기 역할을 감당해야 한다는 성경적 원리를 이해하는 데 교회는 많은 세월이 걸렸다. 물량적 교회 성장주의나 대교회주의는 다분히 자본주의적 발상이며, 이제 오히려 모든 지체의 건강과 능동적 활동으로 이루어지는 건강한 교회가 추구되고 있다. 교회는 유기체(organic body)로서 모든 지체의 조화와 협력이 생존과 성장의 본질이기 때문에 교회는 더 이상 한 사람의 독재나 소수의 주장에 의해 끌려가서는 안 되

고 성령 안에서 이루어지는 모두의 동의와 이해가 유일한 동인이어야 한다. 이와 같은 구조에서 목회자의 임무는 모든 지체들이 자기 역할을 능동적으로 감당하고 활력적인 건강을 유지하도록 양육하고 도우며 전체적인 균형과 조화를 이루도록 보호하고 조정하는 일이다. 비록 세속적 자본주의나 영웅 숭배가 아직도 교회 안에 잔존하고 있으나, 카리스마적인 리더십을 행사하며 교인들을 자기의 절대적 추종자로 만드는 근대적 혹은 전근대적 성직자주의는 포스트모던 시대에 더 이상 환영받지 않는다.

현대인의 고독과 공허감은 스타에 대한 열광과 대그룹의 일원이라는 허영으로 만족되지 못하며, 오히려 친밀하고 적은 공동체의 평등한 일원이 되기를 갈망한다. 비록 탈근대의 전환기에서 양면을 모두 추구하며 세계화와 제국주의, 그리고 자본주의라는 힘의 논리가 아직도 강력하지만, 세계 교회는 점차 영웅 숭배에서 해방되어 모든 인간의 평등성이 정착하면서 영웅적인 리더를 중심으로 형성되는 대교회주의에서 교회 모든 구성원들이 평등하고 친밀한 유기적 공동체로 변화될 것이다. 따라서 세속적 정치 지도자나 자본주의적 경제 지도자의 리더십(leadership) 모델을 도입함으로써 야기된 목회자의 세속화가 극복되고 성경적인 목자의 모델이 회복되어야 한다. 복자(shepherd)는 다른 곳으로 눈을 돌리지 않고 항상 온유하게 양들을 성심으로 돌보고 양들과 혼연일체가 되어 동고동락하고 함께 생활

하며 양들의 성장과 건강을 책임지는 겸허한 사람이다. 포스트모던 시대의 도래는 성직자와 평신도의 차별을 철폐하고 모든 지체가 평등하고 건강한 그리스도의 몸을 회복하며 목회자는 세속적 지도자의 환상을 버리고 겸손하게 참된 목자로 돌아오라는 하나님의 소명이다.

3. 지성을 넘어서

근대는 대학의 발생과 함께 태동하였다. 중세 후기에 발생한 대학은 전통적인 사제간의 인격적 교육 방식을 뒤로하고 아리스토텔레스의 논리학에 근거하여 지성적 교육을 추구하며 새로운 지식 공동체를 창조하였다. 그 결과 대학은 신앙을 중심으로 한 중세를 폐기하고 합리성을 숭배하는 근대를 열게 된 것이다. 지성인의 배출을 이념으로 하는 대학의 지성주의(intellectualism)는 과학의 발달을 가져왔으나, 비판과 논쟁을 훈련하여 냉소적이고 부정적이며 교만한 지성인들을 양산하였다. 따라서 대학은 기독교 신앙에 대한 합리적 비판의 요람이 되었고, 반기독교적 계몽주의에 휩쓸리면서 불가지론과 이신론으로부터 시작하여 무신론과 자유주의에 이르기까지 저항적이고 세속적인 불신 운동의 상아탑이 되어 유럽 기독교의 몰락을 초래하였다.

이와 같은 대학의 세속화에 위기 의식을 느낀 미국의 보수 교회들은 근본주의(Fundamentalism) 운동을 일으켜 미국을 지키려 하였고, 이는 자연히 대학에 대한 부정적 정서와 반지성주의(anti-intellectualism)를 초래하였다. 그리하여 많은 신앙인들이 자녀를 대학에 보내지 않고 수많은 성경학교를 설립하여 지성인보다는 신앙인을 만들려고 시도하였다. 오늘날 확산되고 있는 홈스쿨링도 지식 중심의 학교 제도에 대한 불신을 반영한다. 대학의 위기를 외치는 지도자들이 건전한 인간을 양성하기보다 기능인만을 배출하는 구조적 문제점을 지적하지만, 이러한 문제는 대학이라는 근대적 이념 속에 내재해 있기 때문에 근본적 변화란 실현되기 어렵다.

포스트모더니즘 즉 탈근대화 운동은 이성을 숭배한 모더니즘을 불신하고 이성의 해체를 주장하며 지성주의에 제동을 걸었다. 따라서 프랑스에서 일어난 포스트모더니즘 운동은 대학에 대한 반감을

표출하고 지적 자만의 상징이었던 소르본느를 해체하고 파리의 모든 대학을 통폐합하여 평준화한 68운동과 깊은 연관을 가지고 있다. 그 결과 프랑스를 비롯하여 유럽 대륙의 대학들에서는 성대한 졸업식과 화려한 가운들이 모조리 사라지고 대학의 실용화를 추구하였다. 신앙을 통한 구원을 냉소하며 합리성이 인류를 유토피아로 이끌어 주리라던 근대의 환상은 이성이 산출한 수많은 경쟁적 이론과 이데올로기의 대립으로 유럽의 극한적 상호 파괴를 결과하였고, 2차에 걸친 세계대전은 유럽인들에게 환멸을 안겨 주면서 합리성의 신앙과 지성주의에 대한 반감이 폭발하기에 이른 것이다.

기독교 사회였던 유럽에서 이러한 지성주의적 근대화가 진행되면서 가장 심각한 피해를 입은 곳은 바로 교회 특히 개신교회였다. 왜냐하면 근대를 본격적으로 출범시킨 사건이 바로 르네상스와 종교 개혁이었기 때문이다. 근대는 중세를 대표하는 로마 가톨릭교회에 대한 비판과 함께 시작되었으며, 종교 개혁은 무비판적 전통주의에 반대하여 성경적 논리를 중시하였다. 그 결과 비록 '오직 성경으로(sola Scriptura)'를 외치며 교회의 하나 됨이 이룩되는 듯하였으나, 논리와 논쟁에 대한 지나친 중시로 인해 교리 중심의 정통주의(Orthodoxy) 시대로 진입하면서 개신교회는 근대의 지성주의에 휘말리게 되고 교리 투쟁에 희생되어 끝없는 교파 분열과 상호 정죄로 심각한 내분에 시달리게 되었다. 예리한 신학적 논의와 논쟁에도 불구하고 분열하지 않았던 신약 교회나 초대 교회와 달리 근대의 개신교회가 사소한 교리적 차이로도 분열과 대립을 초래한 것은 근대의 지성주의와 획일적 이성주의로 인하여 교리가 이데올로기로 전환되었기 때문이다.

교조주의(dogmatism)는 올바른 교리적 지식이 정통의 기준과 구원의 조건이라고 생각하는 지성주의로서 생활이나 경건, 헌신이나 열정은 무시되고 논쟁적이고 투쟁적이며 독선적이고 경직된 신자들을 산출한다. 머리만 크고 비판과 언쟁에는 능하지만 경건한 생활이나 헌신적 열정도 없고 성령의 충만이나 포용적 사랑도 없는 개신교인들이 늘어나면서 위기의식을 느낀 신자들이 이러한 지식 중심의 교조주의에 반대하며 독일과 네덜란드를 중심으로 경건주의(Pietism) 운동을 일으켰는데, 이들은 성경 공부와 기도에 힘쓰며 경건한 감정을 추구하고 성령의 충만과 생활의 성화를 중시하며 부흥 운동과 열정적 예배를 주도하면서 구제와 선교 운동의 선구적 역할을 감당하였다.

인간은 하나님의 형상으로서 다양한 신적 속성들을 종합적으로 소유하고 있으며, 지성뿐 아니라 또한 감성과 의지가 영혼을 구성하고 있다. 따라서 지성은 인간성의 일면에 불과하다. 그럼에도 불구하고 지성만을 과다하게 중시하며 지성주의를 추종하면 불완전하고 치우친 인간의 모습을 가져오며 그로 인해 심각한 부작용에 시달리게 된다. 따라서 지성과 이성의 과다한 강조와 중시에 반발한 탈근대화는 인간의 전인성(全人性, wholeness)을 회복하려는 본능적 열망의 소산이라고 볼 수 있다. 그리하여 현대에는 근대를 지배하였던 지성의 독재에 강하게 반발하면서 근대에 억압되었던 감성과 의지에 대한 배려와 강조가 확산되고 있다.

지능 지수(IQ)를 인간의 척도로 보던 모더니즘과 달리 포스트모던 시대에는 감성 지수(EQ)를 중시하기 시작하였다. 하나님이 사랑이시고 하나님 말씀의 강령이 사랑이라면, 진정한 그리스도인의 모

습은 성경과 교리적 지식이 탁월하지만 차갑고 사랑이 없는 독선적
이고 비판적인 지성형 교인이 아니라 지성과 감성이 균형을 이룬 사

람이어야 한다. 풍부한 감성과 따뜻한 사랑의 회복
이야말로 인간 구원의 필수적 요소이다. 따라서 감
성적인 문화와 예술이 풍요한 현대 사회에서 교회
도 차가운 의식적 예배에서 벗어나 열정적인 찬양
과 경배를 추구한다. 지성형 교회보다는 감성형 교
회가 포스트모던 시대에 더 많은 호응을 받고 있다.
지나친 교리적 논쟁과 대립적 분열에 대한 혐오감은 근본주의 시대
를 마감하고 본질적인 복음의 공감대로 만족하고 다양성을 관용하
며 그리스도인의 다정하고 포용적인 감성적 일치를 추구하는 복음
주의(Evangelicalism) 시대로 진입한 것도 이러한 인간성의 균형을 추
구하는 시대적 경향과 맥을 같이 한다. 군중 속의 고독과 외로운 개
인주의를 탈피하고 마음과 감정을 나누는 공동체의 일원이 되려는
현대인의 갈망은 교회로 하여금 진정한 코이노니아의 중요성을 재
인식하게 만들었고 각종 소그룹 운동을 발생시켰다. 낭만주의가 이
성주의를 대치하려고 시도한 것처럼 반동적으로 지성주의를 감성주
의(emotionalism)로 대체하는 것은 또 다른 편향성과 불건전한 형태의
인간을 산출하지만, 근대에 억압되었던 감성을 회복하여 지성과 감
성의 균형을 이룩하는 것은 진정한 인간 회복이 아닐 수 없다.

또한 포스트모던 시대에는 감성뿐 아니라 의지를 회복하려는 운
동이 강하게 전개되고 있다. 실로 근대의 지성주의는 냉소적이고 비
판적이지만 의지가 박약한 지식인들을 산출하였다. 교리주의적 교
회들도 많은 성경 지식을 축적하고 교리적 분석에는 익숙하지만 그
것을 실천하지 못하는 불순종형 기독교인들을 양산하였다. 그러나
오늘날 전도도 하지 못하고 이웃 사랑의 구제도 하지 못하면서 오로
지 자신이 진리에 서 있기 때문에 정통적 그리스도인이라고 자처하

는 지성적 정통성(ortho-doxy)에 반대하여 실천 적 정통성(ortho-praxis)이 강하게 제기되고 있다. 따라서 많은 교회들이 위기 의식을 느끼고 전 도와 선교, 그리고 이웃 사랑을 실천하는 구제 로 전향하고 있다. 단순히 진리를 알고 신을 느
끼는 데 만족하는 자기 중심적 신앙을 극복하고 외부와 타자를 향하 여 자기를 여는 그리스도인과 교회의 실천적 변화야말로 진정한 순 종형 기독교의 실현이다. 그뿐 아니라 신앙 생활을 단지 내면적인 영적 행위로 제한하고 현실적 실천과 구별하였던 전통적 이원론을 극복하려는 지행합일의 통합(integration)이 확산되고 있다. 아브라함 카이퍼가 정치, 경제, 문화를 포함한 생활 전영역에서 신앙을 실천 하자는 신칼빈주의(Neo-Calvinism) 운동을 일으킨 것도 의지형 그리스 도인을 지향한 것이며, 소명과 목적 지향적인 인생관에 대한 강조도 그러하다. 물론 올바른 지성과 감성을 등한시하는 행동주의(activism) 는 잘못이지만, 축복과 영광만 추구하는 나약한 신자가 아니라 고난 과 십자가를 두려워하지 않고 하나님의 나라를 실현하기 위해 헌신 하는 의지의 구속은 진정한 인간 회복을 위해 필수적으로 요청된다.

물론 포스트모던 시대는 지성주의에 대한 반발로 시작되었지만, 이러한 시대적 변화는 지성주의에 휩쓸려 사랑과 순종이 결여된 기 독교를 치유하려는 하나님의 안타까운 부름이기도 하다. 지성과 감 성과 의지, 영혼과 육체, 자연과 은혜, 그리고 인간과 환경의 통합과 균형의 회복이야말로 복음의 풍요성과 전체성을 실현하고 인간의 전인적 구속을 성취하는 하나님의 종합적 소명이다. 위기 속에 기회 를, 고난 속에 은총을 숨겨 놓는 하나님의 놀라운 섭리야말로 세속 화된 포스트모던 시대를 감사와 감격으로 살아갈 수 있는 믿음과 비 전의 초석이다.

4. 가정의 재정립

포스트모던 시대의 도래는 가정의 위기를 초래하였다. 가정이 사회의 근간으로서 질서와 권위와 전통의 요람이었기 때문에, 그러한 전통적 가치의 해체를 주장한 포스트모더니즘, 즉 탈근대화 운동은 필연적으로 전통적 가정의 해체 혹은 근본적 수정을 요구하였다. 그 결과 가정의 갈등과 이혼의 급증, 가정의 파괴로 인한 자녀들의 탈선, 결혼과 출산 기피, 자유 동거의 확산, 성적 자유와 불륜의 만연, 동성애와 동성 가구의 증가 등 가정의 존속 자체가 심각한 위협을 받고 있다. 탈근대화가 가장 심각하게 진행된 유럽의 경우 결혼과 출산의 기피로 급격히 몰락하고 있으며, 그 미래는 암담할 뿐이다.

근대의 중심이었던 유럽의 인구가 1950년에 세계 인구의 20퍼센트였으나 2050년에는 5퍼센트로 감소하여, 이런 추세라면 중동과 아프리카 이민자들이 유럽을 장악하게 되리라 전망된다. 또한 부요한 나라들의 출산 기피와 가난한 나라들의 계속적 출산은 세계 미래의 근본적 재편을 예고한다.

인류 역사가 시작된 이래 유지되었던 전통적 가정의 해체를 초래한 것은 근대 말기에 발생한 두 가지 사회 현상 때문이었다. 그 하나는 산업혁명으로 인해 발생한 도시화(urbanization) 현상이다. 가족과 친척이 모여 살았던 고향을 떠나 아무 연고 없는 도시로 이주하면서 사실상 가족과의 단절이 보편화되고 대가족 제도가 핵가족(nuclear family)으로 대체되었으며, 대가족 제도의 몰락은 가정의 절대적 권위나 전통의 해체를 초래함으로 가정이 약화되기 시작하였다. 더욱이 여기에 가세한 것은 성 혁명(Sexual Revolution)이었다. 서구의 세속화와 절대 가치의 와해로 유발된 성 혁명은 여권신장 운동과 성적 자유풍조로 나타났으며, 미국에서 1960년대에 폭발하였다. 오랜 동안 힘의 열세로 차별을 받아왔던 여성들이 민주주의의 확산으로 참정권과 평등권을 획득하고 여성교육의 보편화와 산업사회에서 여성인력의 대규모 취업으로 남성과 동등한 힘을 가지게 되었을 뿐 아니라 대가족적 압력에서 해방됨으로써 부부 갈등이 야기되었으며, 헤게모니 싸움은 결국 이혼의 급증과 그로 인한 결손 가정과 재혼 가정의 양산을 불러왔다. 현재 미국의 결혼 지속 기간은 7년에 불과하며, 초혼의 약 50퍼센트가 이혼하고 재혼도 60퍼센트가 다시 이혼한다. 그 결과 50퍼센트 이상의 어린이들이 양친과 함께 살지 못하는 불행을 경험하는데, 결손 가정의 자녀 자살율이 3배나 높다고 한다. 이와 같은 가정의 파탄과 함께 성의 자유화 풍조는 결혼과 출산의 기피, 자유 동거와 낙태의 만연, 불륜과 성의 퇴폐화, 음란 산업과 동성애의 확산을 불러왔다. 성 혁명 이후 미국의 결혼율은 3분의1 감소하였고 자유 동거는 10배 이상 증가하였으며, 매년 100만 명 이상이 혼외 출산으로 태어나고 동성애 가구가 70만에 달하고 있는데, 이런 추세는 점점 증가 일로에 있다.

이와 같은 가정과 성의 해체와 혁명적 개편을 정당화하는 이론적 근거를 제공한 것은 포스트모더니즘이다. 대표적인 포스트모던 철학자 미셸 푸코는 스스로 동성애자였으며 결국 에이즈로 사망하였는데, 그는 방대한 저서 『성의 역사』에서 한 마디로 "성은 없다"고 선언하며 탈성화(desexualization)를 주장하였다. 고정적인 성 관념이나 전통적 가정은 힘 있는 자들, 즉 순종적인 여성을 선호하는 남성 우월주의자들이 창조하고 유지해 온 힘의 보루일 뿐이어서 그것이 유지되어야 할 하등의 이유가 없다고 간주하고, 이러한 불평등 체제를 전복하고 모두가 각기 원하는 성과 가정 형태를 선택하기 위해서 힘을 모아 정치적 권력을 행사해야 한다는 성 정치학(sex politics)을 주창하였다. 이는 포스트모더니즘의 아버지로 추앙받는 프리드

리히 니체의 영향이다. 그는 신의 죽음을 외치며 영원불변의 절대적
진리란 존재하지 않고 단지 힘을 가진 자의 주장이 진리가 된다는
'권력에의 의지'를 제안하였다.

현대에 우리 의사와 관계 없이 가정을 근
본적으로 변화시키려는 폭풍이 거세게 불어
닥치고 있으며, 아무도 이를 피해 갈 수 없
다. 현실적으로 포스트모던 가정(postmodern family)은 모던 시대의 가
정과 근본적인 차이를 가지고 있다. 성 혁명 이후 부상하기 시작한
현대적 가정을 최초로 개념화한 에드워드 쇼터는 근대적 가정과 구
별되는 3가지 특징으로 부부 관계의 불안정성, 이혼율의 급증, 그리
고 여성의 자유화로 인한 안식처 개념의 파괴를 들었는데, 그 이후
매우 복잡한 형태로 발전하였다. 많은 여성의 취업으로 자녀가 학교
와 탁아소를 전전하면서 학교 교육의 보편화로부터 발생한 가족 가
치관의 절대적 전수 체제가 무너지고, 자녀들이 다양한 가치관에 노
출되면서 가정의 전통적 기능을 부정하는 포스트모던 아동이 발생
하였다. 더욱이 현대의 개인주의와 다원주의는 모든 가족 구성원들
이 서로 다른 가치관과 행동 방식을 가지고 공존하는 형태를 수용하
도록 요구하고 있다. 여기에 적응하지 못하면 가정의 충돌과 분열을
야기하게 된다. 나아가 가정의 개념이 확대되고 다양화되면서 동거
가정이나 동성 가정 등 가정의 개념이 공간적 가구(household)의 개념
으로 대치되기도 한다. 또한 부계주의가 도전을 받고 가장의 개념이
사라지고 있다.

그러면 우리는 이러한 포스트모던적 도전에 대해 어떻게 대처해
야 할까? 첫째로, 성경적 가정 개념을 선입견 없이 재성찰하고 새로
운 현실에 긍정적으로 적응하는 노력이 필요하다. 엄격하게 말해서
대가족주의나 부계주의나 권위주의적 가장 개념, 또는 자녀에 대한
소유 개념은 성경적 근거가 없으며 단지 문화적 전통일 뿐이다. 물

론 오랜 동안 고착화된 가정 구조의 수정이 이러한 의식 구조에 길들여진 우리에게 쉬운 일이 아니며, 따라서 심각한 충돌이나 이혼 혹은 가출과 같이 파괴적 결과를 초래하지 않고 평화롭고 유연한 전환을 위하여 인내와 이해로 점진적 변화를 창출하는 사랑과 지혜가 필요하다. 죄악의 영향력이 침식한 가정의 모든 부분과 양상들이 그리스도의 대속적 은혜로 정화되는 가정의 구속과 성화가 이루어져야 한다. 그러나 부부의 인격적 평등성과 기능적 차별성을 혼동해서는 안 되며, 타락과 구속 상황에서 부부의 관계를 일관되게 사랑과 복종으로 규정한 구조적 섭리를 수용해야 한다. 또한 미움과 투쟁이 아니라 사랑의 실현이 가정과 구원의 목적으로서, 두 성인이 사랑 가운데서 만나 결합하여 한 가정을 이루고 부모의 사랑 가운데서 새로운 인간이 태어나 사랑 안에서 양육되어 하나님과 다른 사람을 사랑할 줄 아는 성숙한 인간으로 자라나도록 한 가정의 섭리를 실현해야 될 사명이 최우선적(priority)이기 때문에, 그리스도인 부부는 새로운 포스트모던적 상황의 적응에서 세속적 이데올로기에 빠져 헤게모니 싸움을 정당화하지 말고 겸손한 대화와 온유한 희생으로 상호 합의 가운데 행복한 사랑의 가정을 창조적으로 이루어 나가야 한다.

둘째로, 세속적 결혼관에 오염되지 말고 결혼의 신성함을 재확립해야 한다. 오늘날 가정의 급격한 와해를 야기한 이혼의 급증은 사회적 관용과 함께 결혼의 비신성화(desacralization)에 기인하고 있다. 그리스도인들도 "하나님이 짝 지워주신 것을 사람이 나누지 못할지니라"는 예수님의 말씀을 더 이상 심각하게 생각하지 않기 때문에 이혼을 감행한다. 결혼이 단지 두 사람의 일시적 합의에 의한 개인적 행위이기 때문에 언제든지 합의하면 이혼할 수 있다는 세속적 결혼관이 팽배한 이 시대에도, 우리의 결혼이 하나님의 섭리에 의한 결합이며 하나님의 허락 없이 인간의 합의만으로 이혼할 수 없다는 분명한 인식을 확립해야 한다. 결혼은 어떠한 난관도 극복하고 사랑의 가정을 건설하라는 하나님의 미션이다.

셋째로, 성의 소명에 순종하고 자녀들의 성적 정체성을 확립해 주어야 한다. 하나님은 추상적인 인간을 창조하지 않고 남자 아니면 여자를 창조하였으며, 이러한 성적 창조는 성의 소명을 부여하는 신적 행위이다. 남자에게는 남자의 소명이 있고 여자에게는 여자의 소명이 있다. 남자에게는 남자의 구원이 있고 여자에게는 여자의 구원이 있다. 물론 공통적인 소명도 있지만 중성적인 인간의 소명이나 추상적인 인간의 구원은 존재하지 않는다. 따라서 자녀도 아들 아니면 딸이 주어지기 때문에, 아들은 남자답게 딸은 여자답게 양육하여 자기의 성적 소명을 감사하며 자랑스럽게 여기는 성적 정체성(sexual identity)을 확립함으로써 성장하여 새로운 가정의 아름다운 조성자들이 될 수 있는 자질을 개발해 주어야 한다. 이를 위해서는 먼저 부모가 남성과 여성의 역할을 자녀에게 분명히 보여 주어야 한다. 동성애자의 절대 과반수가 부모의 성 역할이 전도되었든지 자기의 성을 인정해 주지 않는 혼란된 성적 상황에서 자라났다는 통계는 시사하는 바 크다. 자기의 남성성과 여성성을 풍요하게 개발하여 실현할 때 행복한 가정과 조화로운 교회, 그리고 풍요한 사회를 이룩하게 된다.

마지막으로, 가정이 하나님의 나라를 위한 언약 공동체라는 구속사적 사명을 인식해야 한다. 가정은 단순히 두 남녀의 필요를 충족하고 자녀를 출산하여 자기 세력을 확산하는 이기적 장치가 아니라, 이기성의 죄악으로부터 해방되어 희생적 사랑을 개발하고 구원을 실현하며 하나님의 나라에 대한 헌신을 형성하는 언약 공동체(covenant community)이다. 따라서 자녀의 교육은 세속적 출세가 아니라 하나님과 이웃에 대한 사랑과 겸손과 기쁨의 인격을 형성시켜 이 세계 속에서 하나님의 나라에 헌신하고 훈련되도록 하는 데 초점을 맞추어야 한다. 포스트모던적 도전은 단순한 전통주의를 극복하고 가정의 성경적 재정립을 이룩할 수 있는 은총의 기회이기도 하다.

5. 영혼과 초월을 찾아서

모더니즘이 범한 최대의 오류는 종교를 부정한 것이다. 니체는 신의 죽음을 선포하였고, 볼테르는 백 년 안에 종교가 지상에서 사라질 것이라고 예언하였다. 칸트는 종교를 이성의 한계 안에 가두고, 헤겔은 이성이 인류를 유토피아로 인도해 주리라 확신하였다. 종교는 대표적인 반이성적 체계로 규정되어 냉소와 비판의 대상이 되었고, 미개한 인간들을 현혹해왔으나 이제 더 이상 인류를 기만할 수 없다고 정죄하였다. 따라서 이성의 한계를 초월하는 종교는 부정되고, 모던적 종교는 이신론이나 유니테리아니즘처럼 기적이나 인격적 신이나 초월 세계와 같이 비이성적인 신앙을 제거한 자연 종교나 이성 종교로 제한되었다. 이에 기독교도 전반적으로 합리화, 세속화, 그리고 내재화의 길을 걸어 왔다.

그러나 종교 없는 시대(post-religious society)의 도래라는 예언은 포스트모던 시대의 도래와 함께 거짓 예언으로 드러나고, 오히려 대규모의 종교적 부흥을 경험하고 있다. 한스 큉이 지적한 것처럼, "종교가 사멸하리라는 것은 심각한 환상이었다." 현대인들이 종교를 다시 찾게 된 데에는 두 가지 큰 이유가 있다. 하나는 현대인이 물질적 풍요 가운데서도 정신적 공허를 느끼며 인생의 허무와 무의미라는 불안에 시달리기 때문이다. 인간은 빵으로만 살 수 없는 존재로서, 영원을 사모하는 마음이 충족되지 못

하면 무의미와 허무감으로 진정한 행복을 느끼지 못하며, 위기 상황에서 초월적인 절대자에게 의지하려는 본능을 가지고 있다. 이러한 종교성은 민족과 시대를 초월하여 모든 인간에게 공존한다. 인간은 결코 진화론이나 모더니즘이 이해한 고등동물이나 논리기계가 아니라, 신의 형상으로 창조된 고귀한 영적 존재이다.

더욱이 현대인들은 물질문명과 테크놀로지 문화에 대해 심각한 불만과 불안을 느끼기 시작하였다. 자본주의와 과학의 발전으로 생활이 더욱 편리하고 풍족해졌지만, 신과 초월을 부정하고 인간과 현세만을 추구하는 현대의 시스템이 인류를 종속시키고 급기야는 멸망시키리라는 두려움이 확산되고 있다. 르네 듀보는 "테크놀로지가 이론적으로는 인간의 통제를 벗어날 수 없지만, 실제에서는 본질상 독자적인 길을 걸어가고 있다"고 보았으며, 케네스 갈브레이스는 인류가 "우리를 섬기도록 창조한 기계의 종이 되어 가고 있다"고 결론 내렸고, 마르틴 하이데거는 "테크놀로지의 발전이 갈수록 빨라질 것이며 아무도 중단시키지 못할 것이다. 삶의 모든 영역에서 인간은 점점 더 테크놀로지의 힘에 의해 포위되고 목 졸려지게 될 것이다"고 개탄하였다. 많은 환경론자와 미래학자들도 현대의 기계 문명이 결국 환경의 파괴와 시스템의 내부 마찰로 인류 파멸을 초래할 것이라고 우려하고 있다. 따라서 많은 현대인들이 부분적인 혹은 전면적인 대안으로서 영혼과 초월에 관심을 가지고 종교로 돌아오고 있다.

또 다른 이유는 종교를 부정한 결과 현대 사회가 붕괴되고 있기 때문이다. 종교가 가치와 의미를 부여하는 체계이기 때문에, 종교라는 인류 사회의 기초를 제거하게 되면 모든 것이 서서히 무너져 내리기 시작한다. 모든 가치와 윤리가 절대자의 권위에 기초하여 건설되었는데, 절대자를 부정하게 되면 절대 가치와 절대 윤리가 근거를 상실하고 흔들리기 시작하며 모든 것이 상대화되고 혼란에 돌입하게 된다. 근대의 이성주의자들은 이성이 신의 역할을 대치할 수 있으리라 생각하였지만, 신과 분리된 타락한 이성은 만인의 창녀로 전락하였기 때문에 모두 자기 주장을 정당화하여 가치의 춘추 전국시대를 초래하고 이데올로기들의 각축전 양상을 가져오게 되었다. 그리하여 현대 사회는 심각한 가정의 붕괴와 성 정체성의 혼란에 시달리며, 국가도 패륜과 불의를 합법화함으로 몰락을 자초하고 있다. 따라서 현대인들은 가정과 사회의 위기에 직면하면서 다시 종교와 절대자의 필요를 인식하기 시작하였다.

그러나 포스트모던 시대의 종교 부흥은 다분히 반동적이어서 근본적인 문제점을 가지고 있는데, 그 특징은 다음과 같다. 첫째, 포스트모던 종교는 반이성적이다. 모더니즘이 종교를 친이성적 종교와 반이성적 종교로 나누어 고등종교와 하등종교로 구분하고 후자를 미신으로 무시하였는데, 이성주의에 반발한 종교성은 오히려 더욱 원시적이

고 본능적인 종교를 선호하게 되었다. 대표적 포스트모던 종교인 뉴에이지(New Age)는 반문화적인 히피 운동이 인도 종교의 구루들을 초청하여 형성된 것으로 이성이나 윤리에 역행하는 온갖 원시적이고 본능적인 행위가 난무하며 무엇이든지 신비적이고 초월적인 것을 환영한다. 둘째, 포스트모던 종교는 문화적이다. 종교란 절대자를 섬기며 그의 뜻에 따라 사는 것이었으나, 현대인들은 신에 대한 인격적 헌신은 배제하고 종교적 테크닉만을 배워 향유하려는 종교 문화생활을 추구한다. 요가와 기 수련, 선과 명상, 접신과 점괘와 같은 문화 종교가 확산되고, 심지어 자본주의적 기업에서도 이용된다. 셋째, 포스트모던 종교는 이기적이다. 자기를 부인하고 신에게 헌신한다는 생각보다 종교를 자기 실현의 방편으로 이용하며, 심지어 신의 경지에 이르려 한다. 이는 석가가 수행과 해탈을 통하여 부처가 되려 한다든지 수련을 통하여 불로장생하는 신선의 경지에 이르

려는 도교와 같은 인간 중심적 종교와도 상통하며, 만물은 모두 신
성을 가지고 있으며 만인은 그러한 신성을 계발하여 신이 될 수 있
다는 뉴에이지 종교의 교리이기도 하다. 현대인은 진화론이나 심리
학이 가르친 의식이나 마음의 개념으로는 만족하지 못하고 영혼을
회복하기 원하여 영성의 계발에 관심을 보이고 있다. 로버트 풀러
가 그의 저서 『영적이지만 종교적이 아닌 사람들 *Spiritual, But Not
Religious*』에서 지적한 것처럼, 현대에는 특정한 신을 섬기는 종교
에 소속되지 않고 스스로 자기의 영성을 가꾸려는 사람들이 늘어나
고 있으며, 미국 국민의 20퍼센트가 여기 속한다고 분석하였다.

이와 같이 종교의 회복은 원하지만 신을 섬기려고 하지 않는 포
스트모던적 종교성은 진정한 종교가 아닌 사이비 종교와 유사한 형
태를 도입하여 인간의 종교성을 충족시키려는 그릇된 해결을 시도
하고 있다. 토머스 몰나가 경고한 것처럼, 이러한 추세가 기독교의
부흥으로 예방되지 않는다면 대규모의 재이교화 운동(repaganization
movement)이 발생할 수도 있다. 현대인들을 매료하고 있는 마술과 환
타지(fantasy) 문화가 불안한 미래를 예고한다. 그러나 기독교 내에서
이러한 추세에 편승하여 복음의 본질과는 거리가 먼 신비주의와 종
교 다원주의, 그릇된 영성 운동, 그리고 휴거와 재림 환타지가 유행
하는 것은 안타까운 일이다.

그러면 우리가 어떻게 이런 시대적 추세를 활용하여 복음적 기독
교를 회복할 것인가? 첫째로, 모던 시대에 상실한 초월 세계를 회복
해야 한다. 니케아 신경이 고백하는 대로, 하나님은 보이는 세계와
보이지 않는 세계를 창조하였고 하늘이라는 초월 세계에 계시며 현
상 세계를 통치하신다. 그러므로 천국과 지옥을 포함한 보이지 않
는 초월 세계와 영적 존재들, 그리고 기적과 신비의 실체적 수용이
기독교 신앙의 필수 요건이다. 물론 현상 세계와 초월 세계 둘 다
동일한 하나님이 주관하며 일반 계시와 특별 계시가 동일한 하나님

의 계시이기 때문에, 현상과 초월, 자연과 신비, 이성과 종교가 대립보다는 통일과 조화를 이루어야 하되, 체험보다는 신앙이 강조되어야 한다.

둘째로, 교리와 제도적 교만으로 무시되었던 성령이 존중되어야 한다. 성령은 그리스도를 영접하고 중생할 때 우리 영혼에 임재하지만, 인간의 자유의사를 존중하여 겸손하고 부드러운 조력자의 역할을 담당한다. 따라서 성령을 무시하고 독자적으로 살아가면 성령의 역사가 기본적이지만, 성령을 항상 의식하고 존중하고 따르면 성령의 충만한 역사가 일어나며 놀라운 열매들을 가져온다. 그러나 모던 교회는 교리와 제도로 만족하고, 사실상 성령을 소외시켰다. 그러나 부흥 운동과 선교 운동, 그리고 급기야 20세기 초에 발생한 성령 운동으로 다시 성령을 회복하기 시작하였으며, 오순절 교회가 가장 성장하였고 성령 의식이 많은 교파로 확산되었다. 물론 신비주의로 기울어 상당한 부작용을 초래하기도 하였으나, 성령이 현상세계와 초월세계를 연결하는 하나님이며 우리 영혼과 교회의 유일한 지도자라는 사실을 명심하고 그의 창조적이며 역동적인 역사가 충만하도록 존중되고 추종되어야 한다.

셋째로, 이성이 인류를 유토피아로 이끌어준다는 세속적 환상을 버리고 성경적 역사관을 확립해야 한다. 무역사적이고 무방향적인 신비체험이나 영성의 추구는 숲을 보지 못한 채 한 그루 나무에만 매달리는 오류를 범하게 만든다. 창조, 타락, 구속, 성취라는 구속사적 역사 의식과 재림, 부활, 심판, 영생의 종말론적 구도를 가지고 하나님의 나라(Kingdom of God)에 대한 비전 아래 모든 종교적 행위를 복속시켜야 포스트모던적 종교성으로 탈선하지 않는다.

마지막으로, 모더니즘이 이성으로 대치하였던 영혼을 복구하여야 한다. 영혼은 인간의 비육체적 요소로서 지정의를 포함하는 전인적 실체이며 인격의 좌소로서 초월적이고 영적인 존재와 교제할

수 있는 본질적 기관임에도 불구하고, 모더니즘은 초월적 영혼을 부정하고 논리적 이성이나 심리나 동물적 의식 정도로 인식하는 지엽적이고도 저급한 인간 이해로 전락하였다. 한편 포스트모던적 종교는 다시 영혼을 회복하고 초월적 차원을 보완하고 있지만 하나님에 대한 인격적 헌신이나 자기부인 없이 오히려 이기적이고 개인주의적이며 테크닉 중심의 신비적 혹은 낭만적 영성을 추구하는 오류를 범하고 있다. 진정한 영성은 중생을 통하여 새로 태어난 영혼이 성령의 인도와 도움을 통하여 인간의 본질인 하나님의 형상을 회복하면서 점진적으로 자라난다. 실로 성경은 영성보다 영적 성장(spiritual growth)이라는 개념을 가르치며, 영성(spirituality)이란 그 결과로 개발된 영혼의 성품이다. 따라서 영성은 단기간의 영성 훈련을 통하여 이루어지는 것이 아니라 일생 동안 점진적으로 형성된다. 더욱이 참된 영성은 테크닉이나 수련을 통하여 이루어지는 것이 아니라 실제적인 자기 부인과 그리스도와의 인격적 연합을 통하여 달성되며 필연적으로 하나님의 나라와 소명에 대한 헌신을 가져온다. 포스트모던 시대의 종교적 갈망은 성숙하고 깊이 있는 영혼으로 하늘에 계신 하나님에게 돌아오라는 성령의 부르심이다.

6. 진정한 문화적 자유의 실현

인간은 문화적 존재이며, 인류의 역사는 문화의 역사이다. 따라서 인간의 구원은 문화적 구속을 포함하며, 복음은 문화적 자유를 부여한다. 범죄한 가인의 후손들은 하나님을 떠나 불안과 두려움을 해소하고자 힘과 쾌락을 추구하는 인간 중심적 문화를 건설하여 대체 만족을 향유하였고(창4), 인류는 각기 자기 문화의 굴레 속에 안주하며 거기서 자기 정체성과 삶의 즐거움을 발견하였다. 그러므로 문화는 죄인들에게 베풀어 준 하나님의 일반 은총이면서 동시에 하나님과의 관계를 외면하고도 행복할 수 있다고 인류를 기만하는 죄인의 위안부이기도 하다. 그리스도의 복음은 이러한 문화의 기만과 문화적 종속으로부터 인간을 해방시키는 하나님의 은총이다.

초대 교회는 그리스도 안에서 주어진 문화적 자유와 전통적인 유대 문화에의 종속을 탈피하지 못하는 문화적 부자유 사이에서 갈등하였으나, 예루살렘 회의를 거치면서 성령의 인도로 문화적 자유를 성취하였다. 사도 바울은 "유대인에게는 유대인같이 이방인에게는 이방인같이" 모든 문화에 적응할 수 있는 문화적 자유를 향유하며(고전 9:19-27), 모든 문화를 수용하면서도 어떤 특정 문화에 종속되지 않는 그리스도인의 문화적 원리를 분명히 제시하였다. 그러나 중세의 로마 교회는 자기 문화에 종속되어 문화적 자유를 상실하였고 종교 개혁이 자국어로 성경을 번역하고 예배할 수 있는 자유를 회복하였으나 서구 문화에 안주하여 결국 문화적 기독교(cultural Christianity)로 전락하고 유럽 세속화의 길을 걸었다.

포스트모던 운동은 획일화되고 경직화된 서구 기독교 문화에 대한 반발로 발생한 문화 혁명(cultural revolution)의 성격을 가지고 있다. 근대 문화는 소수 상류층이 즐기는 엘리트 문화였으며, 서민 대중의 문화는 저속한 하류 문화로 비하되고 문화인으로 인정하지 않았다. 그런데 이러한 클래식 문화의 중심에는 교회가 있었다. 외부 세계의 문화는 급변하고 있었지만, 고딕 건축의 교회당에서는 정통적 고전 음악이 고수되고 서민 문화는 무시되었다. 1960년대에 모든 전통 문화를 전복하자고 봉기한 프랑스 학생 혁명이나 미국의 히피 운동은 극단적인 저항 문화(counter culture)를 주장하며 문화 혁명을 시도하였다. 중국의 문화 혁명도 전통 문화와의 단절을 선언하였다. 이제 모던 시대의 고전 문화는 대중에게 외면당하고 근대에 무시되었던 서민 대중문화가 현대 문화를 장악하게 되었다.

현대 문화가 대중문화의 성격을 가지게 된 데에는 소수 귀족층을 중심으로 한 왕정이 폐지되고 민주주의가 부상하게 된 원인도 있지만, 이를 가능하게 한 것은 산업혁명(industrial revolution)이었다. 왜냐하면 산업혁명이 대량 생산을 통하여 자본주의 시대를 열고 문화의 상업화를 성취했을 뿐 아니라, 테크놀로지의 눈부신 개발로 매스 미디어(mass media)를 이용한 문화의 대중화를 가능하게 만들었기 때문이다. 라디오와 텔레비전, 영화와 음반, CD와 DVD, 게임과 동영상, 출판물과 인터넷, 그리고 대중공연에 이르기까지 모두 테크놀로지를 이용하여 대형화되고 대중화되었다. 근대에 무시되었던 흑인 음악과 라틴 음악이 부상하여 현대 음악의 주류가 되고 기타와 드럼이 대중 음악을 리드하게 되었다. 스타 숭배가 만연하고 신세대들은 새로운 대중문화와 하나가 되었다.

이러한 문화의 탈근대화는 근대 문화에 익숙한 교회에 문화적 위기를 야기하였으며, 특히 예배의 위기에 직면하였다. 포스트모던 시대에 모던적 혹은 프리모던적 문화 형식의 예배는 문화적 적응성(relevance)을 상실하였기 때문에 더 이상 아무 재미도 의미도 느낄 수 없었으며, 따라서 새로운 문화와 동일화된 신세대들은 교회를 떠나가고 교회는 노령화되기 시작하였다. 교회가 특정 문화에 종속되어 새로운 문화를 수용할 수 있는 문화적 자유와 창조적 유연성을 상실하였기 때문이다. 교회는 영원불변한 메시지를 가지고 있지만, 그것이 설교이든 찬양이든 기도이든지 적합한 문화 형식에 담겨야만 의사전달이 가능하다. 마치 아무리 좋은 내용이라도 청중이 알아듣지 못하는 언어로 설교한다든지 아무리 은혜로운 가사라도 교인들의 정서에 맞지 않고 거부감을 주는 곡조로 찬송하면 공감을 얻을 수 없는 것처럼, 인간의 커뮤니케이션은 대상의 문화 형식과 코드에 맞추는 수용자 중심(receptor-oriented)의 적응이 이루어질 때만 성공할 수 있다. 실로 칼빈이 그의 적응이론(accommodation theory)에서 잘 설명한 것처럼, 하나님도 인간에게 계시할 때 그 대상의 언어와 문화에 맞추어 효과적으로 의사를 전달하는 방법을 취하였다. 그럼에도 불구하고 교회가 문화 형식의 변화를 거부하고 이미 지나간 세대들의 문화를 고집하며 강요하는 모던적 멘탈리티를 복음의 보수와 혼동하는 것은 매우 슬픈 자기 파괴적 행위가 아닐 수 없다.

그러나 교회 문화사적으로 볼 때 중세 교회가 상실했던 문화적 자유를 회복하려는 긍정적인 노력들이 있었는데, 부흥 운동(revival movement)이 대표적이다. 종교 개혁이 교리와 의식의 개혁을 이루었다면, 제2의 종교 개혁이라고 불리는 웨슬리안 운동은 종교 문화의 개혁을 성취하였다. 그레고리안 찬트나 시편성가(Psalter)와 같은 중세적 음악으로 형식화되고 경직화해 가던 교회에 서민 대중문화의 음악 형식과 감성적인 가사가 조화를 이룬 찬송가(hymn)라는 새로운 장르의 교회 음악을 창조함으로써 예배에 생기를 불러 일으켰고, 바람같이 자유로운 성령의 역사를 강조하며 열정적인 부흥 운동을 전개하였고 미국의 각성 운동을 일으키는 원동력이 되었다. 또한 감리교회가 활력을 상실하고 경직화되는 상황에서 다시 성령 운동이 일어나 열정적인 예배가 회복되었다. 예배의 위기를 느낀 복음적 교회들이 문화적 자유를 추구하며 현대의 문화를 수용하여 경배와 찬양이 열정적으로 회복되고 일

방적 전달방식에서 벗어나 상호적 코이노니아의 활력적 예배를 실현하게 된 것은 포스트모던적 은총이 아닐 수 없다.

한편 신세대가 자기 문화에 함몰되고 중독되어 타문화에 배타적인 태도를 취하는 것도 사실은 다양성을 수용하는 포스트모던적 멘탈리티가 아니며, 구세대가 자기 문화를 고수하면서 새로운 문화를 거부하는 태도와 본질상 다르지 않다. 교회는 화해의 공동체로서 모든 세대를 포함하여야 하며, 따라서 모든 세대의 문화에 적응하는 문화적 자유가 필수적이다. 문화가 다른 세대들끼리 교회를 분리하는 것은 문화적 분리주의(cultural separatism)를 초래하여 자멸을 불러올 뿐이다. 왜냐하면 분리한 교회에서 또 다른 문화를 가진 새로운 세대가 조만간 부상할 것이기 때문이다. 실로 다양한 문화를 수용할 수 있는 문화적 자유를 가진 교회가 발전한다는 사실은 포스트모던 시대의 교회들에게 주어진 도전이 아닐 수 없다.

더욱이 현대 교회는 교회 내의 문화적 화해와 조화를 실현해야 할 뿐 아니라, 나아가 포스트모던 문화를 구속해야 할 사명을 가지고 있다. 인간의 본질인 신의 형상(imago Dei)에는 문화 창조의 능력이 포함되어 있다. 즉 문화는 하나님이 창조한 세계를 이용하고 모방하여 책임과 창의성을 가지고 우리가 만들고 건설해 가는 인간의 창조적 행위 일체를 가리키며, 창세기 1장 28절에 주어진 하나님의 문화 명령(cultural mandate)에 순종하는 것이다. 그러나 인간의 범죄와 그로 인한 하나님과의 단절은 문화 창조의 방향성에 심각한 혼란을 불러왔고, 이는 그릇된 문화를 생산하였다. 하나님이 명령한 문화(culture)란 인간성과 세계를 아름답게 발전시켜 창조를 완성하는 작업인데, 타락하고 비뚤어진 인간은 죄성을 부추기며 비인간화와 세계의 파괴를 불러오는 반문화(anti-culture)를 양산하였다. 특히 포스트모던 문화는 문화와 윤리를 분리시키고 허영과 광기를 특징으로 하는 자멸의 문화를 널리 확산시키고 있다. 문화는 내용이 아니라 형식인데,

실체가 없는 형식에만 치우친 문화적 중독 현상으로 갈수록 성과 쾌락의 강도가 심해지고 무감각과 무의미의 심도가 깊어가고 있다. 실로 "종교는 문화의 실체이며, 문화는 종교의 형식이다"고 지적한 틸리히의 말처럼 종교 없는 문화란 공허한 것이다.

그러므로 오늘날과 같이 반문화가 범람하는 시대에 그리스도인들의 문화적 사명이 얼마나 중요한지 모른다. 모두가 문화적 재능을 개발하여 가정과 교회의 문화를 창조적으로 아름답게 발전시키고 나아가 사회의 문화를 주도해야 한다. 문화 명령과 선교 명령은 서로 분리된 것이 아니라 상호 밀접한 관련을 가진 하나의 명령이다. 문화 명령의 순종에 실패하면 선교 명령을 수행하는 데 큰 난관에 봉착하기 때문이다. 한국 교회가 친기독교적 신문화 환경에서는 크게 성장하였지만 문화적 주도권을 빼앗긴 후 반기독교적 문화가 범람하면서 난항하고 있다. 포스트모던 시대의 도래는 선교 명령과 문화 명령을 분리하지 말고 함께 순종하라는 하나님의 요청이며, 문화적 자유를 문화적 방종이나 나태로 오해하지 말고 진정한 문화적 자유를 실현하라는 하나님의 부르심이다.

12장

한민족의 종교문화 (1)

1. 한민족의 종교적 형성

모든 문화는 전이해(前理解, Vorverstaendnis)를 가지고 있다. 그러므로 전통 종교의 연구 없이 한국 기독교를 올바로 이해한다는 것은 거의 불가능하다. 그래서 일부 신학자들이 기독교의 진보를 위하여 한국의 전통 종교들을 연구하고 분석하는 일을 시도하였다. 첫번째 접근은 주로 선교사들에 의해 시도되었는데, 그들은 선교 사역에 사용할 목적으로 전통 종교들과 기독교를 비교하여 유사점들을 발견하려고 노력하였다.[167] 1927년 예일 대학에 제출한 학위 논문에서 백낙준은 이러한 입장을 다른 방식으로 반영하여 전통 종교들에 대한 한국인의 불만족은 더 나은 형태의 종교를 지향하는 그것들의 혼합을 끝없이 추구하였으며, 이는 완전한 종교 즉 기독교를 향한 갈

---

167) H. G. Underwood, *The Religions of Eastern Asia* (New York, 1910)과 C. A. Clark, *Religions of Old Korea* (New York, 1932)등이 이 접근방식을 반영하고 있다.

증과 추구라고 주장하였다.[168] 그러므로 그는 한국 교회의 초기에 발생한 종교 혼합현상의 연구에는 무관심하였다. 그러나 정대위는 1959년 같은 예일 대학에 제출한 학위 논문에서 한국 선교의 성공이 종교 혼합의 관용때문에 가능했다고 주장하였다.[169] 이 두번째 접근은 한국 교회가 상당히 혼합되어 그렇게 순수하지 못하다는 점을 인정했다는 점에서 가히 혁명적이라고 말할 수 있다.[170] 세번째 접근은 다소 두번째 접근 방식에 의해 영향을 받았으나, 한국 기독교의 종교적 오염 요소들을 극복하려고 노력하였다. 바르트의 종교 비판에 영향 받은 윤성범은 전통 종교의 연구가 한국 교회에서의 종교적 혼합현상을 극복하는 유일한 길이라고 주장하였다.[171] 또한 유동식도 본회퍼의 종교 비판을 한국 상황에 적용하려고 시도하였으며, 만일 한국 토양에서 형성된 전통 종교들의 전이해를 분명하게 이해하지 못한다면 혼합주의와의 타협으로 발생하는 복음의 오염은 불가피하다고 경고하였다.[172] 한편 이 1960년대의 토착화 신학은 한 걸음 나아가 한국 종교사에 나타난 자연 계시를 긍정적으로 인정함으로써 기독교를 토착적 상황과 연관시키려고 시도하였다. 이러한 시도는 한국 신학계에 상당한 파문을 일으켰으며, 심지어 일부 보수 신학자들도 그 긍정적인 면을 부정하지 않고 토착화에 대한 보수적 접근을 시도하였다. 예를 들자면 박아론은 「새벽기도의 신학」이라는 창조적인 저작을 발표했는데, 이는 한국 기독교에서 승화된 유교의 일편단심적 충성심이나 열렬한 기도를 드리는 전통적인 정신과

---

168) 백낙준, 「한국개신교사 1832-1910」 (서울: 연세대학교 출판부, 1973), 20f.
169) 정대위, "한국사회에 있어서의 종교혼합," 학위논문 요약, 「사상계」 1960년 3월호, 201-214.
170) *Ibid.*, 214.
171) 윤성범, 「기독교와 한국사상」 (서울: 대한기독교서회, 1964), 262f, 99-103; Idem, "재래종교에 대한 이해와 오해," 「기독교사상」 1965년 4월호, 41f, 46f.
172) 유동식, 「한국종교와 기독교」 (서울: 대한기독교서회, 1965), 239-243; Idem, 「도와 로고스: 선교와 한국신학의 과제」 (서울: 대한기독교서회, 1978), 60; Ibid., 53: "그러나 이러한 성공의 원인들은 곧 한국 그리스도교의 실패의 원인이기도 하였다. 토착화는 타협적인 혼합과 구별되어야만 했기 때문이다. 특히 복음에 있어 그러하다."

같은 전통 종교의 긍정적인 면모들을 적극적으로 조명하였다.[173] 또한 박윤선은 기독교와 유교 윤리의 대화 가능성을 탐색하였다.[174]

기독교가 한국에 도래하기 전의 한국 역사는 종교적으로 볼 때 3기로 나누어질 수 있는데, 삼국시대까지의 하느님신앙-무교-도교 시대, 통일신라와 고려의 불교 시대, 그리고 조선의 유교 시대이다. 이 종교들은 각기 오랜 기간 국가적 신앙으로 신봉되었기 때문에 삶의 모든 영역에 깊이 파고들었다. 그리하여 심지어 그 이전 국교가 공식적으로 폐지된 다음에도 뿌리 깊게 존속하였다. 그 결과로 한국의 종교 생활은 계속 축적되고 혼합되었다. 기독교는 이처럼 강력한 종교적 혼합주의라는 위험한 환경에 있는 한국의 종교 생활에 들어왔다. 한국은 무교, 도교, 불교, 유교, 그리고 기독교를 포함한 세계 종교들의 강력한 용광로인 것이다. 그러므로 극도의 조심과 부단한 반성이 없이는 어떤 종교든지 쉽사리 오랜 전통을 가진 혼합적 종교성과 융합되어 버린다.[175]

초기 선교사들의 한국 전통종교 문화와의 만남에서 많은 전통적 사상과 행동 방식이 관용되거나, 단지 부분적으로 수정되거나, 또는 단순히 정당화되었는데, 이는 기존 개념이나 관행을 사용하지 않고서는 성경과 기독교 교리의 의사전달이 불가능하였기 때문이다. 그런데 그들 중 대부분은 한국 문화의 성격상 전통 종교들에서 유래된 것들이었다. 그뿐 아니라 한국 교회의 초기 신자들은 자연스럽게 한국의 철학적, 종교적 사상과 개념의 틀로 기독교의 복음을 해석하려고 시도하였는데, 이런 이해가 한국 교회의 영성과 신학의 기본구조를 형성하였다. 그러므로 나는 모든 종교에 이상적인 인간상과 그를 실현하는 방법론 등을 포함한 일종의 성화론이 있다는 가정을 가지

173) 박아론, 「새벽기도의 신학」 (서울, 1975).
174) 박윤선, "한국교회가 지향해야 할 도덕관," 「신학지남」 1972년 3호, 6-26.
175) 김경재, 「한국문화신학」 (서울: 한국신학연구소, 1983), 106.

고, 그들의 성화론을 규명하기 위하여 전통 종교들을 분석하려는 것이다. 이 연구는 한국 교회의 성화론을 분석하고 성찰하는 데 있어서 필수적으로 선행되어야 할 작업이라고 생각한다. 지금까지 한국 신학이 관행적으로 서구의 신학적, 철학적, 혹은 역사적 배경을 분석함으로 한국 교회의 신학적 성찰을 시작한 것은 상황(context)의 문제를 구체적으로 진지하게 생각하지 않은 과오를 범한 것이다. 한국 교회를 위한 신학은 당연히 한국의 종교적 배경을 분석하고, 나아가 한국의 역사적, 신학적 배경에서 조명되어야 할 것이다. 여기에서 이 연구는 그 대상을 한국의 주요 전통 종교로 제한하려고 하는데, 이는 우리가 아래에서 살펴볼 주요 종교들이 오랫동안 국교로서 혹은 대중신앙으로서 한국의 종교 생활을 지배해 오면서 한국 민족 전체의 집단적 종교성에 깊이 파고들어 이루 형용할 수 없으리만큼 강력하게 한국인의 보편적 의식과 정신에 결정적인 영향을 끼쳤고, 그리하여 한국 기독교에도 간접적으로 적지 않은 위협과 손상을 입혔기 때문이다. 따라서 한국의 5대 전통 종교라고 할 수 있는 하느님 숭배, 무교, 도교, 불교, 그리고 유교를 차례로 살펴보기로 한다.

2. 하느님[天神] 신앙

한민족이 본래 중앙 아시아로부터 북방로(시베리아, 몽고, 그리고 만주)를 통하여 한반도에 이주해 왔기 때문에, 그 지역의 종교인 무교와 천신숭배를 가지고 왔다.[176] 이 다신적이고 유일신적인 두 종교는 4천년 역사를 통하여 공존해 왔다. 특별히 천신숭배는 북방 아시아 민족들 가운데서도 한국인들이 가장 순수하고 강하게 보존하였

---

176) 한우근, *The History of Korea* (영문판, 서울: 을유문화사, 1970), 3-11; 정대위, "한국사회에 있어서의 종교혼합," 213f: "지고천신(至高天神, *divinites celetes supremes*)의 신앙은 북아시아와 중앙아시아에 살고 있는 유목민 혹은 어민들인 여러 민족들 사이에 풍부하게 있다."

다.[177] 한국에는 무교뿐 아니라 중국에
서 수입된 여러 종교들이 수입되어 강
력한 종교 혼합현상을 보였으나, 그러
한 역사적 상황에서도 천신숭배가 그
토록 순수하게 유지된 것은 실로 놀라
운 일이 아닐 수 없는데, 이는 근본적으로 천신신앙과 무교가 상호
배타적이어서 혼합이 불가능하기 때문이었을 것이다.[178] 나아가 한
국의 하느님 숭배는 단순한 유일신론적 철학도 아니며 천문학적 하
늘에 대한 신앙도 아니다. 우리 민족이 믿은 "하늘(Heaven)"은 이 세
계를 창조하고 통치하는 최고의 존재자였으므로, "하느님" 혹은 "하
나님"이라고 인격화되었고, 모든 한민족이 경외하는 마음과 의존적
인 정감을 가지고 섬겨 왔던 것이다. 그리고 모든 다른 종교는 이 최
고의 하느님 종교보다 "열등"하고 "부차적"이라고 생각했다.[179]

한국의 전설적인 창시자인 단군은 하느님의 자손으로서 사람들
과 낮은 영들을 다스리도록 위임되었다고 전해진다. 그러므로 그는
여러 제단을 세우고 오로지 하늘에 계신 신만을 예배했다고 한다.
초기의 선교사들이 이 사실을 알았을 때 그들은 너무 놀라고 감동을
받아서 즉시 이 한민족의 하느님과 기독교의 신을 일치시켰던 것이
다. 1906년에 H. B. Hulbert 선교사는 강화도 마리산의 천단(天壇)을
방문하고 그 감격을 이렇게 술회하였다:

177) Underwood, *The Religions of Esatern Asia*, 104-107.
178) 한상우, *Die Suche nach dem Himmel im Denken Koreas: Eine religionswissenschaftliche und
-philosophische Untersuchung zur Hermeneutik des Menschen zwischen Himmel und Erde*,
Regensburg Univ. 학위논문 (Frankfurt: Peter Lang, 1988), 46-49.
179) Underwood, *The Religions of Eastern Asia*, 110: "하나님의 최우위성(supremacy)은 유교인이
든 불교인이든 무교인이든지를 막론하고 분명히 모두에게 인정된다. 몇 년 전 한 절의 주지가 요
청하여 그 절의 승려들에게 기독교를 설명할 기회가 있었는데, 그 때 십계명을 설명하자 놀랍게
도 그것이 부처의 가르침과 일치한다고 동의를 표했다. 나는 의아하여 그 주지에게 어떻게 우상
을 금지하는 1계명과 불상숭배가 공존할 수 있겠느냐고 물었더니, 그는 즉시 이렇게 대답하였다.
'예, 하나님은 지고하신 최고신이시며, 부처는 하나의 저급신일 뿐입니다.' 이것은 불교의 교의라
고 하기 어려우나, 그것은 한국인의 하나님에 대한 보편적 태도를 잘 설명해 준다."

그 역사의 유구함이란 의심의 여지가 없다… 기초석과 한두 곳만 살펴봐도 그것이 극히 오래되었음을 바로 알 수 있다… 상단부는 좀더 늦게 건축된 것이 분명하나, 심지어 그것도 우리의 가장 유서 깊은 유럽의 건축물보다 더 오래되었다… 이 정상의 제단 위에 서서 구름을 이 험한 바위 봉우리로 몰아오는 바닷바람을 맞으며, 아브라함의 시대에 단군이 여기 서서 제단을 쌓으며 하나님과 만나는 모습을 상상해 본다… 4천년의 의미를 이해하려고 애쓸 때 내 마음은 녹아 내린다. 심지어 신화적인 고대 문화의 동의어인 중국도 이와 같이 오래되고도 확실한 과거의 기념비를 보여 줄 수 없을 것이다.[180]

이상하게도 한국이 오늘날 소유하고 있는 가장 순수한 종교적 관념은 수입 종교와도 전혀 무관하고 조야한 자연숭배와도 극히 거리가 먼 존재인 "하나님"에 대한 신앙이다. 이 하나님이라는 말은 "하늘"이라는 말과 "님"이라는 말의 합성어이다… 한국인들은 모두 이 존재를 우주의 최고 통치자로 믿는다… 이렇게 볼 때 한국인들은 철저히 유일신론자들이며 이 존재에게 돌려지는 속성들과 능력들은 성경의 여호와와 너무 잘 일치하여, 외국 선교사들은 거의 보편적으로 기독교를 가르치는 데 사용하기 위하여 이 말을 수용하였다.[181]

또한, 1910년에 H. G. Underwood 선교사도 이렇게 기록하였다:

서울 북서쪽에 천단이 있는 아름다운 숲이 있다… 매년 두 번씩 황제는… 실로 국가 전체를 대신하는 대제사장으로서 하늘에 제사를 올린다. 이러한 정기적 제사 외에도, 법률의 중요한 변경이나 왕위가 바뀔 때에는 지체 없이 이 제단에 와서 정당한 의식을 수행함으로 천

180) H. B. Hulbert, *The Passing of Korea* (New York, 1906), 288.
181) *Ibid.*, 404.

신에게 그 변화를 보고하였으며, 황제의 취임 서약도 여기에서 이루어졌다고 말할 수 있다... 천단은 어디나 비교적 낮고 단순히 흙과 돌로 수축되며, 대개 하나 혹은 두 벽으로 된 담 안에 있고, 들어가는 계단은 점점 높아져 완전히 하늘만 보이는 곳에 제단이 있다. 최고 신이 예배되는 이 담 안을 보면, 그 거룩한 목적에 완전히 적합하다고 느낄 수밖에 없다. 여기에는 예배자의 감각에 슬며시 들어와 이 위대한 경배 대상으로부터 주의를 앗아갈 아무 것도 없다. 장중한 석조 건축도 없으며, 거대한 아치나 색유리도 없고, 성화가 그려진 벽이나 조각품도 없다... 하늘의 파아란 천장이 이 성전의 유일한 지붕이며, 바람결에 속삭이는 거대한 소나무들이 그 기둥들이고, 별들은 그 촛불, 새들은 그 성가대원들, 그리고 꽃 덮인 풀밭은 그 포장된 길이다. 여기에 선 사람은 어린 아이와 같은 믿음과 단순성으로 그의 아버지와 창조자에게 가장 가까운 길을 직감적으로 찾았을 것이다.[182]

선교사들이 도착한 이후까지도... 호열자나 역병, 또는 가뭄이나 흉년과 같이 큰 재난을 당하면, 황제는 칙령을 내려 모든 백성들이 자신을 정결케 하고 산 위에 올라가 하느님께 제사하고 기도하도록 명했으며... 국민들은 무리를 지어 하느님 (보이는 하늘이 아니라 인격화된 하늘의 주재자)께 재난을 돌이켜 저주로부터 평안을 주도록 기도했다. 이를 보면 온갖 미신과 우상숭배 가운데서도 한국이 아직 일종의 단일신 신앙(henotheism)을 가지고 있다는 사실은 본래 그들이 유일신론자(monotheists)였다는 이론에 상당한 근거를 제시하는 것이 아닐까?[183]

한국이 건국된 이래 하느님 숭배는 전 역사에 걸쳐 국교시되어

---

182) Underwood, *The Religions of Eastern Asia*, 115-117.
183) *Ibid.*, 106f.

왔다.[184] 단군의 본을 따라 한국의 모든 부족장과 왕들은 자기 백성들을 대표하여 하느님에게 제사하는 종교적 책임을 감당해 왔으며, "천관(天官)"이라 불리는 제사장의 도움을 받기도 하였다.[185] 우상 숭배적인 불교의 강력한 영향에도 불구하고 하느님은 우상으로 전락되지 않고 보이지 않는 순수한 신으로 보존되었다.[186] 또한 중국의 황제 외에는 천제를 금지하는 유교가 전횡하던 시대에도 한국의 왕들은 한결같이 유림의 반대를 무시하고 정기적으로 하느님께 제사했다. 그리고 천제에는 오직 짐승들만 그리고 특히 양이 희생제물로 사용되었다.[187] 그뿐 아니라 저급 신령들을 섬기는 다신론적 무당들은 천제에 참여하지 못하도록 금지되었다.[188] 그러므로 선교사들은 기꺼이 한국의 하느님과 하늘에 계시는 기독교의 신을 일치시키고 신 개념을 전달하는 데 이 용어를 사용하였다.[189] 물론 한국인들은 이러한 일치를 환영하였으며, 이것은 한국 선교에 크게 기여하였다.[190] 지금까지도 이 전통은 계속 유지되고 있다.

하느님 숭배에서 제사나 의식보다도 오히려 "정화(淨化, purification)

---

184) 한우근, *The History of Korea*, 22-25; 이병도, 「한국고대사연구」 (서울: 박영사, 1976), 213-227; Underwood, *The Religions of Eastern Asia*, 104. 한국사에서 가장 오래 된 국가 중의 하나이며 단군의 고조선에 버금가는 부여는 지금의 만주에 있었는데, 이 면에서 특별한 언급을 요한다. 역사적 기록에 의하면 부여는 오로지 천신만을 섬겼다. 또한 이 고대 국가는 여러 가지 특이한 풍습이 있었는데, 이는 성경의 고대 전통과 매우 유사하다. 예를 들자면, 사망한 형의 형수와 동생의 결혼, 일부다처, 간음시 쌍방의 사형이나 도적의 12배 변상 등 엄격한 법제, 제물을 쪼개어 신의 뜻을 해독하는 점(scapulimancy)등이다.

185) 한우근, *The History of Korea*, 7; 김득황, 「한국종교사」 (서울: 백암사, 1963), 44f.

186) Underwood, *The Religions of Eastern Asia*, 110.

187) *Ibid.*, 118.

188) *Ibid.*, 117-119.

189) 김경탁, "하느님 관념 발달사," 「한국원시종교사」 (서울: 고대 민족문화연구소, 1970), 115-176. 진화론적 관점에서 그는 유일신론이 다신론에서 다신론적 일신론을 거쳐 개발되었다고 주장하였다. 그러나 이 생각은 단군을 비롯한 대부분의 고대 한국인들이 천신을 숭배하는 강력한 유일신적 신앙을 가지고 있었던 역사적 사실을 설명하지 못한다. 그는 또한 원시적인 하느님 개념이 후에 도입된 도교, 불교, 유교에 의해서 크게 변화되었다고 주장하였다. 그러나 사실은 오히려 이 하느님 신앙이 그 종교들에게 많은 영향을 끼쳤고, 역현상은 그리 크지 않은 것 같다.; 곽노순, "한국 교회와 '하나님' 칭호," 「기독교사상」 1972년 2월호, 105-113과 동년 3월호, 121-127. 필자는 여기에서 한국의 "하나님"과 기독교의 신을 비교하여 11가지의 기능적 유사성을 제시하였다.

190) Palmer, *Korea and Christianity*, 16-18.

에 큰 관심이 행사된다."[191] 무엇보다도 "온전한 정결이 필수적으로 간주된다."[192] 정화는 "여러 차례에 걸쳐 조심스럽게 행해지는 세정의식"뿐 아니라, 단군신화에 나타나는 바와 같이 인내와 순종과 사랑 같은 덕목을 권장하는, 정신적 욕망의 정화를 포함한다.[193] 하늘에 계신 하느님이 정결하고 거룩하기 때문에 몸과 마음이 정결한 자가 드리는 예배만이 가납된다고 믿었다.[194] 이 순결 중시의 종교적 의식이 고대로부터 매우 지배적이어서, 한민족은 무엇이든지 정결하고 깨끗한 것을 좋아하게 되었고 이에 따라 심지어 옷도 백색을 선호하여 "백의(白衣) 민족"이라고 불리게 되었다. 그러므로 성화의 원초적이며 기본적인 개념은 정화였던 것이다. 물론 그것은 최고 신에 대한 종교적 두려움과 경외를 반영하며, 이 가장 고대적인 정화의 전통은 모든 종교적 예배에 강력한 영향을 미쳤다.[195] 한국의 초기 그리스도인들에게도 거룩한 하나님의 전에 나아가기 위하여 먼저 몸과 마음을 깨끗히 해야 한다는 정화의식이 지배적이었으며, 이 전통은 오랫동안 지속되었다. 그러나 그것은 거룩한 하느님에게 접근할 때만 수행되는 의식적 정화(儀式的 淨化, ceremonial purification)로서, 그 이외의 시간에는 상대적으로 혹은 심지어 절대적으로 정화로부터 자유롭게 살았다.

---

191) *Ibid.*, 118.
192) *Ibid.*, 118f.
193) 윤성범, 「기독교와 한국사상」, 63f.
194) 김득황, 「한국종교사」, 53f.
195) *Ibid.*, 54; 이병도, 「한국고대사연구」, 781-795. 여기에서 논의하는 한국고대사회의 정천(井泉) 신앙도 이 종교적 정결의 전통을 반영하는 것 같다.

3. 무속 종교 (巫敎, Shamanism)

무교는 하느님이라는 최고 신을 인정하지만 주로 저급 신령들을
다룬다.[196] 이것은 물활론(物活論, animism)적이며 마술적이다. 신들
린 무당이 진노한 선한 신령을 위무하거나 그들을 괴롭히는 악한 신
령을 구축함으로써 어려움을 당한 사람들을 도우려 한다.[197] 이러
한 무교의 방식은 모든 문제가 모든 만물, 즉 천지와 일월성신, 산
천초목과 동물, 그리고 죽은 인간에 내재하는 신령과 귀신들에게
서 연유한다는 신앙에 근거하고 있다.[198] 한국의 무당들은 엘리아데
(M. Eliade)가 이해하는 탈귀형(脫鬼型, trance type)이라기보다는 주로 빙
의형(憑依型, possession type)이다.[199] 무당들 사이에는 상하 관계가 없
으며 종단을 구성하지 못하였으나, "일종의 회중교회"와 같은 무당
의 개별적 신도 집단을 구성하고 있다: 한 명의 무당은 500-1000명
의 "단골가(丹骨家)"들을 맡고 있다.[200] 모든 문제들은 귀신들이 유발

---

196) 김득황, 「한국종교사」, 41-44; 유동식, 「한국종교와 기독교」, 17-18; 문상희, "한국의 샤머니즘,"
「한국의 사상」(서울: 시사영어사, 1982), 27

197) 문상희, "한국의 샤머니즘," 26: "이들 神靈들중에는 善神도 있고 惡鬼도 있다고 믿는데, 그 구별
의 기준이 모호하여 대부분의 神靈은 그 善惡을 분간하기 어렵다. 善神이라도 待接하지 않으면
怒하게 되어 사람에게 害를 끼치고, 또한 病魔라도 잘 빌면 병을 낫게 도와준다고 믿는다. 이렇
듯 巫神의 善惡은 대접 여하로 좌우되는 경우가 많다."; 정대위, "한국사회에 있어서의 종교혼합"
208: 무교의 선신과 악귀는 기독교신앙에서 천사와 악령 혹은 귀신과 비교될 수 있다.

198) 문상희, "한국의 샤머니즘," 25-29: 무당의 만신전에는 헤아릴 수 없이 많은 물신들뿐 아니라, 도
교, 불교, 유교등 많은 종교의 신들이 포함되어 있다. 그러나 이상하게도 기독교의 삼위 하나님
은 제외되어 있다. 무당의 신령 이해는 기능적이어서 각 신령은 자기의 고유한 활동영역을 가지
고 있으며, 다른 신령의 영역을 침범하지 않는다고 믿는다. "그들의 신앙에 의하면 이 우주 안에
는 신령과 악귀들이 꽉 차 있다는 것이다."(26); 장병길, "전통적 종교사상에서의 구원관,"「아카
데미총서」 제8권 (서울: 삼성출판사, 1975), 29: "민간신앙의 세계는 이 살이 가득찬 세계이고 이
세계에서 살을 '풀이'하려…".

199) 문상희, "한국의 샤머니즘," 21-25. M. Eliade는 그의 역작 Shamanism (1964)에서 샤머니즘을 천
상과 지하세계를 여행하는 방식으로 엑스타시를 성취하는 기술이라고 정의하고, 그러한 탈귀형
(脫鬼型, trance type)을 무당의 주요형태로 보았다. 그러나 필자는 이에 반대하여 한국의 무당들
은 주로 빙의형(憑依型, possession type)이며, 이는 만주와 몽고에도 적용된다고 주장하였다. 한
국의 무당은 크게 직업무와 가무(家巫)로 나뉘며, 직업무는 세습무(世襲巫), 강신무(降神巫), 학
습무(學習巫)로 분류된다. (19-20)

200) Ibid., 33-35; Underwood, The Religions of Eastern Asia, 96; 유동식, 「한국종교와기독교」, 29f,

시키기 때문에 행복한 삶은 신령과 귀신들을 범하여 노하게 하지 않아야 한다고 믿는다. 따라서 사람들은 "영사(靈事)"를 매우 중시하였는데, 이는 오로지 무당만이 "굿"이라는 마술적 의식을 통하여 다룰 수 있다.[201] 굿이 실패하면 마지막으로 남은 길은 하느님에게 비는 것이라고 믿었다.[202]

무교의 신앙 구조에 만일 모종의 성화론이 있다면, 그것은 악령으로부터의 해방 즉 축귀(逐鬼, exorcism)라고 할 수 있는데, 이는 오로지 "무당"이라고 불리는 카리스마적인 사제에게 의존함으로만 가능하다. 물론 새로운 창조나 모방(imitatio) 같은 사상은 없다.[203] 그러므로 무교의 성화 개념은 다소 의식적이며 마술적이고 사제 중심적이다. 이러한 의식적 성화(儀式的 聖化, ceremonial sanctification) 사상이 아직도 한국인의 종교성 기저에 깊이 잠재하고 있기 때문에, 심지어 그리스도인들도 그들의 성화를 카리스마적인 목사나 예배 의식 등에 의존하는 경향을 보인다. 그것은 또한 귀신에 대한 두려움, 축귀의 선호, 그리고 윤리에 대한 무의식 등을 고무시켰는데, 이는 모두 오늘날 한국의 교회생활에 심각한 영

n. 21; 김득황, 「한국종교사」, 78. 조선 순조시대(1801-1834년)에 등록된 무당만 2천6백여 명이었고, 무등록자를 합하면 5천 명이상으로 추산된다. 1930년대의 조사에 의하면 무당의 수가 12,380명이었고, 1900년 한 해에 사용된 무교 비용만도 250만불에 해당한다고 선교사들은 분석하였다.

201) 문상희, "한국의 샤머니즘," 30-32.

202) 장병길, "전통적 종교사상에서의 구원관," 35.

203) Ibid., 30: "나보다 위에 있는 존재자의 용서로 내가 저지른 상태에서 새 상태에로 구원된다는 따위의 신앙을 위에서는 찾기 어렵다. 어느 경우에나 모두 나 외의 것이 나에게 침입하였기에 그 나 외의 것을 어떻게 처리하느냐에서 민간신앙자는 구원을 찾고 있다. 한마디로 굿은 상태로부터의 해방에 구원이 있고, 나의 새 창조를 모르고 있다."; 김경재, 「한국문화신학」, 151: 무교는 "성(聖)을 향하여, 성(聖)에로, 저 높은 곳을 향하여 속(俗)의 인간과 사회가 끊임없이 성화(聖化)되어 가는 상향(上向)의 방향이 아니라, 성(聖)을 세상과 삶의 한복판으로 끌어내려 속(俗)과 융합하여 현재화 해버리는 하향(下向)의 방향이었다고 볼 것이다."

향을 미치고 있다.[204] 무교 신앙은 단지 종교들 중의 하나라기보다는 한국에 있는 모든 종교들의 기저구조(sub-structure)라고 할 수 있으며, 모든 외래 종교들은 이 토양에 심어졌고 그 결과 토착화의 과정에서 그것들을 심각하게 변모시켰다.[205]

---

204) 문상희, "한국의 샤머니즘," 36f; 유동식, 「한국종교와 기독교」, 33-39; Idem, 「도와 로고스」, 154-157.

205) 김의환, "한국인의 신앙구조," 「복음과 역사」 (서울: 기독교문서선교회, 1975), 13-16; 문상희, " 한국의 샤머니즘," 14, 36-37; 윤성범, 「기독교와 한국사상」, 161-164; 유동식, 「도와 로고스」, 164.

한민족의 종교문화 (2)

1. 도교(道敎)

B.C. 4세기 이후 점차 중국의 영향력이 증가함에 따라 중국의 도교가 도입되었다. 도교는 자연을 신적으로 보는 종교적 견해에서 무교와 공통적이었기 때문에 기존의 무교와 큰 충돌 없이 한국에 들어왔다. 더욱이 수입된 형태의 도교는 중국에서 토속화된 미신적이고 마술적인 신앙으로서 특별히 「주역, 周易」과 음양설에 의해 운명과 재수를 예언하는 점술이 중심이었다.[206] 중국에서는 도교가 "유일한" 종교가 된 반면,[207] 한국에서는 소수의 경우를 제외하고는 조직화된 도교를 형성하지 못하였다.[208] 그러나 이 민간적인 형태의

---

206) Y. L. Fung, "The Yin-Yang School and Early Chinese Cosmology", in: *A Short History of Chinese Philosophy* (New York, 1948), 129-142: 비록 음양설과 오행설은 유교와 도교의 공통적 유산이었지만, 점차 도교의 점성술적 형태로 흡수되었다.

207) Underwood, *The Religions of Eastern Asia*, 1f; J. Lagerwey, *Taoist Ritual in Chinese Society and History* (New York, 1987).

208) 이능화, 「朝鮮道教史」 (서울: 보성문화사, 1989), 53-57. 최초의 조직화된 도교는 624년에 도입되었는데, "오두미교 (五斗米敎)"라고 불리워졌으며 전통적인 무교와의 유사성 때문에 얼마동안 고구려의 대중들에게 열광적으로 환영을 받았다. 그러나 그 후로부터는 조직화된 도교와 사제는 엄

수입된 도교는 무교에 완전히 흡수되어 점,[209] 칠성신(七星神)에 대한
여인들의 기도,[210] 부적,[211] 그리고 묘와 집터에 대한 풍수지리설[212]
등의 방식으로 대중에게 널리 유행하였다.

한국에서 가장 강력한 도교의 영향은 자연의 선약(仙藥)과 신체 수
련을 통한 불로장생(不老長生)에 대한 신앙이며,[213] 가장 대중적이고
세속적인 방법은 그 목적을 위해 신비스러운 자연의 선약들을 섭취
하는 것이다. 예를 들어 산삼이나 사슴의 뿔이나 곰의 담낭 같은 것
들이 자연 안에 응축되어 있는 장수의 능력을 가지고 있다고 믿었
다.[214] 한편 좀더 진지하고 정통적인 방법은 자기의 신체와 정신을
수련함으로서 불로불사를 추구하는 것이다. 잘 알려진 대로 도교는
자연과의 조화로운 삶을 추구하며 그 이상은 궁극적으로 자연과 합
일하는 데 있다. 노자는 「도덕경, 道德經」을 썼으나, 아이러니하게
도 도교에는 일반적인 의미의 도덕이 없다. 그 이상은 자연적인 인
간, 즉 외부로부터 부과된 도덕법이 아니라 인간의 자연적 본성을
따라 사는 삶이다.[215] 후에 노자의 "도(道)"에 대한 가르침은 장자에
의해 크게 상설되었다.[216]

격하게 궁중 내 왕의 사원에 제한되었다.
209) Ibid., 253-270.
210) Ibid., 287-302.
211) Ibid., 280-286.
212) Ibid., 271-279.
213) E. M. Chen, "Is There a Doctrine of Physical Immortality in Tao-te ching?" History of Religions 12(1973): 231-249; J. Needham, "The Achievement of Immortality," Science and Civilization in China (Cambridge, 1954), 2: 139-154. 본서는 호흡법, 일광치료법, 신체단련법, 성교법등 불로장생을 성취하는 각종 도교의 기법들을 상세히 다루고 있다; H. Maspero, "Alchemy and Physical Immortality," Le taoisme (Paris, 1950), 116-147; J. Ware, Alchemy, Medicine, Rligion in China of A.D. 320: The Nei P'ien of Ko Hung (Pao-p'u tzu), (Cambridge MA, 1966).
214) 이능화, 「조선도교사」, 33-52; 김득황, 「한국종교사」, 49-53. 한국은 중국인들에게 그와 같은 신비선약들이 있는 곳으로 알려져 있었다. 그리하여 한 중국 황제 (진시황)가 불사초(不死草)를 구하기 위하여 동으로 선남선녀 3천명을 보냈다는 기록이 있는데, 그곳은 대개 한국으로 생각된다.
215) 노자, 「도덕경」, 38장 論德: "上德 無爲而無以爲, 下德 爲之而有以爲.";「장자」, 德充符篇, 326항: "非所謂仁義之謂也, 任其性命之情而己矣."
216) 도교의 사상체계는 노자(老子)가 수립했으며, 그 후 장자(莊子)가 확립했다. 그래서 정통적 도교 사상을 일명 노장사상(老莊思想)이라고도 한다.

도교의 우주관에 의하면,[217] 도(道)는 우주의 제1원인(*causa sui*)으로서 덕(德)의 형태로 자연에 내재하며, 덕은 물(物)과 형(形)으로 개체를 생성한다. 이 원리에 의하여 인간과 동물과 사물 등 모든 개체가 존재하게 된다.[218] 그러므로 인간과 동식물을 포함하여 형태를 가진 모든 존재의 본질은 동질적으로 덕인데, 이는 비어 있고(虛) 조용하며(靜) 밝다(明).[219] 그러나 덕이 변화하고 멸절하는 물과 형을 생성하면서 상실되므로, 진정한 본질적 자아인 덕의 회복이 멸절을 극복하는 길이다. 이 본래적 본질의 회복은 명상이나 학문을 통하여 성취되지 않고, 오로지 물질적 자아와 물질적 세계의 부정[忘我, 喪我]과 물질적 감정으로부터의 해방[無情, 順性], 즉 한마디로 자연으로의 복귀[順物自然, 無爲自然]를 통하여 가능하다고 생각하였다.[220] 그러므로, 도교 수련에서 이상적인 인간은 신비스러운 심산유곡과 명경수가 흐르는 곳에 살면서 그 초물적 장생이 덕으로의 상당한 복귀를 입증하는 "십장생(十長生)"과 같이 신비스러운 존재들을 모방하고 교제하려고 노력함으로 자연과의 완전한 조화[以天合天]의 성취를 추구한다.[221] 어떤 도인 혹은 도사들은 영적인 자연과의 대화와 그를 통하여 바람이나 비나 빛 등과 같은 자연현상을 일으키는 신비적 기술을 개발했다고 주장하기도 했다. 또 어떤 사람들은 호흡법의 훈련을 통하여 자연의 영인 "기(氣)"를 충분히 흡입함으로

13장 한민족의 종교문화 (2)

217) W. T. Chan, "Cosmological Passages of the Chuang Tzu," in: *A Source Book in Chinese Philosophy* (Princeton, 1969), 202-207; Idem, "An Explanation of the Diagram of the Great Ultimate," *Ibid.*, 460-464; Idem, *The Way of Lao Tzu* (Indianapolis, 1963), 특히 1장과 3장; J. Shih, "Ancient Chinese Philosophy," *Studia Missionalia* 18(1969): 111-130.
218) 노자, 「도덕경」, 42장: "道生一, 一生二, 二生三, 三生萬物."; 「장자」, 天地篇, 424항: "太初有無, 無有無名; 一之所起, 有一而未形. 物得以生, 謂之德; 未形者有分... 流動而生物, 物成生理, 謂之形."
219) 「장자」, 人間世篇, 147항; 應帝王篇, 307항; 天道篇, 457항.
220) 「장자」, 德充符篇, 217, 220-222항; 天道篇, 478항; 繕性篇, 547항; 秋水篇, 563항; 庚桑楚篇, 785항.
221) 「장자」, 齊物論篇, 79항: "天地與我並生, 而萬物與我爲一."; 應帝王篇, 294항: "順物自然而無容私焉, 而天下治矣."; 天下篇, 1099항: "獨與天地精神往來"; 이강수, "노장의 이상적 인간론," 한국동양철학회 편, 「동양철학의 본체론과 인성론」 (서울: 연세대학교 출판부, 1982), 238-246.

자연에 복귀하는 "단(丹)" 등의 기법을 개발하였다.[222] 이러한 노력
은 자연히 쿵후나 태권도, 공수도나 유도 등과 같은 무술을 개발하
였는데, 이는 도사들이 그들의 몸을 새나 호랑이와 같이 자유스럽게
움직이려고 고되게 수련하는 데서 발생하였다.[223] 그러므로 도교의
수련은 무관들 사이에 유행하였다. 예를 들자면 661년에 최초의 한
국 통일을 이루는데 기여한 김유신 장군도 도사였으며,[224] 이 통일
에 결정적으로 기여한 화랑단도 도교에 크게 영향 받았다.[225] 중국
도교의 주요한 숭배 대상이 관우라는 전설적 전사였기 때문에, 한국
도교인들도 역사에 나타나는 위대한 장수들을 숭배하였다.[226]

  무교와 비교해 볼 때, 도교는 한국인의 종교성에 종교적 성화의
개념과 그를 향한 열망을 깊숙히 심었다. 자기 수양을 통해서 불멸
하는 신선이 된다는 것은 환상적인 생각이 아닐 수 없다. 나아가 수
도적 성화(修道的 聖化, disciplinary sanctification)라는 도교적 사상은 자기
부인, 철저하고 계속적인 수양, 신비적 연합, 불멸성, 그리고 신화
등 기독교의 성화론에서 발견되는 것과 유사한 개념들을 가지고 있
다.[227] 그러나 그것은 자력 수양을 강조하며 구원이나 은총의 사상
을 결여하고 있다.[228] 더욱이 그와 같은 신비적 성취는 범인들이 이
르기에는 너무나 요원한 것이다. 오로지 세속 생활을 떠나 깊은 산
속에 들어가서 길고도 험난한 자기 수양에 정진하는 소위 "도사(道
士)"라는 특별한 사람만이 그와 같은 상태에 도달할 수 있다고 믿었
으므로 성화의 추구에서 소수의 정예주의(elitism)와 다수의 자포자기

222) 이능화, 「조선도교사」, 201-252.
223) 김득황, 「한국종교사」, 64.
224) 이능화, 「조선도교사」, 85-87. 또한, 그의 적수였던 고구려의 연개소문장군도 도교의 힘(道力)
    을 활용하려고 시도하였다.
225) Ibid., 71-74; 김득황, 「한국종교사」, 55-58.
226) Ibid., 77f.
227) 정대위, "한국사회에 있어서의 종교혼합," 212; 「장자」, 養生主篇, 128항; 大宗師篇, 282항.
228) 장병길, "전통적 종교사상에서의 구원관," 31.

가 개발되었다.

2. 불교(佛敎)

불교는 삼국 시대에 도입되었는데 (고구려에는 372년, 백제에는 384년, 신라에는 535년), 정치적인 목적으로 왕실의 주도하에 수용되었다.[229] 그러나 불교는 기존하는 무교에 의해 강력히 저지되었으며, 이러한 반대는 불교가 서민 대중에게 맞는 신앙 형태로 변모될 때까지 계속되었다. 한국에 도입된 불교는 이미 상당히 변형된 중국 불교였으며 또한 불교가 인도에서 개발된 지 거의 천 년이 지난 후였음에도 불구하고 이러한 저항을 받았다. 불교는 한국에 이르는 동안 여러 단계의 변모 과정을 통과하였다. 심지어 한국에 들어온 이후에도, 불교는 무교, 도교, 유교, 그리고 심지어 하나님 종교와도 폭넓게 혼합되는 양상을 보였다.[230]

본래 불교는 신 (브라만)과 우리 자신 (아트만)이 동일하다는 신념을 가지고 인간의 신성을 주장한 우파니샤드 철학자들에게 영향을 받은 가우타마 싯다르타가 약 B.C. 6세기경에 깨우침 (菩提, 보디)이 현세적 욕망과 자기 기만으로부터의 완전한 해방 (涅槃, 니르바나)의 영적 상태에 이르는 길이라는 가르침으로 다신론적 힌두교를 개혁하

---

229) 이기백, *A New History of Korea* (영문판, 서울: 일조각, 1984), 59f: "삼국 모두에서 불교는 왕실의 주도권에 의해 수용되었다… 아마도 불교가 왕위의 권위를 중심으로 한 새로운 통치체제를 고착시키는 종교적 지주로서 잘 맞는다고 보았기 때문이었을 것이다… 그 결과 불교의 호국 종교로서의 양상이 삼국시대에 강력한 매력으로 작용하였다."

230) 조명기, "불교와 기독교의 대화는 가능한가? 불교의 입장에서,"「사상계」1964년 12월호, 209-212; Underwood, *The Religions of Eastern Asia*, 193f: "불교가 급속한 발전을 하게 된 중요한 요인은 이 체계의 카멜레온적 성격으로서, 그 시대와 장소에 맞춰 거의 자동적으로 그 색깔을 바꾸는 현상으로 나타난다. 불교는 경악하리만큼 근본적으로 자기를 그 환경에 항상 적응시켜 왔으며 오늘날도 그럴 준비가 되어 있는데, 그 정도와 신속성은 인류의 역사에 나타난 어떤 종교와도 비교할 수 없을 것이다."; Clark, *Religions of Old Korea*, 50-54, 64, 78f: 한국에 있는 모든 절에는 신춘당이라는 만신전이 있는데, 거기에는 불교의 신들뿐 아니라 무교, 도교, 유교의 신들과 심지어 제석불(帝釋佛)이라고 부르는 불교화한 하나님도 있다.

려고 시도한 데서 기원하였다.[231] 그러므로 각자(覺者) 즉 부처(佛, 부다)가 된다는 것은 본질상 매우 철학적이고 심리적인 문제였다. 그러나 그의 추종자들이 1-2세기 후에 가우타마의 자기 수련을 엄격히 모방하려는 소승불교파 (Theravada school)와 그의 정신만을 모방하려는 온건한 대승불교파 (Mahayana school)로 나눠지면서, 불교는 신비화되고 물질화되기 시작하였다.[232] 가우타마와 그의 주요한 제자들은 우상화되었고, 신비적인 설화들이 수없이 만들어졌다. 이러한 과정은 비밀 불교 (탄트릭 불교)와 만달라 방법의 개발에서 극치를 이루었다.[233] 물론 이러한 현상은 육도윤회(六道輪廻)와 같은 힌두교의 신앙들을 관용한 가우타마의 자기 모순이 초래한 자연스러운 개발이라고 생각할 수도 있다. 전반적으로 그러한 양태는 특히 거의 해탈의 경지에 이르렀으나 중생들을 돕기 위하여 세상에 남기로 결심했다는 보살(菩薩, 보디사트바스)에 대한 신앙이[234] 그 주요 사상인 대승불교에 지배적이며, 바로 이 형태의 불교가 중국을 통해 한국에 도입되었는데, 중국에서 이 불교는 모든 기도를 들어준다는 자비의 여신 관음(觀音)을 창조함으로 더욱 더 종교적이 되었다.[235] 불교는 이제 더 이상 무신론적 휴머니즘이 아니라 부다를 신으로 하는 새로운 종교가 되었다. 물론 가우타마 자신은 자기가 신임을 주장하지 않았다. 모든 사람은 과도한 욕망과 기만적인 환상으로부터 자유와 조화적이고 명상적인 삶을 통하여 행복한 삶에 도달할 수 있다는 그의 중심 사상은 점차 수많은 신들과 악귀들로 가득찬 다신론적 종교로 전락하였다.

---

231) 「불교학개론」 (서울: 동국대학교 출판부, 1986), 10-45.

232) Ibid., 95-108.

233) Ibid., 160-167.

234) Ibid., 112f.

235) Underwood, The Religions of Eastern Asia, 205f; Clark, 108gions of Old Korea, 20-22: 대승불교의 특징은 신으로서 부처숭배, 보살신앙, 적선에 대한 강조, 불교의 신들에 대한 기도, 그리고 영적인 열반(니르바나)을 대체하는 극락신앙 등이다.

그러나 불교의 본질은 무신론적 인간주의(atheistic humanism)이며, 깨달음을 통한 자기 구원과 모든 현세적 실체의 부인에 있다. 따라서 매우 세속화한 기독교가 아닌 한 기독교와 불교와의 대화는 극도로 실현성이 없다.[236] 가우타마가 일체 신적 존재와 그 의미를 부인한 반면, 그는 인간의 고통 문제를 가장 중시하고 그를 해결해 보려고 노력하였다. 모든 변화와 가변적인 사물들은 실제가 아니라는 그의 생각을 전제로 하여, 그는 사람들이 스스로 속고 고통을 당하지만, 인간의 고통과 심지어 자기 자신도 실제가 아니라고 가르쳤다.[237] 모든 것은 변하고 아무것도 영원하지 않지만, 사람들은 이 진리를 모르고 환상적인 현세와 그것이 주는 고통들이 실제라고 기만당한다고 생각하였다. 가우타마는 스스로 명상을 통하여 이를 깨달았기 때문에 각자(覺者)가 되었다. 인간은 선천적 (a priori) 및 후천적 (a posteriori) 원인들에 의하여 "무각(無覺)"의 영적 종속 상태에 있지만, 그의 본래적 지각이 자기 수련에 의하여 회복될 수 있다.[238] 고난과 죄 등을 불러오는 무명(無明)을 유발하는 것이 육체적 욕망과 환상적 유혹과 현세적 종속이기 때문에, 자아와 현세적 실재들의

부인이 인간의 고통을 극복하고 진정한 이해에 도달하는 유일한 길이다.[239] 엄격히 말하자면, 그것은 모든 고통원(苦痛源)의 실재성을

---

236) 유재신,「불교와 기독교의 비교연구」(서울: 대한기독교출판사, 1980), 40f, 185-210; 동국대,「불교학개론」, 224-226. 기독교와 불교의 근본적인 차이는 창조자 하나님과 예수의 신성에 대한 신앙이다.

237) *Ibid.*, 61-64. 가우타마의 무아(無我)교리(안 아트만 바다)는 우리의 육체적이며 감각적인 자아이해는 사실이 아니며, 진정한 자아의 실현은 오로지 자기부인을 통해서만 가능하다고 가르친다.

238) 송석구,"중국불교의 인성론,"「동양철학의 본체론과 인성론」, 312.

239) *Ibid.*, 301-308. 그러므로, 원형불교에서는 심지어 힌두교의 6도윤회를 실체로 이해했다고 볼 수

부인함으로써 완전한 마음의 평안을 추구하는 고도의 심리적 자기 최면이다. 이 목적을 성취하고자 하는 사람은 누구나 먼저 그의 마음을 얽매왔던 가족과 직업을 포함한 모든 사회 관계를 부인해야 한다. 그리하여 가우타마는 그의 추종자들에게 정적한 환경에서 영적 수련을 하기 위하여 가정과 세속 사회를 떠나라고 가르쳤다. 모든 이 세계의 존재들은 실재가 아니라고 자기 자신을 설득시키고 또한 자기의 가족을 향한 본능적 감정과 자신의 생래적 감각으로부터 자기를 완전히 분리시키는 것은 실로 불가능한 일이기 때문에, 가우타마는 그의 지침을 따라서 평생 동안 명상의 수련을 하도록 요구하였으며, 그렇게 하면 어느 순간 "갑작스러운 깨달음"과 완전한 영적 자유에 이를 수 있다고 약속했다.

그러므로 오직 소수의 수도승들만이 그를 따라 부처가 되기 위한 평생의 수도에 완전히 헌신하였다. 그것은 신체적 및 영적 수련의 양면을 포함하며, 인간의 신체에 대한 부정적 견해는 금욕적 훈련의 고된 노력을 요구하였다. 나아가 성화된 상태의 마음은 "무념무상(無念無想)"으로 정의되었고, 이는 성화된 인간의 모습을 매우 금욕적이고 심지어 무감각한 것으로 시사하였다. 이러한 성화의 방법은 도교의 수도적 성화와 매우 유사하나, 서로 구분하기 위하여 명상적 성화(冥想的 聖化, meditative sanctification)라고 부르기로 한다. 이 형태에 집중적인 불교 수련을 선불교라고 하는데, 이는 선(禪)이 명상을 의미하기 때문이다. 한국 불교는 크게 선종(禪宗)과 교종(敎宗)이라는 두 형태로 개발되었는데, 이 두 형태를 종합시키려는 시도들도 있었다.[240] 교종은 유일한 주제가 "무(無, Nothingness)"인 수의적 명상보다

없다; 채필근, "구원과 해탈," 「신학지남」 1928년 3호, 10. 그는 불교구원의 주체에 대해 근본적인 의문을 제기하였다. 만일 무(無)밖에 자아가 없다면, 니르바나를 성취하는 주체는 어디에 있는가?

240) 이기백, A New History of Korea, 154. 조계종의 창시자인 지눌(1158-1210)은 "돈오점수(頓悟漸修)"를 주장하면서 참선과 경전연구의 2중적 수련을 제시하였다.

는 성화의 방법으로 불교 경전의 독경과 연구를 강조하였다. 그리하여 이 종파는 독경적 성화(讀經的 聖化, canonic sanctification)의 개념을 가르쳤다. 그러나 양파가 공히 신화(神化, deification) 즉 "각자(覺者)가 되는" 수련의 성화 과정을 믿었으며, 따라서 또한 가정을 떠나서 평생의 명상과 독경의 수련에 헌신한 소수만이 그것을 성취할 수 있다는 소수 정예주의(elitism)를 불러왔다. 그러므로 수많은 지도자들은 각기 깨달음에 도달하는 독특한 방법을 발견했다고 주장하였으며, 한국에서 거의 모든 대산(大山)들은 그 자체의 방식을 가르쳤다. 심지어 경전도 이러한 종파와 산파들을 연합할 수 없었는데, 이는 불경의 선택이 각자 너무 다양하고 자유로울 뿐 아니라 선종에게는 사실상 경전이 무력하기 때문이다.[241] 불교는 매우 개인주의적이고 내세주의적이다: 이 세상은 본질적으로 죄악적이며 현세의 삶은 어느 모로나 성화의 삶과 조화되지 않는다.

그러나 한국에서 가장 많이 유포된 형태의 불교는 후에 개발된 정토 불교(淨土佛敎)인데,[242] 이는 열반의 성취를 실제적으로 포기하고 그대신 현세에 대한 긍정적인 견해를 가지고 "일반인[衆生]을 위한 쉬운 길"을 가르쳤다. 그것은 단순히 반복적인 기도와 약간의 적선을 요구하였다. 현세와 내세에서 행복을 이룰 수 있는 이 쉬운 방법은 일반인들에 의해 열광적으로 환영 받았으며 한국 대중불교의 길

---

241) Clark, *Religions of Old Korea*, 79-82. 소승불교는 경전을 종료했지만, 대승불교는 아직도 열어 놓고 있다. 그러므로 불교의 경전들은 셀 수 없이 많고, 각 종파는 자기들이 선호하는 책으로 서로 다른 경전을 구성한다.

242) 동국대,「불교학개론」, 183f. 정토불교는 중국, 한국, 그리고 일본에서 가장 대중적인 형태의 불교로서, 한국에서는 7세기에 원효에 의해 개발되었다; 민경배,「한국기독교회사」(서울: 대한기독교출판사, 1982), 31-35; Clark, *Religions of Old Korea*, 23-25; R. R. Covell, *Confucius, The Buddha, and Christ: A History of Gospel in China* (New York, 1986), 20-35. 정토 불교가 원형 불교의 자기 구원 사상과 근본적으로 다르고 기독교의 은혜개념과 유사성을 보이기 때문에, 혹시 그것이 기독교의 영향 아래 개발되지 않았을까 추측하는 신학자들도 있다. 그들은 특히 그 당시 상당히 유포되었던 인도의 도마 교회(Thomas Church)와 중국의 경교(Nestorian Church)의 영향을 고려한다.

을 열었다. 243) 영적 열반 (Nirvana)의 이념은 공간적인 극락정토(極樂淨土, Pure Land)의 개념으로 대체되었고, 또한 공포심을 주는 지옥을 대비적으로 강조하였다. 244) 정토에 다시 태어나는[往生] 길은 매우 쉽다: 단순히 아미타불에게 10회 이상 짧은 주문의 기도를 음송하면 되는데, 이는 구원이 아미타의 은총에 의해 주어진다는 신앙에 기초한다. 245) 의심할 여지없이 이 가르침은 신도 은혜도 기도도 없는 원형의 정통 불교와는 조화될 수 없다. 246) 더욱이 아미타 자신은 고된 자기수련을 통해 이룩해야 했던 구원이 다른 사람에게는 아미타의 은혜에 의해 이루어 질 수 있다는 것은 논리적 모순이다. 247) 정토 불교는 진지한 성화 사상이 없으며, 오로지 현세에서도 축복된 삶을 살고 내세에도 낙원에 가기를 원하는 개인주의적 욕망이 있을 뿐이다. 기도는 그것을 이루는 유일한 길이다. 기도에 의한 성화라는 이 편리한 생각은 한국인의 종교적 심성을 잘못 형성시켜서 행동과 삶보다는 말로 다 해결하려는 값싼 구원을 추구하게 만들었다. 그것은 또한 기도의 질보다는 양을 추구하도록 부추겼는데, 이는 정토 불교가 기도 (그리고 후에는 시주)의 양에 따라 세속적인 욕망을 포함한 모든 간구를 부처와 보살이 응답해 준다고 약속했기 때문이다. 실로 이것은 대중적인 무교의 관행을 받아들임으로 나타난 불교의 세속화이며, 이와 같은 미신적 오염은 한국 사회에 반불교적 정신을 일어나게 만들었다. 그러나 바로 이 형태의 불교가 천 년 이상 한국 사회를

---

243) 이기백, *A New History of Korea*, 82f: "그의 노력에 따라 신라인들은 10명 중 8, 9명이 불교를 받아들였다."; Clark, *Religions of Old Korea*, 64. 또한 불교 이전에 기도의 대상으로 섬겼던 미륵에 대한 토속신앙을 불교가 흡수하여, 미래에 와서 사람들을 구원할 종말론적 부처로 불교화하였다.

244) 윤성범, "재래 종교에 대한 이해와 오해," 41. 그는 불교의 개인주의적이고 무윤리적인 내세관 '극락과 지옥'이 기독교의 천국과 지옥의 전이해로 작용했기 때문에, 한국 교회가 종말론적 윤리와 하나님 나라의 문화적 개념을 오해했다고 주장하였다.

245) 동국대, 「불교학개론」, 185-189.

246) 유재신, 「불교와 기독교의 비교연구」, 187-192, 205f.

247) 채필근, "구원과 해탈," 14.

지배해 왔으며, 이것이 바로 기독교가 도입된 종교적 상황이었다.

3. 유교(儒敎)

유교는 비록 불교보다 먼저 들어왔으나 불교 후에야 한국의 국교가 되었다. 불교가 처음 도입된 시기인 A.D. 372년에 이미 유교의 교육 기관인 태학(太學)이 설립되었으며, 이미 285년에 백제의 유학자인 왕인이 일본에 논어와 천자문을 전해 주었다.[248] 초기에 유학이란 단순히 중국 고전의 연구를 의미하였다. 1392년에 새로운 왕조가 유교를 국교로 선포하기 전까지는 유학의 일차적 기능이 공사립 교육기관에서 중국 철학을 연구하는 교육 체계에 있었

다.[249] 그러므로 모든 정부 관료는 유학의 교육을 받았으며, 따라서 이러한 교육 체계는 자연히 윤회설에 근거하여 왕족을 보호하는 장치로 사용되어 왔던 불교에 대한 반목 관계를 유발하였다.[250] 유교는 누구나 자기의 심성을 수양하여 충분히 통치할 능력을 개발하면 통치자가 될 수 있다는 생각을 지지하였다.

유교의 우주론에 의하면 세계는 하늘과 땅과 인간으로 구성되어 있으며, 인간은 하늘의 마음과 땅의 육체라는 두 요소로 구성되어 하늘과 땅을 다스린다.[251] 하늘이 땅보다 높기 때문에, 이 질서는 인

---

248) 현상윤, 「조선유학사」 (서울: 현음사, 1948), 12.

249) 이기백, *A New History of Korea*, 83f, 105f, 118-120.

250) 한우근, *The History of Korea*, 149: "불교가 사람들의 영적 필요를 만족시키는 종교적 사역을 수행한 반면, 유교는 계속 사회윤리, 교육, 그리고 정치에 지배적인 영향력을 행사했다." 이 현상은 심지어 불교국가였던 고려에서도 계속되었으며, 이러한 종교와 교육의 분리는 이 두 종교간의 마찰을 불가피하게 만들었다.

251) 유교는 우주의 신령에 의한 인간의 지배를 부인하는 인간주의(humanism)이다: "子曰 人能弘道 非道弘人." (「논어」 15.28) 이 면에서, 유교는 고대 중국의 무교적 신앙을 극복하였다. 중국의 고대 무교에 대해서는, J. M. de Groot, *The Religious System of China: Its Ancient Forms, Evolution, History and Present Aspect, Manners, Customs and Social Institutions Connected Therewith*, 6 vols (Leiden, 1910); M. Eliade, *Shamanism* (London, 1964); 금장태, 「한국유교의

간의 정신과 육체 사이의 관계에 반영되어야 한다: 이러한 질서 상태를 선이라 하며, 그 무질서가 악을 초래한다.[252] 그러므로 인간의 이상적인 상태는 배움[學]과 반성[思]과 실천[行]이라는[253] 자기 수양을 일생 동안 계속함으로써[254] 인간의 선천적(*a priori*) 본성을 존양(存養)시켜 하늘의 마음[天意]을 실현하는 데 있다.[255] 그것은 인의예지신(仁義禮智信)과 같은 덕(德)을 개발하는 것인데, 인(仁)이라 불리우는 종합적이고 최상적인 덕은 고대 중국 철학에서 천(天), 도(道), 일(一), 원(元), 또는 중(中)의 체현으로서의 정통적 인간성(authentic humanity)을 나타낸다.[256] 그와 같은 덕을 갖춘 이상적 인간을 군자(君子), 인자(仁子), 대인(大人), 현인(賢人), 또는 성인(聖人)이라고 불렀다.[257] 유교의 이상적인 인간은 도덕적인 동시에 정치적이어서, 인간은 그가 성취한 덕에 따라 자기의 공동체를 다스릴 도덕적 의무를 가진다고 생각하였는데, 이는 그 덕이 하늘의 뜻을 반영한다고 보았기 때문이

재조명」 (서울: 전망사, 1982), 18f.

252) *Ibid.*, 19.

253) 「논어」, 1.6, 2.15, 15.30, 19.6.

254) 「논어」, 6.5, 8.7, 12.1.

255) 「논어」, 1.2: "本立而道生", 15.20: "君子求諸己, 小人求諸人."; 「맹자」, 6上6: "仁義禮智非由外鑠我也, 我固有之也.", 6上11: "仁人心也, 義人路也… 學問之道無也, 求其放心而已矣."

256) W. T. Chan, "Chinese and Western Interpretation of Jen [Humanity]," *Journal of Chinese Philosophy* 2 (1975); W. M. Tu, "Jen as a Living Metaphor in the Confucian *Analects*," *Philosophy East and West* 31 (1981), 또는 in: *Confucian Thought: Selfhood as Creative Transformation* (New York, 1985), 81-92; Idem, "The Confucian Perception of Adulthood," *Daedalus* 105 (1976). 2; Idem, "On the Mencian Perception of Moral Self-Development," *The Monist* 61 (1978): 72-81; Idem, *Humanity and Self-Cultivation: Essays in Confucian Thought* (Berkeley, 1979); 유칠노, "중도(中道)와 원시유가의 본체론," 「동양철학의 본체론과 인성론」, 23-28. 유교의 인(仁)은 이성적 본성의 사회적 덕목으로서, 은총이나 원수 사랑이 결여되어 있다는 점에서 기독교의 사랑과 구별된다: 김능근, "공자의 인과 기독교의 애," 「기독교사상」 1960년 4월호, 44-49와 이형국, "인의 원리와 아가페적 사랑," 「신학지남」 1974년 6월호, 74-85를 참조하라. 공자의 인에 대한 가르침은 「논어」에 전반적으로 나타나 있는데, 특히 12.22, 14.8, 17.4 등을 보라.

257) 이강수, "원시유가의 인간관," 「동양철학의 본체론과 인성론」, 193-197, 201-203. 이 개념들은 서로 분리될 수 없으나, 다음과 같이 구별할 수 있다. 가장 대표적인 명칭인 君子란 자기와 타인을 다스릴 수 있는 사람을 가리키며, 仁子는 자신의 천성을 완전히 실현한 사람, 大人은 자신의 소아를 극복한 대아의 사람, 賢人은 모든 본성을 완전히 개발한 사람, 그리고 聖人이란 최고의 인간으로서 그의 천성을 완전히 개발했을 뿐 아니라 그것을 인간 사회에 실현한 사람을 말한다.

다.[258] 이와 같이 인간의 양대 사명은 수기(修己)와 치인(治人)에 있는데, 이 둘은 서로 보완 관계에 있다.[259] 그러므로 「대학, 大學」은 8단계의 자기성취 단계를 가르친다. 격물(格物), 치지(致知), 성의(誠意), 정심(正心), 수신(修身), 제가(齊家), 치국(治國), 평천하(平天下)가 그것이다. 인간은 끊임없이 땅의 소아(小我)를 극복하고 모든 행위에 있어 예의 길을 따름으로 하늘의 인간성[仁]을 가진 대아(大我)를 성취할 수 있다.[260] 예(禮)란 하늘과 땅의 질서를 모든 인간 관계에 적용하는 것이며,[261] 특히 부모와 조상에 대한 효도는 모든 덕의 기본[僞人之本]이고, 마음의 고정된 중심(中心)으로서의 통치자에 대한 충성은 자기 발견의 증거이다.[262] 그가 정치적 및 도덕적 혼란기에 때어났기 때문에 공자는 통일된 가치 체계의 수립에 의한 사회 질서의 회복을 시도했는데, 그는 이를 그보다 5세기 앞서 주공(周公)이 정치에 도입

---

258) B. I. Schwartz, *The World of Thought in Ancient China* (Cambridge MA, 1985), 68; Boodberg, "The Semasiology of Some Primary Confucian Concepts," *Philosophy East and West* 2 (1953). 4: 317-332. 한문 "仁"자의 어의 발달론적 분석은 "사회적 인간성(co-humanity)"으로서의 그 사회적 성격을 밝혀준다; W. M. Tu, "Ultimate Self-Transformation as a Communal Act: Comments on Modes of Self-Cultivation in Traditional China," *Journal of Chinese Philosophy* 6 (1969): 237-246. 仁사상에 대한 현대의 사회계급적 논쟁에 대해서는, J. Ching, *Confucianism and Christianity: A Comparative Study* (Tokyo, 1977), 47-50을 참조하라.

259) 금장태, 「한국유교의 재조명」, 31f.

260) 「논어」, 12.1: "克己復禮爲仁"; "맹자」, 6上14: "養其小者爲小人, 養其大者爲大人."; Schwartz, *The World of Thought in Ancient China*, 77. 仁을 성취하는 이 방법이 논어 12편 1장에 나와 있는데, 그 해석은 매우 다양하다. "너 자신을 억제하고 禮에 복속하라" (Legge), "자기 자신을 禮에 복속시킬 수 있는 사람이 선하다" (Waley), "자기 수련을 통해 항상 禮로 향한다" (Fingarette)등으로 이해한다. Schwartz에 의하면, "중국 주석가들의 대다수는 첫번째 번역을 지지한다. 즉 禮의 올바른 수행은 禮의 올바른 정신으로 禮의 실천을 방해하는 악한 충동을 극복할 수 있는 지속적인 내적 노력을 전제한다."; H. Fingarrete, *Confucius--The Secular as Sacred* (New York, 1972), 1-17, 37-56. 禮를 상징적이며 문화적으로 보던 전통적 해석에 반대하여, Fingarette은 거기에 종교적이며 마술적인 의미가 함축되어 있다고 주장하였다. 그러나 그의 禮 중심적 仁이해는 공자의 종교 일반에 대한 부정적 태도 때문에 많은 인정을 받지 못한다; W. M. Tu, "The Creative Tension between *Jen* and *Li*," *Philosophy East and West* 18 (1968); Idem, "*Li* as Process of Humanization," *ibid* 22 (1972).

261) 금장태, 「한국유교의 재조명」, 42.

262) *Ibid.*, 24-30. 부모에 대한 효도는 통치자에 대한 충성을 포함한 어떤 관계도 선행한다. 예를 들자면 심지어 왕도 이 효도의 의무를 방해할 수 없기 때문에, 왕은 부모가 죽은 관료에게 그가 참회하고 묘를 돌보아야 하는 소정의 기간 동안 휴가 주어야 한다. 한편 한문의 忠자는 "中心"을 의미하는 두 자의 합성자로서, 왕의 깃발이 그 세계의 중심이라는 고대 중국철학의 中사상을 반영한다.

했던 하늘의 뜻[天命]에 대한 신앙에서 찾았다.[263] 정치적 질서의 회
복을 위하여 정치가들뿐 아니라 "천자(天子)"라고 불리우는 왕도 먼
저 하늘의 뜻을 알아야 한다.[264] 이와 같이 교육을 받고 수양을 받은
사람들이 정치에 참여해야 한다.[265] 그래서 공자는 좋은 정치가들을
올바로 양성하기 위하여 왕자들과 젊은이들을 교육시켰는데,[266] 이
는 자기가 하늘의 뜻을 받은 자라는 신념에 기초한다.[267] 그는 배움
에 세 가지의 길, 즉 생이지지(生而之知), 학이지지(學而之知), 곤이지지
(困而之知)가 있다고 말하고,[268] 그의 제자들에게 일생 동안 학이불염
(學而不厭)의 삶을 살라고 가르쳤다.[269] 실제적으로 이상적인 인간이
되는 유일한 길은 유교의 경전과 문헌을 연구하는 배움에 있다고 가
르쳤다.[270] 그러므로 교육[好學]은 사회에서 자기를 실현하는 길로
지나치리만큼 강조되었다.[271] 좋은 학자가 좋은 통치자와 좋은 인간
이 된다.[272] 우리는 여기에서 불교 교종의 경전적 성화 개념과 함께,
특히 학구적 성화(學究的 聖化, scholastic sanctification) 사상을 발견할 수
있다.

그러나 이 철학적 유교는 13세기 말 안유 등에 의해 종교적 신유
교 (新儒教, Neo-Confucianism)로 대치되었으며, 이 후자가 한국 유교의

---

263) H. G. Creel, *Confucius: The Man and the Myth* (London, 1951), 159; L. Creel, *The Concept
   of Social Order in Early Confucianism* (Berkeley, 1946); Fingarette, *Confucius--The Secular as
   Sacred*, 57-70; H. H. Dubs, "The Archaic Royal Jou Religion." *T'oung Pao* 46(1958): 217-259;
   D. B. Obenchain, *Ministers of Moral Order: Innovations of the Early Chou Kings, the Duke of
   Chou, Chung-ni and Ju* (Harvard Univ. 학위논문, 1986).
264) 「논어」, 14.37, 20.3.
265) Creel, *Confucius*, 172f.
266) 「논어」, 14.25.
267) 「논어」, 14.37: "知我者, 其天乎... 上達天理"; 15.2, 17.19, 19.25, 20.3.
268) 「논어」, 16.9.
269) 「논어」, 7.2; 금장태, 「한국유교의 재조명」, 83-87.
270) *Ibid.*, 68f.
271) 「논어」, 14.24, 17.8.
272) W. M. Tu, "A Confucian Perspective on Learning to be Human," *Confucian Thought*, 51-66.

지배적인 형태인 것이다.[273] 주자학(朱子學), 정주학(程朱學), 혹은 성
리학(性理學)이라고 불린 이 신유교는 종교적인 형태의 유교로서, 여
러 종교 특히 도교와 혼합된 것이다.[274] 유교가 불교의 영향 하에 심
각할 정도로 반감정주의[止情復性說, 滅情論]로 변질되었기 때문
에,[275] 정자와 주희는 불교의 종교적 위협을 극복할 목적으로 인간
의 감정[氣]이 인간의 이성[理]을 표현하는데 필수적이라고 가르치
는 성즉기(性卽氣), 성즉리(性卽理)의 새로운 체계를 시도하였다.[276] 도
교의 기 개념이 도입됨으로 유교는 신비화되었고 인간의 삶과 죽음
이 기(氣)의 이합집산에 의하여 일어난다고 믿게 되었다.[277] 또한 죽
은 영혼이 완전히 자연으로 흩어지는 데는 여러 세대가 걸린다고 믿
었으므로,[278] 완전히 자연으로 돌아갈 때까지 가까운 조상들의 영혼
을 섬기고 보살피는 것이 계속적인 효도의 의무가 되었다.[279] 공자
자신이 제의(祭儀)를 좋아했으나,[280] 그가 신령이나 귀신을 실제로

---

273) 이기백, *A New History of Korea*, 166. 한국에 이 신유교를 최초로 도입한 사람은 안유
   (1243-1306)와 백이정 (1275-1325)이었다. W. T. de Bary and J. Haboush, *The Rise of Neo-
   Confucianism in Korea* (New York, 1986).

274) C. Chang, "Buddhism as a Stimulus to Neo-Confucianism," *Oriens Extremus* 2 (1955): 157-166
   또는 그 개정판, in: *The Development of Neo-Confucian Thought* (New York, 1957), I: 113-135;
   C. W. Fu, "Morality or Beyond: The Neo-Confucian Confrontation with Mahayana Buddhism,"
   Philosophy East and West 23 (1973): 375-396; Y. L. Fung, "Neo-Confucianism: The Cosmologists,
   " in: *A Short History of Chinese Philosophy*, 266-280; Idem, "The Rise of Confucianism and Its
   Borrowing from Buddhism and Taoism," in: *A History of Chinese Philosophy* (Princeton, 1952),
   2: 407-433; E. Kimara, "The New Confucianism and Taoism," *Cahiers d'histoire mondiale* 5
   (1960): 801-829; B. J. Percy, "Theistic Import of Sung Philosophy," *Journal of the North China
   Branch, Royal Asiatic Society* 49 (1918): 111-127; Idem, *Philosophy of Human Nature by Chu
   Hsi* (London, 1922); 배종호, "사단칠정설과 한국유학," 「한국의 사상」, 39f.

275) 김충열, "동양 인성론의 서설," 「동양철학의 본체론과 인성론」, 177-182.

276) 유인희, "정.주의 인성론," 「동양철학의 본체론과 인성론」, 250-254, 258-263, 269-276. 한국유학
   사에서 가장 중심적인 논쟁은 理와 氣의 관계에 관한 것이었다.

277) 금장태, 「한국유교의 재조명」, 301-308.

278) Ibid., 127f; W. T. Chan, "Chu Hsi's View of Spiritual Beings and His Criticisms of Buddhism,"
   in: *A Source Book in Chinese Philosophy*, 643-653; S. C. Huang, "Chang Tsai's Concept of *Chi*,"
   Philosophy East and West 18 (1968): 245-259.

279) 금장태, 「한국유교의 재조명」, 127f. 조상의 혼령이 제사의 지성도에 따라 축복 또는 저주할 능
   력이 있다고 믿었다.

280) 「논어」, 3.15, 3.17.

믿지 않은 사실에 비추어볼 때,[281] 그것은 단순히 예에서 우러나온 전통 의식에 대한 상징적 인정이라고 생각된다.[282] 그러나 이제 조상 숭배는 실제적으로 인간의 최상 의무가 되었으며,[283] 예학(禮學)은 조상의 족보를 다루는 보학(譜學)과 함께「주자가례, 朱子家禮」를 통하여 유교의 중심이 되었다.[284] 더욱이 한국 유교는 천자(天子), 제후(諸侯), 경대부(敬大夫), 사(士), 서인(庶人)에게 격차를 두는 중국 유교의 봉건적 오복제(五服制)를 변형시켜 모두 4대조에 이르기까지 제사[四代奉祀]하도록 하였다.[285] 나아가 부모, 특히 부친이 죽을 때는 3년 동안 그에 대한 잘못을 뉘우치고 그의 묘를 돌보도록 의무화되었으며, 심지어 무덤 옆에 살기도 하였다.[286] 이러한 사회적 상황에서 형식과 의식이 심화되었으며, 외식과 체면을 중시하는 율법주의적 도덕론이 한국 유교에 팽배하였다. 여기서 우리는 무교의 의식적 성화와의 유사성을 볼 수 있는데, 이는 조상숭배의 제례의식이 자신의 행복과 인간성의 구현에 결정적이라고 믿기 때문이다.

281)「논어」, 3.12: "祭神如神在"; 6.20: "敬鬼神而遠之, 可謂知矣."; 7.20: "子不語怪力亂神"; 7.34: "子曰 丘之禱久矣.", 11.11: "未能事人, 焉能事鬼."; Creel, Confucius, 123-132를 참조하라; 한편, Schwartz는 그의 The World of Thought in Ancient China, 117-127에서 공자가 운명을 믿었으며 (「논어」 12.5: "死生有命, 富貴在天"), 天을 여러번 인격적으로 묘사한 점을 들어 전자의 견해를 반대하였다; 금장태,「한국유교의 재조명」, 179-181, 191-195: "공자의 천명사상은 인격적 주재자나 외재적 자연질서로서의 하늘이 아니라, 인간의 내면적 덕성을 매개로 하여 자각되는 것... 따라서 공자는 제례에 대하여 공경하는 내면적 태도를 근본으로 삼고, 전통적인 제례의 의례를 존중하면서도 근본 정신에 입각하여 의례를 재음미하는 입장에 서 있는 것이다."
282) Ibid., 168-186; Fingarette, Confucius, 71-79. 그는 본서에서 상징적 이해를 반대하고 대신 강한 의식주의(ceremonialism)를 주장하였다.
283) Ibid., 113-115, 139.
284) 이기백, A New History of Korea, 218f.
285) 금장태,「한국유교의 재조명」, 116-119.
286) Ibid., 138f.

또한 그 근본주의적 사고 방식은 점차 분파주의, 지역주의, 그리고 경쟁적인 분당(分黨) 사이의 끊임없는 정치적 투벽(鬪僻)을 개발하였다.[287] 분명히 그와 같은 분파적 투쟁은 공자가 가르쳤던 도덕적 덕성으로부터 근본적으로 이탈한 것임에 틀림없다.[288] 그럼에도 불구하고 유교의 순수성과 정통성을 지키기 위하여 그것이 필수적이라고 생각하였으며,[289] 그것은 한국인으로 하여금 성화의 개념을 교리적 순수성이나 정통성과 혼동하게 만들었다. 강력한 정통(正統)-이단(異端)의 사상과 함께 강조된 유교의 학구적 지성주의는 이론적 논쟁을 좋아하게 만들었다.[290] 이러한 유교의 사고 방식은 한국의 기독교 성화 이해에도 상당한 영향을 미쳤다. 실로 기독교가 한국에 도입된 것은 바로 유교 시대였으며, 많은 초기의 기독교인들이 과거에 유교도였기 때문이다.[291]

4. 타종교의 이해

우리는 대립과 반목보다 화해와 이해의 시대를 살고 있다. 공산주의와 민주주의라는 서구의 정치 이데올로기에 철저히 지배를 받으며 반세기 동안이나 동족끼리 불신하고 미워했던 과거에서 벗어나 점차 호의적으로 생각하는 대화와 협조의 자세로 전환하고 있다. 한국 교회도 교파와 교단이라는 외국의 신학 이데올로기에 무참하게 휘둘린 채 같은 형제 자매 그리스도인들끼리 서로 정죄하고 대립했던 과거로부터 복음을 믿는 모든 교파를 수용하고 대화하며 일치

287) 현상윤, 「조선유학사」, 6, 188, 193-207, 272-274, 417. 그는 붕당과 당쟁이 유교체계에서 "필연적"이라고 생각한다.
288) 「논어」, 13.23: "君子 和而不同"; 15.21: "君子 矜而不爭, 群而不黨."
289) 현상윤, 「조선유학사」, 267-271. 신유교에는 지행합일설을 주장한 왕양명의 心學과 주희의 理學의 두 학파가 있는데, 한국 유교는 후자만을 수용하고 전자는 위험한 "이단"으로 철저히 배척하였다.
290) 「논어」, 2.16.
291) 정대위, "한국사회에서의 종교혼합," 208; 유동식, 「한국종교와 기독교」, 91.

를 추구하는 변화가 일어나고 있다. 이것은 과거의 지나친 이성주의
적 독선에 회의를 느끼고 각종 이데올로기의 종속으로부터 벗어나
좀더 인간적이고 자유로우며 평화롭고 진실한 인간 사회를 추구하
는 현대인의 갈망이다.

　이와 같은 시대적 변화는 종교계에도 발생하였다. 과거에 반목하
던 종교들이 대화와 화해의 제스처를 보이고 있는 것이다. 심지어
불교가 성탄절을 축하하고 기독교가 석탄절을 축하하는 현수막을
내걸고 축하 방문을 하기도 한다. 여러 종교의 성직자들이 함께 어

울리기도 하고 함께 노래를
부르기도 한다. 매스컴은 이
러한 광경을 기쁘게 보도하
고 정부도 종교간의 대화를
후원하며 사회도 그들을 열
린 종교인으로 환영한다. 바
로 그것이 우리 시대의 흐름

에 맞기 때문이다. 그러나 많은 종교인들, 특히 기독교인들은 이런
현상에 당황하고 거부감을 느낀다. 기독교인만이 빛의 자녀들이며
타종교인들은 모두 흑암의 권세 아래 있고 악령의 도구라고 생각하
던 사고로서는 이런 변화에 도저히 적응할 수 없기 때문이다.

　[다원주의적 시대 정신] 우리는 오늘날 포스트모던 시대를 살고
있다. 근대라고 불리는 시대의 사회적 특징인 모더니티(modernity)가
점차 사라지고 탈근대화가 모든 면에서 진행되면서 포스트모더니티
(post-modernity)가 대세로 정착하는 시대를 살고 있다는 말이다. 근대
성이 이성주의에 기초하여 절대 진리와 절대 윤리를 숭배했다면, 탈
근대성 혹은 현대성은 절대성에 대한 신앙이 몰락하고 상대주의적
이며 다원주의적인 사고가 지배하고 있다. 따라서 이혼이나 혼외정

샤나 동성애와 같은 과거의 죄악들이 더 이상 정죄되지 않고 관용되는 윤리적 상대주의로부터 시작하여 절대 이성에 근거한 보편적 진리가 부정되고, 한 종교에만 구원이 있다는 절대 종교도 부정되는 세상이 된 것이다. 물론 이런 변화는 이성의 절대성과 보편성에 편승하여 인류를 속박하였던 이데올로기로부터의 해방이나 다양성의 수용, 혹은 지성주의에 희생된 감성과 의지의 회복이라는 긍정적 측면도 없지 않지만, 복음적인 기독교에는 거대한 난관이 아닐 수 없다.

더욱이 그 동안 각종 이데올로기들이 대립하면서 수많은 전쟁을 야기하여 헤아릴 수 없는 인류가 비참하게 희생되었기 때문에, 현대인들은 전쟁을 혐오한다. 이데올로기의 지배가 종언을 고하고 실용주의적인 사고가 지배하는 오늘날 되돌아볼 때, 이데올로기 전쟁으로 희생된 인류의 죽음은 아무 의미도 없다. 세계 대전을 두 차례나 치른 인류는 이제 전쟁 없는 평화로운 세계를 추구하는 평화주의(pacifism)를 받아들이고 반전 운동이 확산되고 있는 실정이다. 이런 상황에서 이제 남은 유일한 전쟁의 불씨는 절대성을 주장하는 전투적 종교들이라고 판단하기 때문에, 특히 기독교와 이슬람, 그리고 유대교라는 유일신 종교들의 비절대화에 세계 평화의 열쇠가 있다고 믿으며, 종교간의 평화 운동과 종교 다원주의를 요구하고 있다.

따라서 교회는 절대적인 복음과 진리를 주장하고 전파하는데 매우 힘든 시기에 진입하고 있는 것이다. 바울이 "너는 말씀을 전파하라. 때를 얻든지 못 얻든지 εὐκαίρως ἀκαίρως 항상 힘쓰라"(딤후 4:2)고 말했을 때, 복음 전도에는 하나님의 '카이로스'가 있다는 사실이 전제된다. 물론 호기이든 악기이든 전도를 중단해서는 안 되며, 악기가 호기가 되기도 하지만, 교회의 역사를 살펴볼 때 왕의 개종이나 기독교 국가의 정복으로 인해 매우 쉽사리 많은 신자를 얻은 때도 있지만, 고난의 시기에는 있는 신자마저도 잃어버리는 때도 있었다. 우리는 때를 분별하는 지혜가 필요하며, 너무 조급해하지 말고 하나님의 때를 기다리는 인내도 필요하다. 소아시아의 일곱 교회나 북한의 교회들이 왜 이슬람과 공산주의로 인해 사라지게 되었는지, 왜 하나님은 그것을 허용하였는지 이해하기 어렵다. 유대인의 구원에도 하나님의 때를 기다려야 한다. 어렵지만 주어진 여건으로 만족하고 최선을 다하면서 기다리면 하나님의 때가 또 다시 올 것이다. 교회는 세상 안에 있기 때문에 세계의 변화에 영향을 받으며, 신앙의 지조를 지키되 불가피하게 적응하지 않으면 안 되는 측면도 있다. 우리는 포스트모던 시대에 살면서 과거와 달리 타종교에 대하여 평화를 유지하는 지혜가 필요하다.

[종교의 자유] 기독교는 초대 교회로부터 국법을 성실히 준수하는 건전한 종교임을 변증하는 데 많은 노력을 기울였다. 이는 기독교의 원리가 국가의 신적 권세를 믿을 뿐 아니라 사회적 고립과 국가적 탄압을 피하기 위한 목적도 있었다. 그런데 대한민국 헌법 제20조는 종교의 자유를 보장하고 있으며, 국교는 인정하지 않는다. 그러나 정부는 1987년 전통사찰 보존법을 제정하여 문화적 차원에서 불교 사찰의 보존과 관리를 위해 재정적으로 후원하고 있다. 이는 결과적으로 전통 종교를 보호하는 효과를 가진다. 또한 문화관광부의 종교국은 모든 종교의 평화를 위해 "한국 종교 회의", "평화로운 종교를 위한 평의회" 등을 조직하고 종교 다원주의적 입장을 정책으로 채택하고 있는 실정이다.

그러면 어떻게 기독교가 국가에게 국법을 존중하고 준수하는 건전한 종교로 인정받을 수 있는가? 물론 그릇된 종교법은 합법적인 절차를 통해 개정 혹은 폐지하도록 노력해야 하지만, 종교의 자유가 보장되는 민주 체제에서 정부가 종교적 중립을 취하고 종교 다원주의적 입장을 취하는 것을 크게 탓할 수는 없다. 종교의 자유란 신앙의 자유와 불신의 자유, 그리고 타인의 자유를 침해하지 않는 범위 안에서 전도의 자유를 포함한다. 종교(宗敎)란 절대적이고 궁극적인 가르침이어서 상호 경쟁과 대립은 불가피하지만, 특정 종교를 강요하거나 핍박해서는 안 된다. 과거와는 근본적으로 패러다임이 바뀐 것이다. 따라서 한국 교회는 이러한 법적 테두리 안에서, 그리고 정부의 종교 정책 안에서 복음화를 추진하지 않으면 안 된다. 그렇지 않으면 국법을 무시하는 범법집단으로 제재를 당할 수도 있으며, 이는 거시적 구도에서 볼 때 심각한 복음의 장애를 초래한다.

[다원주의의 허구성] 종교 다원주의가 안고 있는 근본적인 논리적 문제는 상대주의적 사고의 허구성이다. 그들은 기독교가 독선적이며 타종교를 관용하지 못한다고 포용 정신의 결여를 비난한다. 모든 종교가 다 독특한 가치와 구원을 보유하고 있다고 주장하면서, 자신들은 모두를 포용할 수 있는 열린 마음을 갖고 있는 것처럼 자만해한다. 그러나 넓게 보면 종교 다원주의는 다원주의라는 이름의 일원론이며, 상대주의라는 이름의 절대론인 것이다. 종교 다원주의자는 다른 모든 생각을 정죄하고 오로지 자기의 생각만이 옳다는 절대론을 고수한다. 엄격히 말하자면 다원주의나 상대주의는 옳고 그름을 말할 수 없다. 그러나 주의(ism)란 모두 절대적 가치를 주장하는 절대적 사고 방식이다.

신을 포함한 모든 것이 변하는 과정에 있다고 주장하는 과정신학도 '과정이라는 불변하는 원리(unchanging principles of process)'를 인정하듯이, 절대 원리가 없는 완전한 상대주의나 다원론은 불가능하기 때문에, 종교 다원주의는 사실상 자기 종교를 중심으로 한 형식적 포용주의이든지, 종교적 진화 이념을 추종하여 미래의 통합 종교를 추구하는 새로운 종교 운동일 뿐이다. 여러 종교를 포용한다는 말은 그것들을 통합하는 상위의 원리를 추종한다는 전제가 있을 때만 가

능하며, 상위의 종교 원리는 또 하나의 새로운 종교를 추구하는 것이다. 그런데 그 종교는 신앙보다 이성에 근거하고 있는 자연 종교 또는 종교라는 이름의 이성주의에 불과하다. 따라서 종교 다원주의는 신앙을 상실한 종교학자들의 이성적 유희로서, 신에 대한 헌신이나 실제적 신앙 생활이 결여된 언어의 게임일 뿐이다. 원불교학자 김성곤 교수는 종교 다원주의가 시대에 적절한 현대인의 종교적 태도이며 배울 것이 많은 것도 사실이지만, 종교의 본질은 유일하고 절대적인 진리를 추구하며 절대자에게 헌신하는 것이므로 이와 모순되는 종교 다원주의는 허구적이며 비현실적이라고 비판하였다.

나아가 종교 다원주의는 기독교를 비인격화하려고 노력한다. 기독교를 기독론 중심에서 신론 중심으로 전환하며, 신론에서도 여호와와 같은 고유명사 대신 신이나 절대자와 같은 추상명사를 사용한다. 그러지 않으면 타종교를 포용할 수 없기 때문이다. 그리스도의 익명화는 비인격화이며 그리스도의 우주화는 추상화이다. 불교나 유교는 해탈이나 군자와 같은 이념의 성취에 그 목적이 있으며, 공자나 석가와의 인격적 관계를 필요로 하지 않는다. 그러나 기독교는 인격적 화해의 복음을 가르친다. 사랑은 추상적인 이념이 아니라 구체적으로 하나님과 이웃과의 화해와 평화를 의미한다. 하나님과의 인격적 관계를 회복하지 않고는 진정한 사랑을 실현할 수 없다.

하나님을 사랑한다는 것은 구체적으로 성부와 성자와 성령, 즉 삼위 하나님과의 인격적 관계를 회복하는 것으로서, 성부 하나님을 아버지로 모시고 성자 예수 그리스도를 주님으로 섬기며 성령 하나님과 동행하게 된다. 따라서 기독교는 추상적인 사랑이나 정의를 실현하는 데 목적이 있지 않고 삼위 하나님과의 인격적 관계를 회복하며 이웃들과의 인격적 관계를 수립하는데 그 목적이 있다. 그러므로 익명의 그리스도와 같이 인격적 실체가 없는 구원자는 인정될 수 없다. 또한 그리스도는 하나님의 독생자로서 또 다른 하나님의 아들이 있을 수 없다.

그럼에도 불구하고 우리가 종교 다원주의를 무조건 부정적으로 거부만 할 일도 아니다. 우리가 깊이 생각할 점은 왜 소수의 주장이 사회 전반에 수용되었는가, 그리고 종교 다원주의에는 전혀 우리가 수용할 수 있는 긍정적 측면이 없는가 하는 질문이다. 시대마다 지배적인 사상이 있는데, 이는 과거의 사상이 한쪽 극단으로 치달았기 때문에 거기에 대한 반동적 보완 장치로 발생하는 것이다. 신을 저버린 서구 사회가 근대에 들어 이성과 과학이 지배하며 지나친 횡포를 자행하여 획일주의가 결국 풍요한 인간성을 상실하게 하고 초월적 세계를 부정하여 인류의 삶을 메마르고 지치게 만들었기 때문에, 다원주의라는 반동적 사상이 부상하게 된 것이다. 인류는 안정되지 못하고 진정한 균형적 사고에 이르지 못하여 시계추와 같이 극에서 극으로 움직이지만, 세계를 주관하는 하나님의 섭리로 인해 영원히 하나의 극단으로 몰락하지 않는 은총을 받게 된다.

종교 다원주의 자체는 잘못된 것이지만 과거의 획일적인 일원적 사고를 교정하는데 이용한다면 오히려 유익할 수도 있다. 더욱이 우리가 지금 역사의 발전 과정에서 다원적 사고가 지배적 시대 정신인 때를 통과하고 있기 때문에, 기독교는 지혜롭게 이 어려운 시기를 대처해 나가야 할 것이다. 기독교의 역사에는 핍박기도 있고 융성기도 있으며, 복음이 잘 확산되는 때도 있고 그렇지 못할 때도 있기 때문에, 그리스도인은 오늘날 뱀 같은 지혜가 필요하며 어떤 상황에서도 낙심하지 않고 복음화의 노력을 게을리 하지 말아야 할 것이다. 더욱이 종교 다원주의가 극단적인 소수에게는 기독교를 상대화하고 모든 종교에 구원이 있다는 이데올로기적 의미로 사용되지만, 대다수에게는 단순히 타종교에 대한 배타적 자세를 버리고 관용하는 자세로 이해된다.

[타종교에 대한 편견] 그러나 한국 교회는 지금까지 재래 종교들을 모두 우상 숭배로 정죄하고 사탄의 도구로 멸시해온 것을 부인할 수 없다. 일반 불신자와 타종교인을 근본적으로 구별하고, 특히 타종교의 교직자들에 대해서는 심한 증오심을 가지기도 한다. 그러나 이러한 태도는 그리 성경적이 아니다. 성경은 인류를 오로지 두 부류로 구분할 뿐이다. 신자와 불신자, 혹은 그리스도 안에 있는 사람과 그리스도 밖에 있는 사람이다. 불신자는 종교를 가지고 있든 무신론자이든 아무 생각도 없든, 모두 죄와 사탄에게 종속되어 있어서 구원과 해방을 필요로 한다는 것이 성경적 견해이다. 그러므로 타종교인을 차별적으로 미워하고 혐오하는 것은 그릇된 편견이 아닐 수 없다.

이와 같은 혐오감은 대개 이질감을 조성하는 종교적 상징에 기인한다. 우리와 다른 의식이나 도구나 의복이나 건축 양식을 사용하기 때문이다. 불교 승려들은 그 발상지인 인도의 옷을 입고, 무당들은 고대의 현란한 의상을 착용하며, 원불교나 유교는 전통 한복을 입는다. 기독교는 서양 문화에 접목된 형태를 수용하였기 때문에 서구의 옷과 의식과 건축 양식을 당연시하기 때문에, 그들의 것이 이질적으로 보이는지 모른다. 그러나 이것은 문화적 편견이며 한국 교회의 문화적 약점이기도 하다. 만일 타종교인들이 기독교와 유사한 문화 형식을 사용한다면 거부감은 크게 감소될 것이며, 이는 우리의 혐오감이 본질상 종교적인 요인보다 문화적 요인에 많은 원인이 있음을 반증한다.

정대위는 예일 대학에 제출한 학위 논문에서 한국 선교의 성공이 종교 혼합의 관용 때문이었다는 비판적 주장을 제기하였다. 물론 한국 교회가 전통 종교에게 많은 영향을 받았다는 사실은 스스로 인정하고 자성하며, 종교 사회학적으로 그러한 현상의 실제를 부정할 수는 없지만, 그의 주장은 한 면만을 부각시킨 그릇된 일반화라고 평가할 수 있다. 왜냐하면 종교가 보편화되고 세속화되어 그 독특한 가치를 상실하면 장기적으로는 오히려 감소하기 때문이다. 그러나 하나의 공동체 안에 공존하는 여러 종교가 완전히 분리되어 있다는 생각도 그리 사실적이 아니다. 비록 그러한 종교적 상관 관계를 원하지 않을지라도 불가피하게 상호 영향을 받게 되며, 모든 영향이 다 나쁜 것도 아니다. 불교의 현대화는 대부분 기독교의 영향을 받은 것이다.

우리는 한국 기독교가 한국의 공통적 종교성이라는 밭에 복음이 적용되어 형성되었다는 사실을 부정해서는 안 되며, 그것이 바로 외국 교회들과 다른 한국 교회의 아름다운 특성을 산출하게 되었다는 것도 감사해야 한다. 그것은 다른 종교도 마찬가지이며, 한국인의 종교성이 형성된 기초는 바로 하느님을 섬기는 심령이다. 바벨탑 사건으로 민족이 분리된 후 우리 조상들은 우랄 알타이 산맥을 따라 시베리아까지 올라갔다가 다시 남하하여 몽고를 거쳐 만주와 한반도에 정착하였는데, 처음부터 모든 지도자들과 모든 민족이 하느님에게 제사하고 숭배하여 왔다. 따라서 초기 선교사들은 이를 감탄해 마지아니하면서 한국 민족이야말로 아담과 노아로부터 이어지는 유일신 신앙을 가장 순수하게 지킨 민족이라는 찬사를 보냈고, 성경의 신을 우리말로 "하느님"이라고 번역하는 데 동의하였다. 이 말은 1930년대를 거치면서 "하나님"으로 바뀌었다.

[타종교인에 대한 사랑과 협력] 그러면 우리 그리스도인이 어떻게 종교 다원시대에 적절히 대처할 것인가? 첫째, 타종교에 배타적인 자세를 자제해야 한다. 우리 주위의 세계는 과연 누가 평화를 위협하는지에 대해 예리한 눈으로 관찰하고 강력한 비판을 가한다. 그

러므로 타종교에 대해 공격적이나 전투적인 자세로 대립하는 어리석음을 범하지 말아야 한다. 그것은 전략적으로 중대한 손실을 가져온다. 한국과 같은 다종교 사회에서 심각하게 충돌할 수 있는 문제가 발생하기도 한다. 단군상이나 불상을 훼손함으로 기독교는 얻은 것보다 잃은 것이 많다. 종교의 중립성을 지켜야 할 공립학교에 단군상을 설치하는 것은 분명히 잘못으로 시정되어야 하지만, 전투적인 자세를 취함으로써 거국적 반감을 야기한 것은 지혜롭지 못한 처사였다. 좀더 정치적이고 사법적으로 처리하여 기독교가 호전적이지 않고 합리적이며 평화적임을 보여 주었어야 한다. 현대는 문화시대로서 이미지가 매우 중요하다. 기독교가 사랑의 종교임을 천명하면서 서로 싸우고 타종교인에게 적대적 자세로 임하면, 그것은 기독교의 진실성에 강한 의심이 제기되고 불신의 근거가 된다. 예수님은 자기를 정죄하고 죽이는 사람들을 향해서도 미움이 아니라 사랑의 기도를 드렸다. 그들이 아직 제대로 알지 못하기 때문에 그렇게 행동할 수밖에 없으며, "알지 못하던 시대"에 사는 사람들은 하나님도 허물치 아니하신다(행 17:30). 오히려 우리와 같이 하나님의 말씀을 알고도 행치 않을 때는 책망을 받지만, 타종교인들은 아직 하나님을 모르기 때문에 우리보다 더 관용될 수 있다. 그런데도 우리에 대해서는 관용적이고 타종교에 대해서는 극도로 비판적이라면 근본적인 잘못이 아닐 수 없다.

더욱이 진리와 윤리의 존재를 부정하고 상대주의와 다원주의가 범람하고 있는 오늘날, 기독교는 타종교와 협력할 일

이 많다. 현대의 다종교 사회에서 사회적 타락을 방지하고 더 건강한 사회를 만들려는 데 있어서 같은 의견과 목적을 가지고 있으면서도 단순히 타종교인이기 때문에 협력을 거부한다면, 그것은 무언가 잘못된 것이다. 무신론이나 불가지론도 종교적 전제를 가지고 있다면, 왜 타종교인에게는 거부감을 가지면서 무신론자에게는 거부감을 느끼지 않는가? 그것은 사실상 논리나 신학의 문제가 아니라 감정의 문제이다. 그러나 타종교인을 사랑하고 동정하기보다 미움의 감정이 앞선다면, 그것은 모두를 사랑하고 복음을 전해야 하는 그리스도인의 본분에도 위배된다. 실로 많은 그리스도인들이 과거에 타종교인이었고, 현재의 타종교인 중에도 많은 미래의 그리스도인들이 들어 있다.

[타종교의 가치] 타종교의 가치를 인정해야 한다. 기독교 신앙은 타종교인을 포함한 모든 인류가 죄인이며 구원의 대상으로서, 그들에 대한 사랑과 관심을 가지고 그들을 이해하며 전도해야 한다. 그러기 위해서는 그들의 종교를 연구하고 이해하는 일이 필요하다. 더욱이 일반 은총과 일반 계시의 교리는 타종교에 대한 이해에서 반드시 고려되어야 한다. 칼 바르트는 모든 타종교와 종교 일반의 가치를 철저히 부정하였다. 모든 종교는 자기를 위한 신앙과 공로적 구원을 추구하는 불신 행위로 정죄한 것이다. 그러면 타종교에는 아무 가치도 없는가? 불교나 유교를 신봉하며 자기의 욕심을 극복하고 선한 삶을 살려고 노력하는 사람과 신도 진리도 부정하며 불법 무도하게 사는 사람을 동일시할 것인가?

칼빈은 타종교의 가치를 인정하였다. 하나님은 모든 인류의 마음속에 종교의 씨앗을 심어 놓았으며, 그 결과 참된 종교에 이르지 못한다 할지라도 다양한 종교적 형태를 통하여 종교성을 부분적으로나마 실현하고 있다고 생각하였다. 그리하여 개혁파 신학에서는 종

교를 이방인들에게도 주시는 햇빛이나 우로 (雨露)와 같은 일반 은총의 하나로 간주하였다. 헤르만 바빙크는 타종교에서도 성령의 역사와 일반 은총이 관찰되고 있다고 언급하면서, 타종교의 창시자들은 기만자나 사탄의 도구가 아니라, 자기들의 시대와 민족을 위해서 종교적 소명을 성취하고 백성들의 생활에 적지 않게 좋은 영향을 행사한 사람들이라고 평가하였다. 비록 많은 오류와 혼합되었을지라도 상당한 종교적 요구들을 만족시키고 생의 아픔에 위로를 제공하였으며, 비록 부패하였지만 종교에 근본적인 신개념, 죄의식, 구원에 대한 약속, 희생, 제사, 성전, 의식, 기도 등이 이방 종교 안에서 발견된다고 말한다.

모든 종교는 인간의 제한성을 인정하고 신적 존재의 도움을 요청하며, 올바른 삶을 가르치고 그렇게 살려고 노력한다. 심지어 자기를 부정하고 부인하려는 처절한 몸부림도 있고, 하늘의 뜻을 추구하며 인간의 본성을 회복하려는 끈질긴 노력도 있다. 그리스도를 부인하고 율법적 구원을 추구하는 유대교와 유교나 이슬람교에 근본적인 차이가 있는가? 우리는 종교를 사용하여 인류의 급격한 부패를 방지하는 하나님의 섭리와 일반 은총을 인정할 필요가 있다. 한국에 기독교가 들어오기 이전의 오랜 세월 동안 아무 종교도 없었던 것과 종교들이 있었던 것 중에서 어떤 것이 전반적으로 한국인의 인간성을 보존하는 데 도움이 되었겠는가? 이런 면에서 타종교의 가치를 조금이라도 인정한다면, 모든 종교는 기독교의 준비이며 기독교는 종교의 완성이라고 할 수 있다.

[타종교와의 평화로운 경쟁] 타종교와 신사적으로 경쟁해야 한다. 인류 사회에서 선의의 경쟁은 불가피하며, 또한 결과적으로는

사회에 도움이 된다. 여러 종교가 공존하면서 평화롭게 경쟁하는 것은 다원적 혹은 포스트모던적 사고에도 아무 문제가 되지 않는다. 종교적 다원주의란 단지 배타적 종교에 부정적일 뿐 여러 종교를 인정한다는 전제에 근거하고 있다. 종교란 정치나 군사와 달라서 강제력이나 무력으로 목적을 달성하지도 않으며 경제나 상업과 달라서 돈이나 마케팅 기술에 의존하지도 않는다. 종교는 영적 감화와 설득이라는 독특한 방법을 사용하며, 더 평화롭고 온유한 방식으로 초청한다. 타종교인에게 전도하는 것은 불법이 아니다. 다원적 사회에서 여러 종교에 대한 설명을 듣고 선택을 하거나 심지어 교체를 하는 것은 공정하고 민주적이다. 물론 이미 타종교를 선택하였고 더욱이 성직자나 독실한 신자인 경우 무례하게 그 종교를 매도하거나 무시하지 말고 단지 자기 종교를 성실하게 전하면 된다. 물론 본인이 듣기를 원하지 않으면 강요할 수 없다. 종교간에는 상호에게 적용되는 호혜적 불문율이 있어서, 상식과 예의를 거슬러서는 안 된다. 강요와 억지가 현대인의 전도에 효과적이지 않으며, 오히려 겸손과 사랑, 그리고 인격적 매력과 모범이 전도를 성공하게 만든다. 효과적인 전도는 전도 대상을 잘 이해하고 그가 수용할 수 있는 방법과 자세로 접근해야 한다. 그리고 모두에게는 성령의 시간이 있다. 전도는 우리의 의무이지만, 회심은 성령의 역사가 있을 때만 가능하다.

Bibliography
참고문헌

참고문헌

강준만, 「대중문화 이론과 사상」, 개마고원 2001.

_____. 「대중문화의 겉과 속」, 한샘출판사 1997.

강현두 편, 「현대사회와 대중문화」, 나남 1998.

국승표 외, 「신세대론: 혼돈과 질서」, 현실문화 연구 1994.

금장태, 「한국 유교의 재조명」, 전망사 1982

김문환, 「문화선교와 교회갱신」, 엠마오 1995.

김세광, 「예배와 현대문화」, 대한기독교서회 2005.

김영한, 「한국 기독교 문화신학」, 성광문화사 1995.

_____. 외, 「사이버 문화와 기독교문화전략」, 쿰란 1999.

_____. 「21세기 문화신학: 21세기 세계관과 개혁신학」, 예영 2006.

_____. 「21세기 문화변혁과 개혁신앙」, 예영 2007.

김창남, 「대중문화와 문화실천」, 한울아카데미 1995.

문용식, 「그리스도인을 위한 문화 이해」, 예영 2005.

박양식, 「성경에서 찾은 문화선교전략」, 예영 2002.

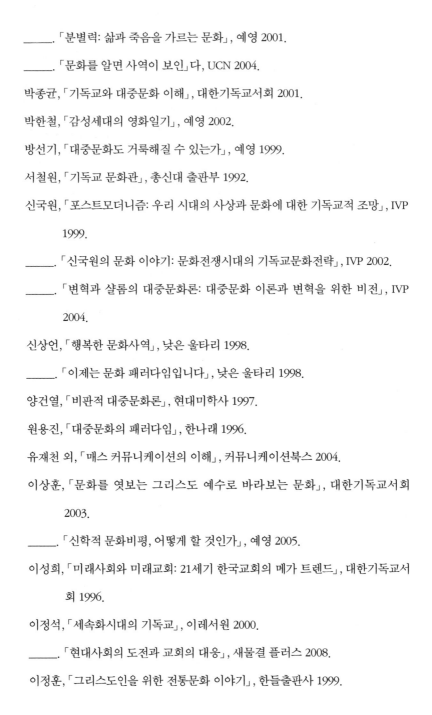

_____.「분별력: 삶과 죽음을 가르는 문화」, 예영 2001.

_____.「문화를 알면 사역이 보인」다, UCN 2004.

박종균,「기독교와 대중문화 이해」, 대한기독교서회 2001.

박한철,「감성세대의 영화일기」, 예영 2002.

방선기,「대중문화도 거룩해질 수 있는가」, 예영 1999.

서철원,「기독교 문화관」, 총신대 출판부 1992.

신국원,「포스트모더니즘: 우리 시대의 사상과 문화에 대한 기독교적 조망」, IVP
    1999.

_____.「신국원의 문화 이야기: 문화전쟁시대의 기독교문화전략」, IVP 2002.

_____.「변혁과 샬롬의 대중문화론: 대중문화 이론과 변혁을 위한 비전」, IVP
    2004.

신상언,「행복한 문화사역」, 낮은 울타리 1998.

_____.「이제는 문화 패러다임입니다」, 낮은 울타리 1998.

양건열,「비판적 대중문화론」, 현대미학사 1997.

원용진,「대중문화의 패러다임」, 한나래 1996.

유재천 외,「매스 커뮤니케이션의 이해」, 커뮤니케이션북스 2004.

이상훈,「문화를 엿보는 그리스도 예수로 바라보는 문화」, 대한기독교서회
    2003.

_____.「신학적 문화비평, 어떻게 할 것인가」, 예영 2005.

이성희,「미래사회와 미래교회: 21세기 한국교회의 메가 트렌드」, 대한기독교서
    회 1996.

이정석,「세속화시대의 기독교」, 이레서원 2000.

_____.「현대사회의 도전과 교회의 대응」, 새물결 플러스 2008.

이정훈,「그리스도인을 위한 전통문화 이야기」, 한들출판사 1999.

이종구 외,「정보사회의 이해」, 미래인 2005.

임성빈,「현대문화의 한계를 넘어서: 세속문화 변혁을 위한 기독교문화 세우기」, 예영 1997.

_____.「기독교문화와 한국문화」, 예영 2008.

_____.「소비문화시대의 기독교」, 예영 2008.

정기철,「문화와 해석학」, 예영 2008.

최인식,「예수와 문화」, 예영 2006.

최재호,「대중문화와 성경적 세계관」, 예영 2003.

추태화,「광장에서 문화를 읽다」, 예영 2003.

홍윤선,「딜레마에 빠진 인터넷」, 굿인포메이션 2002.

기독교윤리실천운동 문화전략위원회 편,「대중문화 더 이상 침묵할 수 없다: 기독교인을 위한 대중문화 매뉴얼」, 예영 1998.

문화선교연구원 편,「문화선교의 이론과 실제」, 예영 2003.

_____.「기독교 커뮤니케이션」, 예영 2004.

통합윤리학회 편,「21세기의 도전과 기독교문화」, 예영 1998.

한국 동양철학회 편,「동양철학의 본체론과 인성론」, 연대 출판부 1986.

한국 문화신학회,「한국문화와 예배」, 한들출판사 1999

현실문화연구 편,「문화연구 어떻게 할 것인가」, 현실문화연구 1993.

Baudrillard, Jean.「소비의 사회: 그 신화와 구조」, 이상률 역, 문예출판사 1991.

Bell, Daniel.「정보화 사회와 문화의 미래」, 서규환 역, 디자인하우스 1992

Brown, Harold.「감각의 문화」, 예영 2000.

Carson, D. A. & Woodbridge, D.「하나님과 문화」, 크리스챤 다이제스트 2001.

Colson, Charles.「대중문화 속의 거짓말」, 홍성사 2009.

Giddens, Anthony. 「현대성과 자아정체성」, 권기돈 역, 새물결 1997.

Johnston, Robert. 「영화와 영성」, 전의우 역, IVP 2003.

Lee, Francis N. 「문화의 성장과정, 개혁주의신행협회 1994.」

Negroponte, Nicholas. 「디지털이다」, 백욱인 역, 커뮤니케이션북스 1996.

Niebuhr, H. Richrd. 「그리스도와 문화」, 김재준 역, 대한기독교서회 1998.

Rogers, Everett M. 「현대사회와 뉴 미디어」, 김영석 역, 나남 1988.

Romanowski, William D. 「대중문화전쟁」, 예영 2001.

Rookmaaker, Hans R. 「현대예술과 문화의 죽음」, IVP 1993.

Schaeffer, Francis. 「기독교 문화관」, 문석호 역, 크리스챤 다이제스트 1994.

Schultze, Quentin. 「거듭난 텔레비전」, IVP 1995.

Story, John. 「문화연구와 문화이론」, 현실문화연구 1994.

Tillich, Paul. 「문화의 신학」, 김경수 역, 대한기독교서회 1989.

Turner, Graeme. 「문화연구 입문」, 김연종 역, 한나래 1995.

Vanhoozer, Kevin J. 「문화신학」, 부흥과 개혁사 2009.

Veith, G. E. 「현대사상과 문화의 이해」, 예영 1998.

Willow Bank 신학협의회, 「복음과 문화」, IVP 2000.

Index

색인

인명색인

ㄱ

갈브레이스(Kenneth Galbraith) 57
고가르텐(Friedrich Go-garten) 185
기든스 53, 70
김경재 82, 83, 224, 225, 269, 277
김대중 46
김성곤 228, 300
김영한 83, 226, 311

ㄴ

뉴비긴(Lesslie Newbigin) 179
니버 5, 25, 29, 35, 75, 77, 78, 79, 81,
128

ㄷ

데커(G. Dekker) 186
도스또예프스키 204
도예베르트(Herman Dooye-weerd) 38
듀보(Rene Dubos) 57

ㄹ

로저스 61
뢰비쓰 101
루엣키횔터 239
루터 24, 159, 242
리트휄드(Boudewijn Ri-etveld) 189
링컨 109

ㅁ

마틴 120
맥그래스 63
맹용길 49
몰나(Thomas Molnar) 187
몰트만 44, 165
미터(Henry Meeter) 38

ㅂ

바르트 36, 90, 93, 129, 196, 197, 198,
199, 200, 201, 211, 268, 305
바울 사도 87, 130, 202, 207

박아론 268, 269
박윤선 269
반더 즈반(Rob van der Zwan) 186
반 레우벤(Arend Th. van Lee-uwen) 185
반 에그몬드(A. van Egmond) 188
백낙준 267, 268
버거(Peter Berger) 59
베르코프 97, 104, 112
베리 103, 270, 303
베셀스(Anton Wessels) 187
베일리 100
본 회퍼 122
불트만 26, 89
뷜만(Walbert Bühlmann) 180

ㅅ
샤이너(Larry Shiner) 182
서철원 34, 312
손봉호 10, 51, 52, 133, 134
송찬성 194
쇼터 252
쉐퍼(Francis Schaeffer) 135
스미스 148
스킬더(Klaas Schilder) 37
스토트 239
신국원 17, 83, 312
신기형 25, 26, 216
신상언 23, 312

ㅇ
알렉산더 118
얀시(Philip Yancey) 203
어거스틴 104, 105, 111, 193, 239
언더우드 272
엘룰(Jacques Ellul) 56
엘리아데(M. Eliade) 276
오스터롬(Leo Oosterom) 181, 203
웨인라이트 165, 166
웜버 169
유동식 82, 224, 268, 276, 278, 295
윤성범 82, 224, 268, 275, 278, 288
임성빈 49, 69, 70, 83, 312

ㅈ
전영우 222
정대위 268, 270, 276, 282, 295, 302
즈빙글리 168

ㅊ
최태연 70

ㅋ
카슨(D. A. Carson) 77
카이퍼(Abraham Kuyper) 38
콩트 79, 100
큉(Hans Küng) 187
크래머(Hendrik Kraemer) 184
크래프트 148

ㅌ

트뢸치 75, 76
틸리히 5, 29, 30, 59, 75, 79, 80, 81,
    82, 83, 96, 171, 265

ㅍ

판넨베르그(Wolfhart Pannenberg) 59,
    164
푸코 251
풀러 258

ㅎ

하우테펜(Anton Houtepen) 193
하이데거(Martin Heidegger) 57
하이블스 170
호머 162
호퍼(David Hopper) 57
후크마(Anthony Hoekema) 135
훼인호프(J. Veenhof) 188

주제색인

ㄱ

갈릴레오 사건 62
경건주의(Pietism) 운동 242, 247
과학적 세계관 217, 219, 223
구원의 역사(Heilsgeschichte) 139
그리스도의 마그나 카르타 240
그리스도의 문화 35, 37, 129, 133
기독교윤리실천운동 13, 24, 313

ㄴ

뉴에이지 문화 23, 45

ㄹ

리마 예식서 170

ㅁ

만인 제사장설 242
메시야적 잔치(Messianische Fest) 165
명상적 성화 286
무에서 창조(creatio ex nihilo) 34

문화명령 34, 35, 36, 37, 40, 114, 127,
    128, 129, 131, 134
문화상대주의 14, 27
문화선교 9, 311, 313
문화의 세속화 15, 59, 60
문화적 기독교(cultural Christianity) 21,
    261
문화절대주의 27

ㅂ

바벨탑 사건 303
바티칸 회의 193
비신화화 26, 89

ㅅ

삶의 정황(Sitz im Leben) 138
성도의 교제(communio sanctorum) 69
성령의 조명 138, 172
성속 이원론 39
세대주의 종말론 23

세속화(secularization) 23, 144, 190
시대정신(Zeitgeist) 232
신칼빈주의 9, 38, 79, 114, 249

ㅇ
아디아포라(adiaphora) 207
언약 공동체 38, 254
오순절 운동 169, 219
웨슬리안 운동 263
율법주의 238, 239, 294
의미부여 체계 186

ㅈ
자연 종교(natural religion) 211
종교 이후 사회(post-religious society)
187

ㅊ
청소년의 지배(paedocracy) 20

ㅋ
코이노니아 248, 264

ㅎ
홈스쿨링 245